角田　邦重
山田　省三　著

現代雇用法

〔2007年5月刊・2227－2〕

【補　遺】

（2008年3月）

信　山　社

現代雇用法・補遺

1　労働法の改正～迫られる舵取り

　本書を上梓してからまだ1年を経過したに過ぎないが、この間に行われた労働法の改正と新しい法の制定には注目すべきものがある。グローバルな経済競争が激化するなかで、労働力の自由な利用の妨げになっている労働法の規制緩和をもっと徹底すべきだという強い主張が続いている一方で、非正規雇用の拡大や生活保護水準以下のワーキング・プアの増大、あるいは正規労働者の長時間労働など負の側面も顕在化し、格差社会の是正と公正な処遇、ワーク・ライフ・バランス回復のための働き方の見直しを求める動きも強まっている。この間の労働法の変化は、この双方の対立する主張の間で微妙な舵取りを迫られながら揺れ動いているということができる。

　そして、派遣労働契約の期間制限や派遣先に課されている雇用契約の申込義務の撤廃など、一層の規制緩和を求める産業界と、グッド・ウイルによる違法派遣の温床になった日雇派遣の規制強化ないし禁止を求める労働側との対立を受けて、労働者派遣法の規制の在り方が焦点となるなど、この動きは、まだとどまるところがない。そこで今回は、「労働国会」と称された2007年通常国会と参議院選挙後の臨時国会で成立した、①パートタイム労働法の改正と、②新しく制定された労働契約法を取り上げ、③最後に、その他の法改正や不成立に終わった法案などについて、折り込みの形で補い、現在の動きが一段落したところで改訂を行いたいと考えている。

　なお、見出しに併記しているのは、改正や新法制定に伴う本文の訂正箇所である。

2　パートタイム労働法の改正～部分的な差別禁止の導入へ
　（本書82頁）

　(1)　パートタイム労働法が制定されたのは1993年であった。この間に行政指導の目安となる指針を中心に何度か改訂が行われてきたとはいうものの、今回の改正は、実に13年ぶりの本格的改正といってよい（平19・6公

布，20・4施行)。この間，パートタイム労働者の役割は，数的にも（1993年の929万人，雇用労働者に占める割合19.2％から，2006年には1205万，22.5％になっている），質的にも増大し，働きに応じたふさわしい処遇は緊喫の課題であった。

　すでに，労働内容や労働時間等が正社員とほぼ同一の臨時社員に正規社員の8割を下回る賃金額しか支払わないのは公序良俗違反にあたるとした丸子警報器事件判決から，10年以上が経過しており（長野地上田支判平8・3・15本書133頁)，また厚生労働省のなかに設けられたパートタイム労働研究会の最終報告書が，ヨーロッパ諸国と同様の「同一労働・同一賃金の原則」を受け入れることはできないものの，わが国の実情に見合った「日本型均衡処遇ルール」と，パートタイマーと正規社員の転換を容易にする「働き方の選択制を高める環境の整備」を整えるべきだ（2002・7）と提案をしてから5年を経過しており，やっと法改正まで漕ぎつけたことになる。

　(2)　改正法が画期的とみられるのは，これまでもっぱら努力義務規定からなっていた旧法を改め，通常の労働者と同視すべきパートタイマーに対し，賃金の決定，教育訓練，福利厚生のすべてについて差別的取扱いを禁止する規定をおいたことである（8条)。

　もっとも差別禁止の対象となるためには，①業務の内容と責任の程度（職務内容）が同一であるだけでは足りず，これに加えて，②雇用期間の定めがないか，反復更新により期間の定めのない契約と同視できると認められること，さらには，③雇用期間の全期間にわたって職務内容と配置およびその変更の範囲が通常の労働者と同一であると見込まれること，という厳しい絞りがかかっている。その結果，はたしてどの位のパートタイマーがこの条件をクリアー出来るのかは大いに疑問であるが，国会の審議では，週35時間未満のパートタイマー1205万人のうち，4～5パーセント（50万人前後）という数字があげられている。

　2つめのカテゴリーは，職務内容が通常の労働者と同一のパートタイマーでありながらも，先の②と③の要件を満たしていない者である。これに対しては，通常の労働者が従事する職務の遂行に必要な能力を付与するための教育訓練について同一の機会を与えなければならない（10条)。また，これらのパートタイマーのうち，一定の雇用期間，職務内容と配置の

変更の範囲が通常の労働者と同様と見込まれる者に対しては，努力義務に過ぎないものの，その期間中の賃金決定の方法を正規労働者と同じにするよう求めている（9条）。

　3つめのカテゴリーである，それ以外の圧倒的に多いパートタイマーには，従前と同様に，通常の「労働者との均衡に考慮しつつ」賃金の決定，教育訓練の機会の付与に努め（9条・10条），福利厚生についても健康の保持と業務の遂行に資する給食施設，休憩室，更衣室について利用の機会を配慮することにとどまっている（11条，短時間則5条）。

　もっとも努力義務に過ぎない措置についても，パートタイマーの処遇，次に述べる通常労働者（正規雇用）への転換のための措置に関してパートタイマーから説明を求められた場合には，決定にあたって考慮した事項について説明する義務がある（13条）。

　(3)　働き方の選択を広げるという観点から，パートタイマーから正規雇用への転換を容易にするための措置が義務付けられている（12条）。具体的には，①通常の労働者を募集する際に，パートタイマーにもその旨を周知すること，②通常の労働者を配置する際には，その事業所で働いているパートタイマーにも応募の機会を与えること，③一定の資格を有するパートタイマーを対象に，通常の労働者に転換できる試験制度を設けること，この3つのうちのどれかひとつの措置を設けなければならない（12条）。

　(4)　その他，雇入れに際して，労働基準法で定められている労働条件明示義務（労基13条，労基則5条）に加えて，昇給・退職手当・賞与の有無を文書の交付などの方法で示さなければならないことになっており（6条，短時間則2条），違反には10万円以下の過料となっている（47条）。

　(5)　またパートタイマーと使用者間に処遇に関する紛争が生じた場合に，雇用機会均等法と同様に，都道府県労働局長による助言，指導，勧告（21条1項）と，これらを求めたことを理由とする不利益取扱いの禁止（同条2項），当事者の双方または一方からの申請にもとづく調停委員会の設置，調停案の作成と受諾の勧告までの制度が設けられている（22条・23条。もっとも雇用機会均等法30条のような企業名を公表するという制度はない）。

　(6)　この他，実際には，通常の労働者と労働時間は同様なのに処遇のうえからパートタイマーと呼ばれている労働者が存在している（いわゆる

「擬似パート」)。パートタイム労働法は，旧法以来，1週間の所定労働時間が通常の労働者に比べて短い労働者という定義規定をおいてきたため，擬似パートタイマーは適用対象から除かれてしまいかねないし，この点は改正法でも変わっていない。そのため，指針(「事業主が講ずべき短時間労働者の雇用管理改善等の措置に関する指針」平19・10・1厚労告326号)で，これらの労働者に対しても短時間労働者の趣旨が考慮されるべきであることに留意するものとされている。

3 労働契約法の制定 (本書59頁)

(1) 労働契約法の立法化は，関係者の強い期待を受けて検討されてきたものであった。労働基準法は労働基準監督官による行政取締りを通して最低労働条件の確保を意図しているが，雇用形態の多様化，労働条件の個別化といった人事制度の変化を背景に増大している複雑多岐にわたる労働契約上の紛争の多くは，労働基準法に定めがない領域や労働基準法を上回る水準のところで生じている。これらの紛争は，労働基準法による監督行政の外に置かれていて，もっぱら個別事件に対する判例法理から導かれる解決ルールに頼らざるをえないものの，判例から普遍的で明確な基準を読み取ることは専門家にとっても決してたやすいことではない。加えて，簡易で迅速な個別労働契約上の紛争解決を目的にした労働審判制度の制定も，労働契約法の制定によって明確な法的ルールが示されることへの期待を高めることとなった。

厚生労働省に設置された研究会の「今後の労働契約法制の在り方に関する研究会報告書」(2005・9)は，労使双方のみならず，研究者から多くの理論的批判にさらされたが，多岐にわたる内容と政策的提案はそれなりの読み応えのある内容を含んでいたが，労働政策審議会の審議の過程で，当初の意気込みは何処へ行ったのかと思えるほど貧弱な内容になってしまった。

その原因は，一方当事者からの申出を受けて金銭補償による解雇を認める制度や変更解約告知，労働者概念の拡大，均等待遇原則の明記といった労使のどちらかが強く反対するものについてはいずれも断念し実現可能なものに絞られたことに加え，本当は別個のものであったはずのホワイトカ

ラー・エクゼンプションを一緒に取り扱うことで労使の対立を一層激化させてしまったなどの事情によるものと思われる。参議院の選挙の結果を受けて成立そのものが危ぶまれるなか，民主党の小幅な修正を受け入れることで制定（平19・12公布，20・3施行）にいたった。

(2) 労働契約法は全体で19条，①法の目的や定義，一般的原則を定めた第1章の総則（5条まで）と，②労働契約の成立と変更を扱う第2章（13条まで），③継続と終了に関する第3章（16条まで），そして，④期間の定めのある労働契約について定める第4章（17条），⑤船員・公務員・同居の親族のみの事業場に対する適用除外を定めた第5章の雑則（19条まで）からなっているが，労働契約をめぐる問題の広がりと複雑さとを考えれば貧弱な内容にとどまるといわなければならない。

(3) 労働契約法の対象が，労働基準法の労働契約と同様のものであることを明らかにしたうえで（2条の労働者と使用者の定義），労働契約の原則（3条）として，①労働契約が労使の対等な合意に基づいて締結され，変更されるものであること（同条1項），②労使に対する信義誠実の原則と権利濫用の禁止規定（同条4項・5項）に加えて，民主党の修正で，③「均衡待遇の考慮」ならびに④「仕事と家庭の調和の配慮」に関する原則が付け加わっている（同条2項・3項）。前の2つは一般条項の適用に重要な役割を与えてきた判例法理を確認する意味をもつが，後の2つは，使用者を名宛人として定める形をとっていないが，労働契約に対する司法審査とその際に考慮すべき基本原則を示すものと理解すべきであろう。

安全配慮義務の存在を確認する規定（5条）に加えて，労働契約の内容について労働者の理解を深めるようにすること，できる限り書面で確認することという情報開示モデルの労働法への適用（この点は規制緩和を主張する市場原理重視論者にも異論はない）が定められている（4条）。

(4) しかし，労働契約法の中心におかれているのは，労働契約と就業規則との関係を整理する役割を期待された第2章の部分である。まず，①合理的労働条件を定めた就業規則は労働契約の内容になるが，そのためには「労働契約を締結をする場合において，……就業規則を労働者に周知させていた」ことを要する（民主党の要求を受けての修正部分）。契約内容への就業規則の化体が安易に肯定されてはならないという趣旨である。②ただし，

これを上回る「合意」がなされていればそれによる（7条）。

次いで，③労働条件の変更は労使の合意によらなければならず，使用者の一方的不利益変更はできない（8条・9条）。④ただし，就業規則による変更が合理的なものであると認められ，変更後の就業規則を労働者に周知させた場合には，②の場合を除き，労働契約の内容も変更後の就業規則による，⑤合理的かどうかは，(i)労働者の受ける不利益の程度，(ii)変更の必要性，(iii)変更後の内容の相当性，(iv)労働組合等との交渉の状況その他，変更にかかわる事情に照らして判断する（10条），となっている。最高裁の判例法理を忠実に法文化したものと説明されているが，③と④の落差を埋める理論的努力は放棄され，法定の変更権を与えることで決着を図ったものという以外にない。

(5) 権利濫用の禁止は，出向，懲戒処分と解雇で繰り返し規定されている（14条・15条・16条）。もっとも，その基準には何の言及もなく，これまでの裁判例から汲み取る以外にはない。有期雇用に関する規定もおかれているが，①期間中の解雇はやむを得ない理由がある場合でなければできないことと，②必要以上に短い期間を定めて更新を繰り返すことのないよう配慮しなければならない，とするにとどまっている（17条）。

(6) 労働契約法は，違反に対して処罰を予定している労働基準法のような行政取締法規ではなく，もっぱら私法的効力をもつにとどまる。そのこととの関係で，労基法のなかにあった労働契約と就業規則に関し私法的効力のみをもついくつかの規定が，労基法から労働契約法に移行することになった。すなわち，解雇権濫用に関する労基法18条の2は削除されて労働契約法16条に移り，就業規則を下回る労働契約の効力を無効とする労基法93条は，労働契約法12条の定めによることとなった（附則2条）。

本書の本文中では，労基法18条の2と，同93条がそのまま用いられているが，前者は削除されて労働契約法16条に移行し，後者は「労働契約法12条の定めるところによる」と改められていることに注意していただきたい。

4 不成立に終わった労基法・労働時間規制の改正
（本書32頁，194頁）

これに対して，法制化に向けて労使の最大の争点となったホワイトカ

ラー・エグゼンプションと，時間外労働の割増率を高めて長時間労働の抑制効果を狙った労基法の労働時間規制の改正は不成立に終わった。

　ホワイトカラー・エグゼンプション制度の導入は，法改正のプロセスで，労働政策審議会の最終答申から法案要綱の段階まで残ったものの，最終的に，参議院選挙への悪影響を懸念した政府与党が法案の内容から削除したため，国会に提出されることなく終わってしまった。制度の趣旨は，「穏やかな管理の下で，健康に配慮しつつ，その能力を一層発揮しながら仕事と生活の両面における充実した生活を送ることができるようにする観点から」，①労働時間では成果を適切に評価できない業務に従事し，②相当程度の権限と責任をもち，③業務遂行の手段及び時間配分の決定等に使用者が具体的指示をしないで働き，④年収も相当程度高い労働者については深夜業を含めて労基法の労働時間規制から除外するというものであった。再提出のチャンスをうかがっていると見られているだけに，今後の動向が注目される。

　国会に上程された労働基準法改正案には，ワーク・ライフ・バランス実現のため長時間労働を抑制する内容の部分だけが残った。①1ヵ月80時間を超える時間外労働について割増賃金の割増率を5割以上とし，割増賃金の支払いに代わる有給休日の付与を可能にする，②時間外労働の延長の限度を定めている厚生労働大臣告示に，割増賃金の割増率についても定めることができるように改める，③有給休暇の5日分については時間単位の年休付与を認める，③割増率の引上げについて，中小企業には当分の間猶予期間を設ける，というもので，この②については，時間外労働の限度とされている現在の1ヵ月45時間を超え80時間までの時間外労働について，2割5分を上回る協定締結の努力義務を定めることになると説明されていた。改正の目的に比べて，内容的にはいかにも貧弱に見えるが，ホワイトカラー・エグゼンプションが見送られる一方で，規制強化だけが残ることに対する産業界の反発が根強いこともあって，十分な審議なしに終わってしまった。

5 ワーキング・プアとフリーター対策
（本書157頁，69頁，95頁）

　その他にも2007年の国会では，最低賃金法と雇用対策法，それに雇用保険法の改正が成立している。成立した改正法のなかでも，最低賃金法と雇用対策法は，ワーキング・プアと再就職にあたって厳しい壁にぶつかっている高齢者，フリーターを念頭においた格差是正や再チャレンジ支援策として打ち出されたものである。最低賃金法の改正（平19・12公布）は，多くの地域で最低賃金額が生活保護法の保護基準を下回り，ワーキング・プア層を生みだすばかりか，労働への意欲を奪うとの批判を受けて，地域別最低賃金の決定が義務化され，労働者の生計費の考慮にあたって「労働者が健康で文化的な最低限度の生活を営むことができるよう，生活保護に係わる施策との整合性に配慮する」（9条3項）との文言が付け加わった。最低賃金額の支払義務違反に対する罰則も2万円から50万円の罰金に引き上げられている。

　雇用対策法の改正（平19・6公布）は，いくつかの異なる内容を含んでいるが，労働者の募集・採用にかかわる年齢制限の撤廃が，これまでの努力義務から禁止規定に改められ（10条），これとならんで，90年代の長期不況下で正規雇用から閉め出されたまま低賃金と不安定なフリーターとして働くことを余儀なくされている若者に正規雇用への途を開くため，事業主に，能力評価に係わる採用方法の改善や職業能力の開発・向上を図る措置を採るよう努力を求めている（7条）。また外国人労働者の雇用管理の適正化を図るために，事業主に，雇入れと離職にあたって，在留資格と在留期間等を公共職業安定所長に届け出る義務が課されることになった（28条，違反には30万円以下の罰金──38条）。

　雇用保険法も改正された（平19・4公布）が，主たるものは，一般被保険者と短時間労働被保険者（週所定労働時間20〜30時間）とで異なっていた被保険者資格が一本化され，その結果，従来離職の日以前の1年間に被保険者期間が6ヵ月で足りた前者も，解雇や倒産の場合を除いて，後者と同様に離職の日以前の2年間に12ヵ月の被保険者期間が必要となったことと，育児休業所得者には雇用保険から育児休業者基本給付金（休業開始時の賃

金の30パーセント）に加えて職場復帰を促進するための給付金（復職の6ヵ月後）が支払われているが，この後者について10パーセントから20パーセントに増額されたことである。

主な改正点を一覧表にして示すと次のようになる。

改正法	主要な改正点
最低賃金法	①地域別最低賃金を義務化し，不払いに対する罰金の引上げ（2万円から50万円へ） ②地域別最低賃金の決定について生活保護との整合性を図る ③産業別最低賃金は関係労使の申出による（任意，かつ民事的効力のみ） ④派遣労働者については派遣先の最低賃金を適用
雇用対策法	①若者の応募機会の拡大（フリーターの正規雇用化推進策） ②募集・採用にあたって年齢制限の禁止を義務化 ③外国人の雇用管理の適正化（雇入れ・離職の届出義務）
雇用保険法	①失業の改善に伴う保険料の引下げ（1.6％から1.2％へ） ②国庫負担の削減，雇用福祉事業の廃止 ③短時間労働被保険者と一般被保険者の資格の一本化 ④育児休業給付制度の拡充（職場復帰給付金を休業前賃金の10％から20％へ）

（角田邦重執筆）

現代雇用法

角田邦重 著
山田省三

信山社

はしがき

1　何のために働くのかという問いは，職業人生をどう生きるかを自省するに等しい切実な問題を意味している。辛いけれども自分や家族の生活のために耐えなければならないと感じている人が昔も今も多数派に属することに違いはないが，しかし，楽ではない仕事も，他人から認められているという意識や，社会的に意味のあることという手応えを感じることなしには，いつまでも続けられるものではない。少し大袈裟にいえば，社会的存在としての人間は，仕事を通して社会における自分の位置（社会との結びつき）や精神的充足感（アイデンティティ）を確認できるというものであろう。長期の失業によってこの手応えが失われると，生活の支えを失う経済的な困難のみならず，モラル・ハザード（道徳的破綻）に陥って犯罪などの投げやりな行動に走ったり，真面目な人間ほど深刻な無力感や喪失感に悩まされ心のケアが必要になることが多い事実も肯ける。

しかし，その仕事と職場が，かつて経験しなかったほどのスピードで押し寄せる変化の波に晒されている。仕事には厳しい効率化と成果が求められ，職場も同僚との協力的というよりギスギスした競争的人間関係に支配され，パワー・ハラスメントと称される職場いじめも目立っている。それでも，生活の圧倒的部分を占める職場のなかで生き，仕事を通してキャリアを重ねていく以外の生き方はない。

2　本書は『現代雇用法』というタイトルで，労働者が直面している仕事と職場の変化を追い，そこから生じている個別の労働者と使用者との間の権利・義務をめぐる紛争と，実定法規や判例などを通して築かれてきた法的ルールの在り方を取り扱うものである。職を得て（就職），職場で働き，退職・転職や解雇といった理由で職場を離れるまでの間，つまり40年を超える職業生活のなかで生じるさまざまな出来事に対し，労働法がどのようなセーフティ・ネットを用意し機能しているかを解説したものであるが，説明にあたっては企業の人事・労務政策の変化や構造改革の一環として進められている規制緩和政策など，問題を生み出している労働環境の変化と今後の展望を考慮に入れるよう努力したつもりである。結果として，

企業の人事・労務政策の任にあたる人たちにも，大きな視野から労働者の処遇のあり方について考える参考にしていただけたらと期待している。

3 労働法のなかでも，労働組合と使用者（あるいは使用者団体）との関係を扱う集団的労働法の分野では，それほど大きな変化が見られないのに対して，本書の対象である個別の労働者と使用者間の権利・義務を扱う個別的労働関係法と，雇用政策や人材ビジネスが活況を呈している労働市場の法的規整を内容とする雇用保障法の分野では，めまぐるしいほどの法改正が行われている。労働法におけるもう一段の規制緩和を意図した立法とならんで，他方では，その結果生み出された社会的格差の是正を目的としたものもあり，これからの方向を占う予断を許さない動きが進んでいる。

本書は，この動きを最新の時点まで追って盛り込もうと努力しているが，1年か2年後には訂正や追加が必要になるかも知れないことを予感している。あらかじめ記して読者の了解を得たい。

  2007年4月

著者記す

目　次

まえがき

第1章　雇用関係法のメカニズム ……1

第1節　労働者の職業生活と労働法 ……1
1　企業と労働……1
  - Pause 1　何のために働くのか (3)
2　労働法とは何か ……4

第2節　労働法の体系と雇用関係法 ……7
1　社会国家の成立と労働法……7
  - Pause 2　憲法における生存権理念の登場 (7)
2　失業の脅威と雇用保障法……8
  - Pause 3　各国の失業率 (9)
3　雇用関係法……10
4　集団的労働法……12
5　雇用関係法の守備範囲……14

第3節　労働関係法の展開と課題……16
1　労働法制再点検の時代……16
2　労働保護法制の前史……17
3　労働法体系の整備……20
4　高度成長期の労働法制……21
5　転換期の労働法制……24
  - Pause 4　産業別・職業別就業人口の変化 (25)

第2章　労働契約と労働基準法 ……34

第1節　労働契約と労使関係 ……34

1　労働契約と労使関係 ……34
2　雇用契約から労働契約へ ……35
　Pause 5 雇用契約と労働契約（37）
3　労働条件決定のメカニズム ……37

第2節　労働基準法の理念と仕組み ……39

1　労働基準法の理念 ……39
2　労働基準法の適用対象 ……41
　Pause 6 労働基準法適用事業場（42）
3　労働基準法の労働者概念 ……45
4　労働基準法の実効性 ……47
5　労働基準監督制度 ……49

第3節　労働基準法と契約法理 ……51

1　保護法としての労働基準法 ……51
2　労働基準法による規制の範囲 ……52
3　労働契約と紛争解決 ……55
　Pause 7 労働契約法制定の動き（59）
4　労働者人格の保障 ……60
　Pause 8 傾向経営（62）
　Pause 9 労働者人格権侵害の類型（67）

第3章　労働契約の成立と展開 ……68

第1節　労働契約の成立 ……68

1　採用に関する法の規制 ……68
　Pause 10 思想調査の自由（三菱樹脂事件・最高裁判決）（70）
2　採用内定 ……71

3　契約締結に関する法規制 …………………………………72
　　　　Pause 11　身元保証契約（77）
　　　4　試 用 期 間 ……………………………………………………77
　第2節　さまざまな雇用形態 ………………………………………79
　　　1　進行する雇用形態の多様化 ………………………………79
　　　　Pause 12　雇用形態別雇用者構成比（81）
　　　2　パートタイム労働者の保護 ………………………………82
　　　　Pause 13　雇入通知書（85）
　　　3　派遣労働者 …………………………………………………88
　　　　Pause 14　活況呈する派遣事業（89）
　　　　Pause 15　労働者派遣に関する規制（94）
　　　4　業務処理の請負 ……………………………………………95
　　　5　外国人労働者 ………………………………………………95
　　　　Pause 16　外国人労働者数の推移（96）
　第3節　労働契約の展開 ……………………………………………97
　　　1　労働契約の特質 ……………………………………………97
　　　2　労働契約の権利と義務 ……………………………………99
　　　3　配置転換と出向 …………………………………………105
　　　4　企業組織の再編成と労働契約 …………………………110

第4章　就業規則と懲戒 …………………………………………115

　第1節　就業規則と労働条件の変更 ……………………………115
　　　1　就業規則と労働基準法 …………………………………115
　　　2　就業規則の作成手続 ……………………………………116
　　　3　就業規則の法的効力 ……………………………………119
　　　　Pause 17　秋北バス事件・最高裁大法廷判決（122）
　　　4　変更解約による労働条件の変更 ………………………124

第 2 節　職場規律と懲戒 126
　　1　使用者の懲戒権 126
　　　Pause 18　企業秩序遵守義務（127）
　　2　懲戒処分の対象 128
　　3　起 訴 休 職 131
　　4　内部告発と公益通報者保護法 131
　　　Pause 19　就業規則のモデル（135）

第 5 章　賃　金 153
第 1 節　賃金規制の必要性 153
第 2 節　賃金の意義 153
　　1　賃金概念の重要性 153
　　2　賃金の定義 154
　　3　平 均 賃 金 155
第 3 節　賃金額の保障——最低賃金法 156
　　1　最低賃金法の概観 156
　　2　最低賃金法の効力 157
第 4 節　賃金の支払方法 158
　　1　総　　論 158
　　2　通貨払いの原則 159
　　3　直接払いの原則 160
　　4　全額払いの原則 161
　　5　毎月 1 回以上払いの原則，定期日払いの原則 166
　　6　非常時払いの原則 167
　　7　出来高払いの保障 167
　　8　賃金債権の時効 168

　　　　9　死亡・退職時の賃金支払い …………………………………168
　第5節　賞与・退職金 ……………………………………………………169
　　　　1　賞与・退職金の権利性 …………………………………………169
　　　　2　賞与・退職金の法律問題 ………………………………………169
　第6節　休 業 手 当 ………………………………………………………172
　　　　1　「休業」……………………………………………………………172
　　　　2　民法の危険負担との関係 ………………………………………173
　　　　3　休業手当の支給要件 ……………………………………………173
　第7節　賃金債権の確保 …………………………………………………175
　　　　1　賃確法の制定 ……………………………………………………175
　　　　2　賃確法の内容 ……………………………………………………175
　　　　3　賃金債権の保護 …………………………………………………177
　　　　4　使用者の破産と賃金 ……………………………………………177

第6章　労働時間・休憩・休日・休暇 ……………………………179
　第1節　わが国の労働時間の現状 ………………………………………179
　第2節　労働時間の原則と例外 …………………………………………180
　　　　1　法定労働時間 ……………………………………………………180
　　　　2　労働時間の定義 …………………………………………………181
　　　　3　労働時間の算定 …………………………………………………182
　　　　4　労働時間の弾力化 ………………………………………………185
　　　　5　法定労働時間の例外 ……………………………………………190
　第3節　休憩・休日 ………………………………………………………198
　　　　1　休　憩 ……………………………………………………………198
　　　　2　休　日 ……………………………………………………………201

第4節 年次有給休暇 … 202

1. 年次有給休暇の意義 … 202
2. 年休の付与義務 … 203
3. 年休権の法的性格 … 206
4. 使用者の時季変更権 … 207
5. 年休の利用目的 … 208
6. 計画年休 … 208
7. 年休手当 … 209
8. 年休の繰越し・買上げ … 210
9. 年休取得を理由とする不利益取扱い … 210

第7章 女性・年少者の労働時間・休暇 … 212

第1節 女性保護と母性保護 … 212

第2節 女性の労働時間・休暇 … 213

1. 深夜業解禁に伴う措置 … 213
2. 母性保護 … 213

第3節 年少者・未成年者 … 218

1. 年少者・未成年者の保護 … 218
2. 労働者の最低年齢 … 219
3. 未成年者の保護 … 219
4. 年少者の保護 … 220

第8章 雇用における男女平等 … 223

第1節 男女平等原則 … 223

第2節 男女同一賃金 … 224

1. 男女同一賃金の一般原則 … 224

2　裁判例の動向 ……………………………………………………225

　第3節　賃金以外の労働条件差別——男女雇用機会均等法 ……228
　　　1　男女雇用機会均等法の内容 ……………………………………228
　　　2　均等法の具体的内容 ……………………………………………229
　　　3　均等法における救済手続 ………………………………………235

　第4節　セクシュアル・ハラスメント ……………………………236
　　　1　セクシュアル・ハラスメントの類型 …………………………236
　　　2　セクシュアル・ハラスメントの定義 …………………………237
　　　3　セクシュアル・ハラスメントの法的処理 ……………………238
　　　4　均等法による事業主の雇用管理上講ずべき措置 ……………238
　　　Pause 20「間接差別」(240)

第9章　家族的責任との両立策 ……………………………………242

　第1節　育児・介護・看護休業制度 ………………………………242

　第2節　育児に関する措置 …………………………………………242
　　　1　育児休業等に関する規定 ………………………………………243
　　　2　勤務時間短縮措置など ………………………………………244
　　　3　子の看護休暇 …………………………………………………245

　第3節　家族介護のための措置 ……………………………………245
　　　1　介　護　休　業 …………………………………………………245
　　　2　介護休業制度の内容 …………………………………………245

　第4節　育児・介護休業に共通する措置 …………………………247
　　　1　不利益取扱いの禁止 …………………………………………247
　　　2　深夜業の制限 …………………………………………………247
　　　3　時間外労働の制限 ……………………………………………248
　　　4　労働者の配慮に関する配慮 …………………………………249

x　目　次

　　　　5　職業家庭両立推進者の選任 …………………………………249
　　　　6　再雇用特別措置 …………………………………………………250
　第5節　次世代育成支援対策推進法 …………………………………250

第10章　労働安全体制・労働災害 …………………………………252
　第1節　労働安全衛生体制 ………………………………………………252
　　　　1　労働安全衛生法の目的 …………………………………………252
　　　　2　事業者および関係者の責務 ……………………………………253
　第2節　労働災害補償 ……………………………………………………258
　　　　1　労働災害補償制度 ………………………………………………258
　　　　2　労災保険法上の労災補償 ………………………………………261
　　　　3　業務上災害・通勤災害の認定基準 ……………………………266
　第3節　労災民事訴訟 ……………………………………………………273
　　　　1　労災保険と損害賠償 ……………………………………………273
　　　　2　労災民事訴訟の内容 ……………………………………………274
　　　　3　損害賠償と労災補償との調整 …………………………………277
　　　　4　労災上積補償制度 ………………………………………………278

第11章　労働契約の終了 ………………………………………………279
　第1節　労働契約の終了形式 ……………………………………………279
　第2節　解　雇 ……………………………………………………………279
　　　　1　解雇自由の原則 …………………………………………………279
　　　　2　解雇の制限 ………………………………………………………280
　第3節　定　年　制 ………………………………………………………294
　　　　1　定年制の意義 ……………………………………………………294
　　　　2　定年制の合理性 …………………………………………………294

　　　　3　高年齢者雇用安定法と高年齢者雇用確保措置 …………296
第4節　退　職 …………………………………………………………297
　　　　1　退職の法律問題 ……………………………………………297
　　　　2　合　意　解　約 ……………………………………………298
　　　　3　退職申入れの時期 …………………………………………299
　　　　4　退職時の証明 ………………………………………………300
第5節　雇用終了と雇用保険 …………………………………………300
　　　　1　雇用保険制度の概観 ………………………………………300
　　　　2　失業等給付 …………………………………………………301
　　　　3　保　険　料 …………………………………………………303
　　　　4　失業の要件 …………………………………………………303
　　　　5　給　付　制　限 ……………………………………………304
　　　　　Pause 21 「解雇」とはなにか（304）
　　　　　Pause 22 変更解約告知（306）

事項索引
判例索引

(略語一覧)

I　法令名略語（50音順）
＊法令の引用にあたっては，原則として以下のよう略記した。

育　介	育児休業，介護休業等育児又は家族介護を行う労働者の福祉に関する法律	所　税	所得税法
		新　案	実用新案法
		地　公	地方公務員法
育介則	育児休業，介護休業等育児又は家族介護を行う労働者の福祉に関する法律施行規則	地公企	地方公営企業法
		地公等労	地方公営企業等の労働関係に関する法律
		地　税	地方税法
意　匠	意匠法	著　作	著作権法
会　更	会社更生法	賃　確	賃金の支払の確保等に関する法律
会　社	会社法		
憲	日本国憲法	賃確則	賃金の支払の確保等に関する法律施行規則
健　保	健康保険法		
公　選	公職選挙法	道　交	道路交通法
厚　年	厚生年金保険法	特　許	特許法
雇　均	雇用の分野における男女の均等な機会及び待遇の確保等に関する法律	入　管	入国管理及び難民認定法
		能　開	職業能力開発促進法
		破	破産法
雇均則	雇用の分野における男女の均等な機会及び待遇の確保等に関する法律施行規則	分割労働承継	会社分割に伴う労働契約の承継等に関する法律
		民	民法
国　公	国家公務員法	民　執	民事執行法
個別労働紛争	個別労働紛争の解決の促進に関する法律	労　安	労働安全衛生法
		労安則	労働安全衛生規則
雇　保	雇用保険法	労　基	労働基準法
雇保令	雇用保険法施行令	労基則	労働基準規則
最　賃	最低賃金法	労　災	労働災害補償保険法
商	商法	労　組	労働組合法
障害雇用	障害者の雇用の促進等に関する法律	厚労告	厚生労働省告示
職　安	職業安定法	労　告	（旧）労働省告示
女性則	女性労働基準規則	発　基	厚生労働省労働基準局通

略語一覧 xiii

基 発	厚生労働省労働基準局長通達	
基 収	厚生労働省労働基準局長が疑義に応えて発する通達	
女 発	厚生労働省女性局長通達	
婦 発	厚生労働省（旧）婦人局長通達	

II 判例略語

＊判例の表記にあたっては，年号を用いた（昭＝昭和，平＝平成）ほか，以下のように略記した。

最大判	最高裁判所大法廷判決	集 民	最高裁判所裁判集民事
最○小判	最高裁判所第○法廷判決	労民集	労働関係民事裁判例集
高 判	高等裁判所判決	判 時	判例時報
地 判	地方裁判所判決	判 タ	判例タイムズ
○地○支判	○地方裁判所○支部判決	労 判	労働判例
		労経速	労働経済判例速報
民 集	最高裁判所民事判例集	労 旬	労働法律旬報

＊なお，暦年の表記は，判例を除いて，原則として西暦に従った。

第1章　雇用関係法のメカニズム

第1節　労働者の職業生活と労働法

1　企業と労働

(1)　企業活動に組み込まれた労働

われわれの生きる現代社会（資本制社会）においては，物やサービスを商品として生産し提供する経済活動は，圧倒的に私的企業によって行われている。企業は利潤を目的として，一方で工場や原料，あるいは生産に必要な知的財産などを，他方では労働力を購入し，両者を有機的に組織してその効率的利用をはかりながら，いかに社会的ニーズの高い（言い換えれば売れ筋の）商品を安く生産することができるかを目指して活動することになる。その活動は，うまく行けば生産の拡大に，反対に，売れる見込みが外れたり，景気変動や外国企業を含む他の企業との競争に敗退すれば，生産の縮小，場合によっては倒産といった事態に追い込まれる可能性もあることはいうまでもない。

労働法は，このような企業活動に組み込まれ，その成否に依存しながら展開される労働者の職業生活に着眼し，その安定と向上を図ろうとするものである。

(2)　労働者の職業生活の展開

企業活動のサイクルに組み込まれて展開される労働者の職業生活の展開を示すと，**図1**のように，3つのステージに分けることができる。

(a)　労働市場　　中学，高校あるいは大学を卒業すると，大部分の若者は，女性を含めて一度は就職する。第1のステージは，労働者が自分に適した職場を探して就職する労働市場である。またここには，一度就職した

企業をさまざまな理由で退職したり，あるいは解雇された労働者，さらに定年後にもう一度，第2の職場で働くことを目指して再就職を希望する労働者も登場する。

　労働者にとって，自分と家族の生活を維持していくために，何よりも職場を見つけ，それを維持することが決定的に重要であるが（雇用の確保），その職場は，自らのコスト計算にもとづく企業によって提供され，場合によってはリストラの名で奪われてしまうことも否定できない。

　(b)　就労状態　　就職すると（労働契約の成立），労働とその対価である賃金が交換される労使関係（労働契約関係）が展開される。第2のステージである就労状態は，労働と賃金の支払いを中心とした多くの権利・義務の束からなっており，長期に及ぶ職業生活のなかでは昇格・昇進といった喜ばしい出来事もあれば，意に染まない単身赴任や雇用調整的出向，あるいは労災事故などの辛い出来事に遭遇することもありえよう。

　労働者の職業的能力や人間的成長にとって，どういう仕事を担当するかは決定的に重要な意味をもつが，実際には，職務も仕事のやり方も企業によって決定され，労働者は企業という組織体の一員として労働することを義務づけられる。もし，指示に従わなければ，解雇や懲戒処分も覚悟しなければならない。

　賃金，労働時間といった基本的な労働条件についても，形式的には労使の対等な契約によって決定されるといってみても，実質的に，支払能力や他企業との競争関係などを考慮して提案し決定するのは企業である。

　(c)　職業生活からの引退　　定年後に再就職する場合には，もう一度労働市場に復帰するが，職業生活から引退することになれば，労働者の生活は，労働の対価である賃金ではなく年金によって支えることが予定されている。この第3のステージは，労働の意思と能力をもち，労働を通して生活を支える労働者を念頭においた労働法の法領域を離れ，社会保障法の分野に属することになる。

第1節　労働者の職業生活と労働法　3

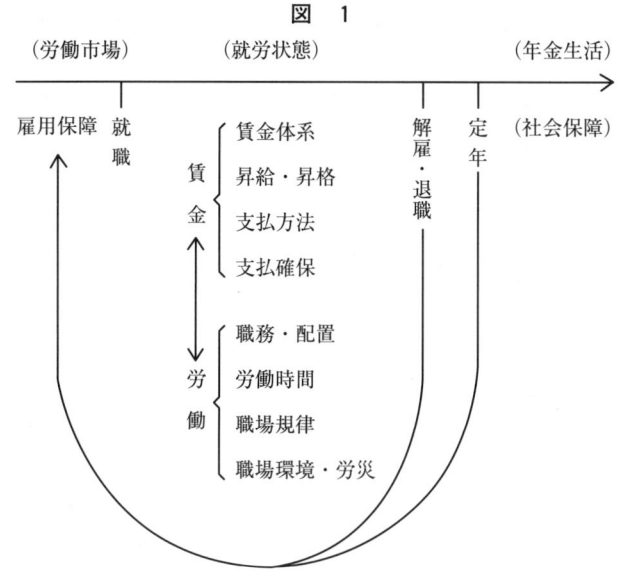

図　1

Pause 1　**何のために働くのか**

　同じ仕事をしているように見えても，職業として行うのと趣味の一環としてやるのとでは，まったく意味が違ってくる。職業として行う場合には経済的対価が伴い，生活がかかっているだけに，楽しみより苦痛という色彩が強くなる。また，同じ職業でも，自営業と他人に雇用されて働く労働者とでは，意味が違う。後者の場合，程度の違いはあっても，何をどのように行うかについて他人の命令と管理下で働くのであって，得られた成果も自分のものではない。

　それでは，労働者にとって労働は，できれば解放されたいが生活のためやむを得ない，まったくの苦痛に過ぎないのかと言えば，それだけではないであろう。一昔まえの貧しかった時代ならともかく，生活のためならどんな嫌な仕事でも構わない，ペイさえよければそれで満足というものではないのである。

　とくに豊かな時代に育った若者には，就職に際して，単に労働条件が良いからというだけではなく，面白そうかどうか，やりがいのある仕事かどうか，自分の個性を生かせるのかといった，もっと質の高い要因を重視す

る傾向が見られるようになった。人もうらやむような会社に就職しながら，自分に適した仕事ができないからという理由で，あっさりと転職する若者も少なくない。辛抱が足りない，ハングリー精神がなくてわがままなといった批判もないわけではないが（本当のところ，私もときには，そういう想いを抱くことがある），高度成長以前に育った世代からは理解できないのかも知れないが，それは，労働することが，単に生活の手段に尽きるものではないことを意味している。高度成長を経験した先進資本主義諸国で，ベルトコンベアの極度に細分化された労働を嫌がって，特別な理由がないのに欠勤してしまう若者の存在が注目を集め，「労働の人間化」の重要性が語られるようになったのも，同様の現象であろう。

　何のために働くのかという問いは，労働者にとって，職業的人生をどう生きるかに等しい切実な問題である。就職の会社選びに際して，誰もが考えるのは，安定していること，労働条件が良いこと，やりがいのある仕事をさせてもらえることの3つであるが，これらはトレードオフの関係にあって，3つの条件をすべて満たしてくれる職場はまずないものと思わなければならない。現実の労働を通して，改めて，自分自身を見つめ直してみることを勧めたい。

2　労働法とは何か

(1)　労働法成立の根拠

　労働者とは，自己の人格的能力を労働力として企業（または個人事業主）に売ってその利用に供し，対価である賃金によって生活を営む者のことである（労基9条参照）。そして，労働市場で必死になって職場を探すのは，自営業のための資本や遊んで暮らせる資産もないからであり，またよほどの蓄えがない限り，自分や家族の毎日の生活を支えていくためには，気に入った職場がないとか労働条件がよくないからといって，暫くのんびりしようという訳にはいかないからである（労働力は貯蔵も売り惜しみもきかない）。働く場を見つけること，それと並んで，願わくば人並みの生活を営むことのできる労働条件であって欲しい。労働者にとっての切実な要求は，この2つからなっているということができるであろうが，この2つの要求とも実現には常に困難が伴っている。

景気の変動と産業構造の変動のなかで、職場を探すのが決して楽でないことは、周知の通りである。実際、景気が落ち込んだり競争に破れて企業や産業が衰退すると、労働市場は、職場を見つけられない、あるいは職場を放り出された失業者であふれることになる（構造的失業の存在）。また運よく求人企業を見つけても、1つのポストに多くの求職者が押しかけて、労働条件は安く買いたたかれてしまう。確かに、経済の拡大期や景気が過熱すると人手不足によって賃金は高くなるが、企業はオートメーションのような労働節約的投資をしたり、工場や生産拠点を丸ごと外国に移転するなどして、労働市場の需給バランスを有利に展開することで人件費コストの引き下げを図ろうとする。労使の交渉において、労働条件は、労働者にとっては生活を支える意味をもつが、企業にとっては、グローバル化時代の外国企業を含めた企業間競争のなかで、少しでも引き下げを迫られる人件費コストを意味しており、ここでもイニシアティブは企業がもっているのである（交渉力の不平等）。

(2) 労使関係の市民法的規制

しかし、労使関係の法的規制のあり方は、このような立場におかれた労働者に、何らかの法的保護を与えようとしてきたわけではない。むしろ、すべての個人を自由・平等の人格（市民）として取り扱う近代市民法では、労使はまったく対等な存在として取り扱われ、使用者には、生産手段の所有と営業の自由を、労働者には、職業選択の自由を保障すればそれで十分との考え方に立って、生産手段の所有者（企業）が契約によって購入した労働力を利用して生産活動を展開する資本制経済社会の仕組みを整えるものであった。この経済的自由の保障は、労働者にとって、確かに、前近代的身分制や権力的規制からの解放を意味していたものの、他方では、失業と長時間労働・低賃金に代表される劣悪な労働条件による貧困をすべて労働者個人の自己責任だとして放置する（怠け癖と能力的に劣るせいだ、あるいは貧困が人を勤勉にする）冷酷なものであった。

両者の関係は、売買や消費貸借といった他の契約と同様に、契約自由の原則によって規律され、契約締結の自由（採用の自由）、内容決定の自由、解雇・退職の自由がそのまま適用されることになる。民法のなかにおかれている雇用契約に関する規定は（623条以下）、労働法が制定される以前の、

このような考え方にもとづく法的規整の立場を貫いている。そのもとで，物理的強制力（経済外的）を用いた人身拘束の手段は許されないというものの，戦前の繊維女工の雇用契約で典型的に行われたように，前借金を理由とした長期の契約期間の設定と，違反に対する損害賠償の予約による人身拘束的契約でさえ（いわゆる経済的強制による「籠の鳥」），契約自由の名のもとに，堂々とまかり通ったものであった。労働時間の上限もなく，賃金の規制もない。すべては契約の自由に委ねられているというわけである。

(3) 社会法としての労働法

しかし，現実に労働者を襲ったのは，低賃金と長時間労働，そして劣悪な職場環境であった。そこから生じる貧困と人格的蔑視という悲惨な社会的境遇を，法の下の平等と契約自由の結果に過ぎず自己の責任であると説明されても，労働者にとって，真実と程遠いことは歴然としている。労働者にも，嫌なら「働かない自由」があるといっても，資本制社会の宿命ともいうべき構造的失業の前では，実際には「飢える自由」に過ぎず，契約自由の原則だといっても，労働条件交渉に際しての実質的自由など望むことはできないからである。一言でいえば，労働者は市民法のもとで，確かに前近代的身分制の軛からは解放され自由になったかも知れないが，自由と自己責任の名のもとで，実際は生存の脅威にさらされる事態に直面したことを意味していた。

このような事態に対する労働者の抗議と抵抗が，さまざまな形と段階を経て法の次元に到達したところに生まれたのが労働法であった。法律的に表現すれば，企業の自由の名による経済的権力に対して，労働者の「生存の権利」の保障を，自由について語るのならば，形式的ではなく労働者に「欠乏からの自由」とそれを支える社会的基盤の実現を求めるものであったといってよいであろう。それまでの19世紀的自由権や財産権の保障に加え，生存権，労働権，団結権などに代表される社会権の登場である。労働法は，この20世紀的生存権ないし社会権思想を背景にして，ダイナミックに生成・発展を遂げた社会権立法の中核をなしている。

第2節　労働法の体系と雇用関係法

1　社会国家の成立と労働法

> **Pause 2** 憲法における生存権理念の登場
>
> 　憲法のなかで最初に生存権の保障を宣言したのは，1919年に制定されたドイツのワイマール憲法で，「経済生活の秩序は，すべての者に人間たるに値する生存の保障を目的とする正義の原則に適合するものでなければならない。この限度内で，個人の経済的自由は確保されなければならない」と定め（151条1項），経済的自由権に対する生存権の価値的優位性を明確にした。しかし現実のワイマール体制は，第1次世界大戦を引き起こしたことに対する膨大な賠償責任と経済的混乱のなかで，生存権理念を具体化する社会的負担に耐えられず，遂にナチスの台頭によって崩壊する。そして，第2次世界大戦の深刻な経験を経て，再び，社会国家ないし福祉国家を根拠づける社会的人権思想として戦後世界に受け継がれることとなった。

　第2次大戦後，先進諸国は共通して，労働組合の承認と完全雇用政策，そして社会保障の充実を国家目標に掲げた「福祉国家」ないし「社会国家」の途を歩むこととなった。わが国の憲法も，生存権（25条）を始めとする，労働権（27条），労働基本権（28条）を保障し，さらにこれらの基本的人権の保障を受けて制定された多数の立法によって，労働法と社会保障法の体系的整備を図り，先進国と同様の法体制を採用することを明らかにしている。

　そして現代の労働法は，先に述べた労働者の職業生活の各ステージに対応する形をとりながら，次の3つの法体系に沿って整備されているといってよいであろう。

2 失業の脅威と雇用保障法

(1) 宿命的な失業問題

労働者の職業生活の第1ステージである労働市場における雇用の場の確保を目的とする一群の立法は，雇用保障法ないし労働権保障法の名で呼ばれている。豊かな社会といわれる今日にあっても，労働者の生活の基盤が働く職場を確保できるかどうかにかかっていることに変わりはないだけに，労働法の要の位置を占めている。

労働力の対価である賃金によって生活を維持する以外にない労働者にとって，失業は収入の途を閉ざされることを意味し，生存への直接的脅威をもたらすだけでなく，自分は社会にとって何の役にも立たない無意味な存在に過ぎないという無力感と社会的アイデンティティの喪失は，個人的にも社会的にも深刻な問題を引き起こす。そして厄介なことに，資本制社会の誕生以来，失業はあらゆる国と時代とを問わず，人々を悩ましてきた問題であった。豊かな社会を享受しているはずのOECD諸国に限っても，今日およそ3,400万人におよぶ失業者を抱えながら，その解消のための決定的な政策を見いだせないでいる。

(2) 雇用保障法と労働権の法的性格

(a) 雇用保障のための諸政策　　失業をなくすことはできないとしても，①就職情報の提供や職業紹介，あるいは②職業能力の開発や訓練などを通して摩擦的失業の減少をはかり，産業構造の変化に対応した再教育によって，職種転換を容易にすることはできる。さらに，③職場を提供する企業に対して失業者を出さない方策を奨励したり，高齢者や障害者雇用へのインセンティブを与えるなど雇用機会の創出を誘導する政策をとることもできる。④そして何よりも，失業中の労働者の生活を経済的に支える社会的仕組みの存在が決定的に重要である。

雇用保障法は，労働市場の需給バランスや産業構造の変化を見据えながら，労働者に雇用の機会を確保し，失業中の生活を経済的に支えるための一連の政策立法からなっている。

(b) 労働権の保障　　憲法は，「すべて国民は，勤労の権利を有し，義務を負ふ」(27条1項) と，労働権を保障する旨の規定をおいている。この労働権の保障は，単に労働の自由や職業選択の自由といった自由権の保障と

第 2 節　労働法の体系と雇用関係法　9

Pause 3　**各国の失業率**

	1990	1993	1994	1995	1996	1997	1998	1999	2000	2001	2002	2003	2004
フランス	8.5	11.1	11.7	11.1	11.6	11.5	11.1	10.5	9.1	8.4	8.9	9.5	9.7
ド イ ツ	4.8	7.7	8.3	8.0	8.6	9.2	8.8	7.9	7.2	7.4	8.2	9.1	9.5
日　　本	2.1	2.5	2.9	3.1	3.4	3.4	4.1	4.7	4.7	5.0	5.4	5.3	4.7
オランダ	5.9	6.2	6.8	6.6	6.0	4.9	3.8	3.2	2.8	2.2	2.8	3.7	4.6
イギリス	6.9	10.0	9.2	8.5	8.0	6.9	6.2	5.9	5.4	5.0	5.1	5.0	4.6
アメリカ	5.6	6.9	6.1	5.6	5.4	4.9	4.5	4.2	4.0	4.7	5.8	6.0	5.5
EU15ヵ国平均	8.1	10.0	10.4	10.1	10.1	9.8	9.3	8.5	7.6	7.2	7.6	7.9	8.0
OECD27ヵ国平均	6.1	7.8	7.7	7.3	7.2	6.9	6.8	6.6	6.2	6.4	6.9	7.1	6.9

は異なり，労働者を失業の脅威から守り，その適性にあった雇用の機会ならびに失業中の生活を確保するために必要な施策についての国の責任を明らかにした社会権ないし生存権的性格をもっている。雇用保障法の名で総称されている一連の立法は，それを受けて制定されたものである。

しかし法的救済の観点からいえば，それを超えて，労働権を根拠に，直接国家に対して，具体的職場の提供を請求したり，また雇用保障のために必要な具体的政策の実施を裁判所に求めることまで保障しているわけではない。資本制社会においては，職場を提供する経済活動の主体は私的企業であって，国や地方自治体にできることは，労働市場の整備や職業紹介，労働者の職業能力の開発と失業中の労働者の生活確保などに限られざるをえないからである。

その意味で，労働権が権利であるといっても，公的施策の実施要求に関する限り抽象的権利であるに過ぎない。ただ単なる政治的プログラム規定とみるべきではなく，国による労働権の積極的侵害の違法判断や，場合によっては何らの措置も採ろうとしない場合に不作為の違法確認訴訟の根拠規定にはなりうるであろう。

(c)　労働権の私法的効力　　また労働権は，労使関係に対する直接的な適用，いわゆる基本権の私人間効力を有するものでもない。

しかし労働基準法のなかにある解雇制限規定（19条・20条など）のよう

に，使用者の解雇の自由を制限する立法の根拠規定になるばかりでなく，社会的相当性を欠いた解雇は権利濫用にあたり無効（民1条3項）であるとしてきた判例法理は，使用者に労働権の尊重を求める間接的適用の一例であるということができる。そして，この判例法理は，そっくり2004年の労基法改正によって制定法のなかに採り入れられた（18条の2）。

3 雇用関係法
(1) 労働保護法の理念
(a) 契約自由原則の修正　戦前のわが国における最大の産業は，繊維工業であった。しかし，そこで働く女子労働者の境遇は，前借金に縛られた人身拘束的な契約と低賃金，12～13時間が普通の長時間労働，肉体的制裁を伴う厳しい職場規律，そして結核蔓延の原因となった劣悪な職場環境など，「職工事情」（農商務省，1903年）や「女工哀史」（細井和喜蔵，1925年）に描かれている実に悲惨なものであった。

重要なのは，これら劣悪な労働条件の押しつけが，労働者の社会的貧困と企業の経済的権力からくる交渉力の違いを無視し，形式的平等と契約自由の原則によって当然視されてきたことであった。自由競争と経済原則の名のもとで，労働力の価格を需要と供給による市場の調整に放任しておくかぎり公正な労働条件の実現は難しい。労働保護法の成立は，この認識を基礎として成立することとなった。

(b) 公正労働基準の保障　憲法は，「賃金，就業時間，休息その他の勤労条件に関する基準は，法律でこれを定める」旨を定めている（27条2項）。文言には現れていないが，この憲法を受けて制定された労働基準法が，冒頭で「労働条件は，労働者が人たるに値する生活を営むための必要を充たすべきものでなければならない」（1条1項）と規定しているように，生存権理念にもとづく労働者保護の目的から，契約自由の原則を修正し，基本的労働条件に関しては最低基準を法律で定め，それを下回る労働条件は認められないとすることを意味している。

これに続けて憲法が，「児童は，これを酷使してはならない」（27条3項）と規定するのは，貧困が弱い立場の児童にしわ寄せされ，幼い時から労働に従事させられ人間的成長の機会を奪われてきた戦前のわが国の実態を念

頭において（そして世界の広い地域で今なお見られる），とくに年少労働の禁止・制限立法の制定を義務づける意味をもつ。

　労働条件は，企業にとっては人件費コストを意味するため，特定の企業が他より飛びぬけて高い労働条件を提供すると，企業間の競争条件の観点からは不利な立場に立たされることとなる。したがって労働保護法による基本的労働条件の法定は，企業にとっては，公正な競争条件を設定する意味をもっている。

　(c)　労働基準法とそれをとりまく衛星立法群　　この憲法の趣旨を受けて制定されているのが労働基準法であることは先に述べた。労基法は，「労働条件は，人たるに値する生活を営むための必要を充たすべきものでなければならない」との立場から基本的労働条件について法律で最低基準を定め，違反した使用者に対する刑罰規定と労働基準監督官の制度を設けてその遵守を確保する一方，労基法の基準に達しない労働条件を定める労働契約は無効になるとして（13条），強行法規としての性格をもっている。

　しかし，労働契約は労働と賃金の交換を中心としながらも，それにとどまらないさまざまな権利と義務の束によって成り立っており，また，刑罰法規による取締りだけで労働条件の向上が図られるわけではない。とくに高度成長の開始とともに始まった，豊かな生活と大型労働災害の頻発に代表される労働と生活環境の大きな変化に対応するため，労基法をとりまくようにさまざまな労働立法が成立することとなった。それは，労基法を中核にしながら，それを補完するために制定された最低賃金法，労働安全衛生法，労働者災害補償保険法，男女雇用機会均等法，育児・介護休業法，さらにパート労働法のような多数の衛星立法群を形成している。

(2)　保護法と雇用関係法

　これら労働保護法の存在は，労働条件は労働契約によって定まるとの近代社会の法原則を否定するものではない。労働保護法が，労働契約によって生じる重要な権利・義務を覆い尽くしているわけでもなく，またそれらの多くは，基本的な労働条件について最低の基準を定めるものに過ぎない。実際の労使関係を規制している広範で多岐にわたる権利・義務は，保護法に定めがないか，あるいは定められた最低基準を超えるものからなっていて，その内容は原則として労使のとりきめに委ねられることになる。この

部分に対する法的規整は，まったくの契約自由に委ねてしまうのが良いと言うわけにはいかないものの，刑罰法規による画一的規制に馴染むものでもない。そして実際には，契約内容が労働者に一方的に不利，あるいは不当に権利を制限するものである場合には，公序良俗（民90条）や権利濫用（同1条3項）によって無効とされるなど，判例法理による制限的適用がなされていて，労働契約の具体的権利・義務の内容は，膨大な判例法理を抜きに語ることは出来ないものとなっている。

判例法は，具体的妥当性の確保に優れている反面，当事者にとって明確性や予測可能性に劣ることは否定できない。複雑で多岐にわたる労使関係の民事法的ルールを明確にするために労働契約法を制定すべきだとの機運が高まっているのはそのためである。本書が，伝統的に用いられてきた労働保護法という名称を避けて「雇用関係法」のタイトルを用いているのも，労働保護法にとどまらず，複合的な法形式によって決められている個別的労働条件の決定と，そこから生じる法的問題を取り扱うためにほかならない。

4　集団的労働法
(1)　労働組合と組合活動の保護

近代市民社会（資本制社会）の確立とともに，社会的貧困に対する労働者の抗議として始まった労働運動は，国家あるいは使用者によるさまざまな抑圧に耐えながら，次第に集団的，組織的な形を整え，先進資本主義諸国では19世紀後半には全国的な職業別あるいは産業別労働組合として社会的力をもつまでになった。

その行動様式は，労働組合が労働条件を集団的に交渉し，妥結に至らなければ組織的な労務の停止によって生産をストップさせることで使用者に打撃を与えて譲歩を迫る（ストライキ）というものである。労働条件は労働契約ではなく，労働組合との間で結ばれる団体契約（労働協約）によって，つまり労働者との個別交渉ではなく，労働者集団との集団的とりきめによって決定されることになる。しかも組合の主張が容れられなければ，働く義務を負っている個別労働者に職場放棄を呼びかけ，これに従わない労働者には，場合によってはピケットのような強制的色彩をもった説得手

段も行使される。

　このような労働組合の行動様式は，市民法の原則からすれば違法の評価を受けざるをえないものであり，それだけに労働組合の結成や活動に対する国家の介入，あるいは使用者による解雇などの抑圧的措置がとられたし，とくにストライキについては，契約違反や不法行為として民事責任を追及されるのみならず，刑事法上も処罰の対象とされる時代が続いた（脅迫罪や威力業務妨害罪など）。それが一転して，労働組合とその活動が法的に保護されるようになるのは，ヨーロッパ，アメリカなどの先進資本主義諸国で，早いところで19世紀から20世紀の初め（イギリス・フランス），遅くとも第１次大戦から（ドイツ），第２次大戦にかけて（アメリカ）のことである。

　政策の転換をもたらしたのは，労働組合がもはや抑圧の対象とすることが不可能なほど大きな組織にまで成長し，それにあわせて，労働組合は，労使の実質的対等性と労働者の人間に値する労働条件獲得のためになくてはならないものであり，労使関係に新しい民主主義的秩序の形成をもたらすもの（産業民主主義）と考えられたからであった。

(2)　労働基本権の保障

(a)　労働条件の集団的決定システム　　憲法28条が「勤労者の団結する権利及び団体交渉その他の団体行動をする権利」を保障しているのは，このような労働条件の集団的決定のシステムを確立するためである。「団結権」は労働組合の結成と加入ならびに労働組合の自主的運営に関する妨害，干渉の禁止を，「団体交渉権」は労働条件について使用者と交渉する権利を，そして「団体行動権」は交渉の圧力手段としての争議行為について刑事・民事の責任追及からの解放を定めたものであるが，この三権は一体となって，労働条件の集団的決定のシステムを支えており，どれかひとつがあれば他はなくても済むというものではない。労働基本権の保障を始めとして，集団的な労働条件の決定を支える法システムを集団的労働法ないし労働団体法と呼んでいるが，その成果は労働協約の締結として現れる。

(b)　労働基本権保障の効果　　憲法による労働基本権の保障によって，これらを制限・禁止する立法や行政的措置などの公権力の行使が原則として憲法に違反するとの評価を受けることは，いうまでもない。一般公務員

に対する争議権の全面禁止と違反に対する刑事罰規定の合憲性が，戦後の労働法判例を飾る大きな出来事であったことは周知の通りである。

しかしこれに加えて，労働組合が使用者と直接的対向関係に立つ存在であり，組合と労働者にとっては，組合の結成・加入を理由とする使用者の解雇が大きな脅威であったという歴史的経緯から，労働基本権の保障は，使用者に対しても直接的効力をもつと理解されている（いわゆる憲法の第三者効）。したがって，これら三権の行使に抑圧的に働く使用者の行為は，たとえ，それが市民法的権利や自由の行使にあたるものであっても（例えば解雇権の行使），制限・禁止されることとなる。それは，社会権としての労働基本権の保障は，市民法的権利に優位し，その制限にうえに成り立っていることによるものである。

(c) 集団的労働法に関する実定法規　憲法による労働基本権保障を受けて，労働組合法，労働関係調整法などの法律が制定されているが，これらの立法は，憲法の直接的効力を確認すると同時に，保護範囲の拡張ならびに効果的救済方法の創設などの意味をもっていることになる。

しかし反面で，これらの法律の中には，労働組合の組織や活動，とくに争議権の行使を中心に，一定の制限を加える規定も盛り込まれている。また，公務員法や「特定独立行政法人等の労働関係に関する法律」（特労法，かつての公労法）あるいはスト規制法のように，始めから労働基本権の制限・禁止を念頭において制定された特別法もある。これらは，集団的労働法が，労働組合に法的保護を与える一方で，その活動を一定の枠のなかに閉じ込めてコントロールを加える二面性をもっているからであり，労働組合と国家の間に，依然として強い緊張関係が続いていることを示すものである。

5　雇用関係法の守備範囲

(1) 社会的セキュリティとしての労働法

労働法はうえに述べた3つの体系に分類される多数の法令からなり，全体として労働者の各ステージにおける職業生活の安定と公正な労働条件の確保を目的とした社会的セキュリティのシステムを構成しているということができよう。すなわち，

①雇用保障法は，労働市場に登場する労働者の職場を確保するための助成と失業中の生活の維持を図り，

②雇用関係法は，労働条件が労使の契約によって決まるという原則の上に立ちながらも，労働契約の成立と展開を意味する労使の多様な権利義務関係をすべて契約の自由のもとに放任してしまうのではなく，基本的労働条件については「労働者の人たるに値する生活」を守るとの理念の下で，労働保護法による最低基準の設定と，それを上回る，あるいは定めのない労働条件についての公正な基準の確保を図り，

③そして集団的労働法は，個別労働者に代わる労働組合との集団的労働条件決定のシステムによって交渉力の対等性を実現し，より有利な労働条件の獲得を可能にすることである。

(2) 本書の守備範囲

現代雇用法の名称で本書が取り上げるのは，この3つの体系のうち，②を中心にして，①の雇用保障法の一部である。雇用保障に関する立法は，国の財政負担を要することもあって，独立した法体系として扱われるだけの内容をもつようになったのは比較的最近のことで，かつては労働保護法の一分野として取り扱われていた。また労働者の雇用の確保を目的としているとはいっても，その多くは行政の施策にとどまり，企業への財政的助成を通して行政的誘導を図るという方法が多用されている。経済のグローバル化と情報化に伴う失業問題の深刻化とともに，企業の競争力を強化し産業構造の変化に対応するため，民営職業紹介事業や労働者派遣事業の自由化など労働市場の流動化を促進するための立法改正が相次ぎ，それによってさまざまな人材ビジネス業が可能になるなど，これら労働市場に関する法制は，量的にも，質的にも別個の取扱いを必要とする。

しかし，雇用の安定を確保するという点からすれば，労働基準法における解雇の法的規制（18条の2・19条・20条）は，雇用保障法における雇用政策と連続して理解されなければならないテーマである。また，労働市場の流動化を意図して行われた労働者派遣法の改正にも，派遣労働者保護のため労働保護法に属する部分が含まれているなど，労働保護法と雇用保障法，あるいは労働市場法制との境界は定かではなく，密接に交叉している。本書では，前者について「労働契約の終了と雇用保険法」の項目で雇用保

障法と合わせて取り扱う構成を採用し、雇用保障法とも異なる派遣労働「事業法」の性格をもつ労働者派遣法についても、雇用形態の多様化に伴う労働者保護法の側面から取り上げるなど、部分的に言及することにしている。

第3節　雇用関係法の展開と課題

1　労働法制再点検の時代

(a)　グローバル経済下の雇用不安　　情報化の進展や旧社会主義諸国ならびにアジア諸国の国際競争市場への参入によるグローバルな企業間競争が強まるなかで、雇用をめぐる環境は厳しい変化のさなかにある。終身雇用と年功制賃金、良好な労使関係によって高い国際競争力を達成し、失業ではなく労働者の不足こそが深刻だとその繁栄ぶりを謳歌していた時代にも、一般の国民にとってみれば、決して生活の豊かさを享有出来たわけではなく、過労死に代表される労働時間の長さや、サラリーマンが真面目に働いても手が届かなくなった異常なマイホームの高騰、安心して子育てもできない教育と生活環境の悪化、そして高齢化社会と老後の不安等々、一筋縄ではいかない深刻な問題を抱えていた。

しかし、90年代初頭から長期不況に突入して以来、比較的安定した雇用と労働条件の向上を期待できた日本的雇用慣行の急速な見直しが進み、失業の脅威におびえていた時代の再来に悩まされている。競争と効率を強調する市場主義から、働き方に関する規制を緩め、人件費コストの固定費から流動費への転換を意図した人材ビジネス業の解禁など、21世紀を迎え、とりわけ労働保護法と雇用保障法は大きな転換点に差しかかっている。

(b)　戦後社会の変化の大きさ　　振り返ってみれば、労働基準法を始めとする労働保護法制の制定は、第2次世界大戦における天皇制ファシズムの敗北を受け、政治、経済、社会、労働、そして教育、文化といったあらゆる分野で推し進められた戦後の民主的改革の一環としての意義をもつものであった。それから今日までの間に、わが国の社会は、幾度かの大きな

社会変動を経て転換期といわれる現在に至っている。戦後「民主化」から「反共」へと劇的に転換した連合国（実質的にはアメリカ）の占領政策と，およそ6年半におよんだ占領下からの独立（サンフランシスコ講話条約の締結は1951年9月，発効は52年4月），高度成長による社会変貌と，2度のオイル・ショック（1973年，79年）によるその終焉，そして国際化・情報化時代への突入とともに始まった1990年代の長期不況は，そのいずれもが大きな社会変動の節目をなすものであった。以下では，労働法の展開の足跡をたどり，今日における再点検のあり方を考えてみたい。

2　労働保護法制の前史

(1)　労働保護法の幕開け

(a)　繊維女工の時代　　わが国における本格的な労働法制は，第2次大戦直後に開始された戦後民主化政策の大きな柱のひとつとして位置付けられたことによるものであったが，もちろん，それ以前に労働法が存在しなかったわけではない。それどころか，「殖産興業，富国強兵」のスローガンを掲げ西欧諸国から近代産業の積極的導入を図った明治政府は，むしろ早い段階から，近代化＝資本主義化によって生み出される労働問題の発生に対処するため，これも西欧諸国の経験に学びながら政策研究に着手していた。

ところで，戦前のわが国における中核的産業であった繊維産業を支えていたのは，農村から前借金のかたに身売りに等しい人身拘束的契約によって連れてこられた女子労働者（繊維女工）であり，13時間ときには18時間に及ぶ長時間労働と深夜業，そして結核を農村にまで持ち込むことで兵隊の体格に悪影響が出ていると軍部から抗議が出された程の劣悪な労働環境のなかでの過酷な労働を強いられていた。そして産業革命を経由した日清戦争の後には，近代的産業の拡大を背景に熟練労働者による職業別組合も誕生し，上野・青森間の列車を全線にわたって止めた鉄道機関方（運転士）組合のように活発な活動も見られるようになる。初期労働法制の社会的基盤は整ったというべきであった。

(b)　「工場法」の成立　　アメとムチの政策として登場したのが，一方では，生まれたばかりの労働組合の取締りを意図した治安警察法の制定で

あった（1900年）。ストライキの誘惑・扇動を処罰する規定は，争議行為のあおり・そそのかし行為を処罰している現行公務員法のモデルとして受け継がれているものである。そして労働者保護法としての性格をもつのが，およそ30年を費やして難産の末に成立した「工場法」である（1911〔明治44〕年，ただし施行されたのは1916〔大正5〕年）。

工場法の主な内容は，①その適用を，常時15人以上の職工を使用する工場に限定したうえで，②12歳未満の児童の就業禁止（ただし10歳以上なら引き続き働かせることを認める），③15歳未満ならびに女子（保護職工）だけを対象に，1日12時間を超える労働と深夜業（ただし施行後15年間はプラス2時間と交替制の採用による深夜業は認められる）と危険・有害業務への就業の禁止，ならびに休日と休憩時間の付与，④成人の男子労働者を含めて，労働災害による死亡や負傷，職業病に対する雇主の扶助義務，そして⑤工場法の実施にあたる工場監督官制度の創設を定めたものであった。

近代的法制度の整備（現行民法の制定は1896〔明治29〕年のことである）にもかかわらず，労使関係は依然として「主従の情宜」＝前近代的な家父長的家族制度の観念のもとにあった。「自由」とは専ら，強者の「産業の自由」と「契約の自由」を意味し，労働者の保護はその自由を侵害することになるという工場法制定反対の理由に用いられ，チープ・レイバーに支えられたわが国の国際競争力を危険にさらすことになると主張された。その結果，成年男子は保護法の対象から除かれることとなる。工場法が，女子と子供に対する恩恵的保護にとどまり，社会権の承認や社会法としての性格をもつものではないといわれる理由はここにある。

(2) 大正デモクラシーと戦時体制への転換

(a) 保護法の改善　第1次世界大戦後，ヴェルサイユ条約を受けて国際労働機関（ILO）が成立すると，わが国もそれに加入して常任理事国となった。労働政策の中でも，国際的対応を迫られる時代の開始を意味する。労働運動の分野でも，「労働者も人格なり」（友愛会宣言，1919〔大正8〕年）のスローガンに表現されているように，労働者の人格的自由と労使の対等は団結の力による社会改造と結びつかなければ実現できないとの主張を掲げた全国的組織（日本労働総同盟）の登場，加えてロシア革命の影響など，組合組織化の進展と活発な活動が展開されるようになった。さらに，労働

運動のみならず政党政治と普通選挙運動に代表される大正デモクラシー時代の到来によって，労働政策も，労働者の選挙権を念頭において検討せざるをえなくなる。

14歳未満の児童労働を禁止する法の制定や工場法の改正（1923〔大正12〕年）は，ILO条約に近づけるための努力を意味していた。もとより8時間労働制を定めるILO1号条約がわが国では未だに批准されていないことから明らかなように，国際基準との落差を埋めることはできなかったが，この改正によって，工場法の適用範囲の拡大（10人以上の工場に），保護職工の範囲の引き上げ（16歳未満に1歳だけ），11時間労働制（1時間の短縮），深夜業の猶予期間の短縮（13年間に2年だけ）等とならんで，解雇に際しての解雇手当（14日分），就業規則制度の導入（50人以上の工場）など，成人男子を含めた法規制も進むことになった。

慢性的で大量の失業は深刻な社会問題であったが，失業の防止，失業中の生活保障とそのための社会保険制度などの政策には多大の財政的支出を必要とするだけに，その実現には困難を伴う。しかしそれだけでなく，政策の責任者である内務省ですら「失業者に金品を施与するがごときは怠惰の風を助長するもの」と始めから否定的で，それに代わる政策といえば，地方公共団体の行う土木救済事業と，これまた潜在的失業が滞留し不況にあえぐ農村への帰農奨励策くらいのものであった。ILOでの失業保険に関する条約が審議された際も，わが国にはこれに代わる退職金の制度が存在しているとして反対し，「退職積立金及び退職手当法」（1936〔昭和11〕年）の制定による普及を図った。

(b) 労働法から労務統制法へ　　中国に対する侵略戦争の開始（1931〔昭和6〕年）とともに，労働者を資本の力の濫用から守ることを目的とした保護立法に終止符がうたれた。労使の対立を超えた国家の危機という軍部を中心とした超国家主義の下で労働組合は解散を余儀なくされ，職域奉公・勤労報国を掲げる官製組織の「産業報国会」に統合されてしまう（1940〔昭和15〕年）。それとともに労働保護法も，国家の総力を挙げた近代戦争を支える軍需生産に，女性を含めた労働力を動員するための労務統制法へと変質し，労働力の国家管理と戦争遂行への精神的動員の手段としての役割をもたされることとなる。軍需生産に労働力を動員するために採

られた職業選択の自由の否定と強制徴用が，栄誉ある勤労への参加や女子の社会的進出の進展として歓迎されたり，労働力の徴用を目的とする商店法の制定（1938年）が保護法の拡大として評価されるなど，労務統制法は，戦争の遂行に必要な労働力の保全と培養のため一種の疑似的労働保護法の形をとりながら進行し，国家総動員法（1938〔昭和13〕年）として集大成されることとなった。第2次世界大戦後，わが国が新しく始めなければならなかった労働法の出発点は，このようなものであった。

3 労働法体系の整備

(a) 戦後民主化と労働法の整備　　第2次世界大戦が，ファシズムに対する民主主義の勝利として位置付けられたこともあって，戦後の民主化政策は，天皇制ファシズム国家を支えていた権力機構の解体はもとより，その社会的・経済的基盤であった農地解放や財閥解体，権威主義的家族制度からの女性の解放，天皇制の精神的支柱であった宗教や教育からの天皇神話の追放など，戦前の日本社会を特徴づけ世界に誇る「国体」として宣伝された諸制度を解体し，国家機構のみならず社会の仕組みを含めて，自由・平等・民主主義という人類普遍の価値原理のうえに組み替えようとする壮大な試みであったということができよう。

　労働法の整備による労働者生活の安定と労働組合運動の助成による近代的労使関係の樹立は，そのなかで中心的役割をもっていた。労働法は，こうして憲法による生存権の理念ないし生存権的基本権としての労働権（27条）と労働基本権（28条）の保障のうえで，体系的整備がはかられることになった。憲法制定よりも先に制定された「労働組合法」（1945年12月）と「労働関係調整法」（1946年9月），これに次ぐ「労働基準法」（1947年4月）の制定によって，集団的労使関係の規整と個別労働者の労働条件保護にまたがる労働法の基本的体制は整い，これに加えて，財政的負担の大きさのために戦前一貫して拒否されてきた「失業保険法」も制定（1947年12月）され，職業紹介を原則として国に独占させる「職業安定法」（1947年11月）とならんで労働権保障ないし雇用保障法制の領域でも，基本的法制は出揃うこととなった。

(b) 生存権理念の実情　　しかし，戦争による経済的破壊と混乱から抜け出せないでいたこの時代は，政治的解放感の大きさと法理念の高さにもかかわらず，国民の生活は窮乏を極め，大量の失業，企業の整理解雇に対して頻発する反対運動と賃上げ争議，最低生活ぎりぎりの労働条件水準など，直接的な生存の脅威に悩まされる生活から抜け出せないでいた時代であった。

　労働保護法の分野では，零細企業を含めた全事業所を対象にしている労働基準法が文字通り最低基準を定め，労使にそれを超える努力を求めているにもかかわらず（1条2項），大企業で労基法の水準がやっという実情が続いたし，中小企業からは，日本経済の実情にあわせた見直し（引き下げ）が絶えず要求され，労基法は守られざる法律の典型の観を呈した。しかし，1952年の日本の独立回復にあわせて要求の実現を図ろうとした使用者の期待も，女子の時間外労働の制限緩和，深夜労働の若干の解除など，わずかな部分に止まらざるをえなかった。戦前からわが国の特殊事情を理由に国際労働基準の受入れを拒んできたことへの批判，そして既にILOへの復帰を果たしていたことなど（1951年6月）の事情を考えれば，使用者側の虫のよい要求が通る環境ではなかったというべきであった。

　憲法で労働権が保障されたとはいっても，わが国の経済が，戦後の荒廃状態から朝鮮戦争による特需景気を経て戦前の水準まで回復するのは，やっと1955年のことであり，それまでは，大量の失業に加えて人員整理をめぐる大争議が相次いで発生した時代であった。失業保険法の存在を別にすれば，完全雇用政策の実施など思いもよらないことで，戦前と同様の失業対策事業の実施（「緊急失業対策法」1949年5月）と，農村への帰農の奨励という伝統的手法以外に見るべきものはなかったといってよい。

4　高度成長期の労働法制
(1) 高度成長下の社会変貌
(a) 高度成長の光と影　　日本経済が戦前の水準を回復し，戦後の混乱から脱出することに成功した1955年から，オイルショックに見舞われるまでのおよそ20年間は幾度かの景気循環を経ながらも，年率平均10％近い成長をなし遂げた高度成長の時代であった。最初の10年でGNPは2.4倍とな

り，68年には当時の西ドイツを抜くまでになり，出発点で38％であった農業人口が，10％を下回るようになったという数字をみただけで，重化学工業に支えられた経済大国への変身ぶりは明らかであろう。

　もちろん，野放図な産業の拡大による深刻な公害の発生（四大公害訴訟として知られる水俣・四日市・新潟水俣・富山イタイイタイ病を想起するだけで十分であろう），都市の過密化や生活環境の破壊など多くの負の結果をもたらしたことはいうまでもない。

　(b)　豊かな労働者の出現　　労働生活の変貌という意味では，労働市場が過剰から不足へ転じ，それまで宿命的と考えられてきた失業の不安が薄らいだことは決定的な重みをもった。さらに，毎年10％を超える賃上げや「三種の神器」ともてはやされた家電商品の普及に代表される豊かな消費生活によって，国民の間に「中流意識」が広がることになった。生活水準の向上を肯定的に受け止め，経済と企業の発展に将来を託しても悪くはないと考える国民の生活保守主義的心情の反映であった。

　労使関係においても，それまでの全人格的包摂を当然視する擬似共同体的色彩が弱まり，私生活を重視しごくあたり前に個人の権利を主張する労働者が現れた。市民社会化が労使関係の領域まで浸透していく現象ということができよう。

　(2)　労働条件と保護法の水準の向上

　経済成長の結果は，戦後民主化の時期に体系的に整備された労働法理念に，初めて経済的裏付けが与えられたことを意味する。高度成長期を通して，賃金，労働災害の防止と補償などの労働保護法の水準と女性の平等実現など，労働権ないし雇用保障法の双方の分野で，数多くの立法が制定されていった。また，本来なら，新しい立法ないし労働基準法の改正などを通してとっくに改善されておかしくなかったはずの労働時間の短縮，育児・看護休業のような家庭と仕事の両立をはかるための環境整備，あるいは解雇制限立法等，積み残されたまま手がつけられなかった問題も少なくない。

　以下に主要なものだけをあげる。

　①賃金保護に関する立法として重要なのは，最低賃金法の制定である(1959年)。もともと労働基準法で予定されていながら，日本経済の実情か

らみて不可能だとして一度も実施されず，高度成長期に別個の立法という形で実現した。しかし当初，人手不足で初任給の上昇に困っていた小企業の賃金抑制策として利用されかねないような業者間協定方式を採用したため，ニセ最賃との批判を受け，現在の労・使・公益の三者による審議会の諮問に基づく職権方式に改められたのは，GNP が当時の西ドイツを抜いた1968年のことであった。

②労働災害の予防と補償の双方にも改善が見られた。重化学工業の飛躍的発展や新技術の開発と応用，それに加えて生産第一主義・効率優先の企業の姿勢は，労災事故の増大と大型化，新しい職業病の発生をもたらした。なかでも，458名の死者と893名にのぼる一酸化炭素中毒患者を出した三井三池三川坑の炭塵爆発と，161名の生命を奪った国鉄鶴見駅の列車衝突という同じ日に発生した2つの事故は（1963年11月9日），安全を抜きにした経済効率第一主義の犠牲として，「労働力は売っても命まで売ってはいない」との主張を掲げる労働組合の労災闘争を本格化するきっかけとなった。

労基法から独立して制定された「労働安全衛生法」（1972年）は，労災・職業病の総合的な防止体制と，安全衛生管理体制への労働者参加を定める。労災の事後的補償についても，範囲・内容にまたがる拡充が行われた。もともと労基法上の使用者の労災責任を確保するために制定されていた労災補償保険法（1947年）のなかに，新たに労基法の打切補償に代わる長期傷病補償の創設（1960年），補償の年金化，一人親方・中小事業主・家内労働者などの特別加入の承認（1965年），さらには通勤途上災害への補償の拡大（1973年）といった改正が相次いで行われ，労基法から独立し社会保障化の途を歩むものとして注目を集めることになった。

③女性労働者の職場進出と高学歴化による専門職への進出は，貧しいからではなく社会的自立のために働くという，労働に対する価値観の変化と，年少者とならんで女子の特別な保護を重視していた労基法から，職場における男女平等の実現へ目を向けさせることとなった。それまであたり前のことと考えられていた女性の結婚退職制が，労基法で唯一つの男女の賃金差別禁止規定（4条）には違反しないが，憲法の趣旨（14条・24条）から公序良俗（民90条）に反し違法とした判決の出現[1]は，画期的な出来事であった。しかし立法措置が採られるのは遙か後のことである（1980年）。

また働き続けるための職場環境整備も，勤労婦人福祉法で（1972年）使用者に育児休業付与の努力義務を定めたに過ぎず，公立の小・中学校の女子教員と医療・福祉施設で働く看護婦・保母に限って，1年間無給の育児休業を認める法律の制定は，さらに後のことである（1975年）。

(3) 雇用保障法の整備

労働法の分野のなかでも最も財政的負担が大きい，労働権ないし雇用保障法の本格的整備も，高度成長期に始めて可能となったといってよい。長い間，国の失業対策といえば，職業紹介事業と，農村に帰ることを奨励するか，土木事業などの緊急失業対策事業で若干でも失業者を吸収すること位であった。戦後は，失業中の生活を保持するための失業保険法がこれに加わった。しかし高度成長期の雇用政策は，完全雇用を目標に，雇用機会の創出や質・量の双方にまたがる雇用の調整を行う積極的雇用政策として展開されることになった。

本格的雇用保障法制の出現で言うべきであり，①職業訓練と技能検定による技能労働者の確保と労働者の就職の促進を意図した「職業訓練法」の制定（1958年）を手始めに，米軍基地の縮小に伴う基地労働者ならびに炭坑離職者の職業転換ための臨時措置法を経て，これらを体系的に展開するための基本法的性格をもつ「雇用対策法」が制定（1966年）された。これを受けて，就職の困難な中高年齢労働者の一定割合の雇用努力を求めた「中高年齢者雇用促進法」の制定（1971年），雇用率未達成企業に納付金の支払いを義務付ける「身体障害者雇用促進法」改正（1976年）などが相次ぎ，オイルショック後の不況のなかで，失業保険法は，雇用改善・雇用安定・雇用福祉などの積極的雇用政策に沿った事業の展開に力点を移し，名称も「雇用保険法」と改められた（1979年）。

5 転換期の労働法制

(1) 高度成長時代の終焉と構造不況への突入

(a) 高度成長の終焉　2度のオイルショック（1973年・79年）は，わが国のみならず先進資本主義諸国を戦後最大の不況に陥れ，高度成長経済

---

(1) 住友セメント事件・東京地判昭41・12・20労民集17巻6号1407頁

Pause 4 産業別・職業別就業人口の変化

　2つのグラフは，経済成長が本格的に展開された1960年からの産業別・職業別就業人口の変化を示している。高度成長の初期，就業人口の3分の1を占めていた農林・漁業人口が急激に減少し，製造業に吸収される工業化社会（都市化）への変貌を経験した後，製造業・技能工が横ばいからやや減少しているのに対して，専門技術者と管理者，そしてサービス・販売従事者などが増加し，ポスト工業化社会へと移行しつつあることが分かる。

　なお2002年の就業者総数6,330万人を従事している地位別で見ると，自営業者670万人（10.5％），家事従事者305万人（4.8％）に対して，労働法の適用が予定される雇用労働者は5,331万人（84.2％）となっている。

〔図1〕　産業別15歳以上就業者数の推移

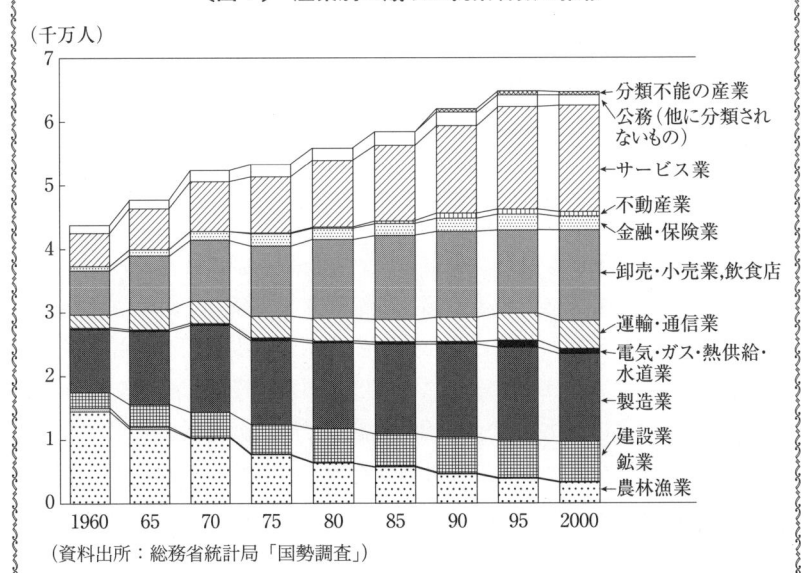

（千万人）

凡例：分類不能の産業／公務（他に分類されないもの）／サービス業／不動産業／金融・保険業／卸売・小売業，飲食店／運輸・通信業／電気・ガス・熱供給・水道業／製造業／建設業／鉱業／農林漁業

年：1960, 65, 70, 75, 80, 85, 90, 95, 2000

（資料出所：総務省統計局「国勢調査」）

〔図2〕 職業別就業者構成の推移

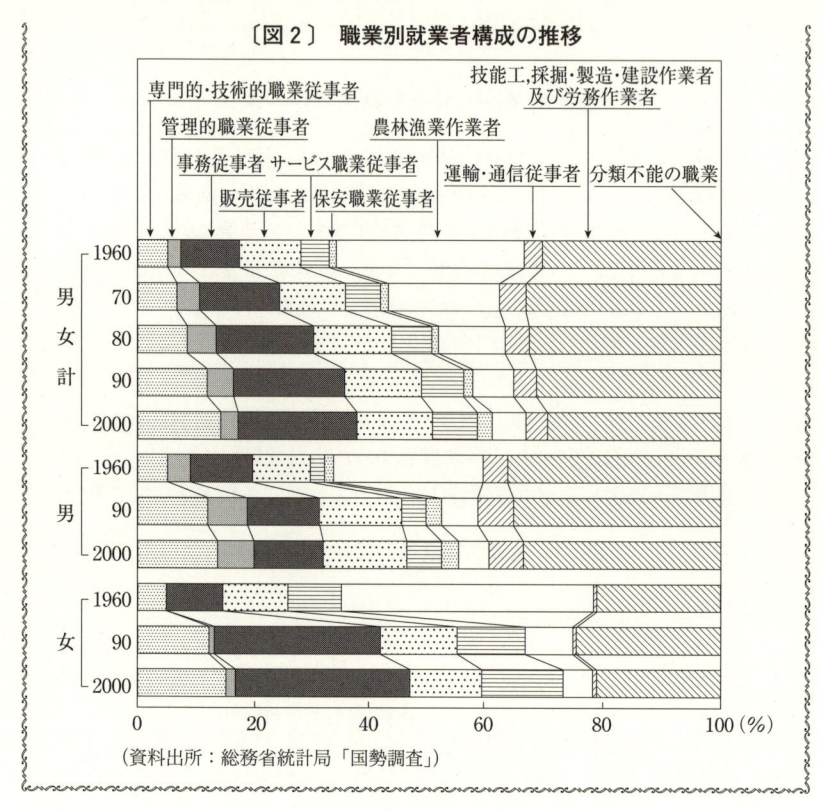

（資料出所：総務省統計局「国勢調査」）

に終止符をうつことになった。失業の増大と財政赤字の拡大という手詰まり状態に直面した各国で，戦後の福祉国家理念を，政府支出の増大を招き国民から勤勉さを奪う元凶として非難する，新保守主義・新自由主義といわれる論調が目立つようになった。それは，国家の役割と規制を減らし，市場における企業の自由な競争の活力によって経済の再生を図り，国民には自己責任の原則を訴えることで勤勉さを取り戻させることで，福祉国家に甘えてきた先進国病を克服しようとの処方箋を書くものであった。

わが国でも，「増税なき財政再建」を掲げて登場した臨時行政調査会（81年3月発足）の書いた小さな政府（行政改革）と民間活力の導入（規制緩和）を合言葉に，真っ先に行われた三公社の民営化は（赤字を抱えた国鉄の分割・民営化，電電公社からNTTへ，専売公社から日本たばこへ），これまでの労使関係に大きな地殻変動をもたらすことになったし，今日につながる

構造改革の先鞭をつけることになった。

(b) 構造不況への突入と規制緩和政策　アメリカを中心とする海外市場への輸出攻勢によって，いち早く景気の回復を達成したわが国の経済は，そのためにかえって貿易摩擦と急激な円高を引き起こし，国際協調の名による円高の容認（プラザ合意，1985年）と内需拡大型経済への転換によって生じた土地や株式への異常投機によるバブルが崩壊すると，莫大な債務にあえぐ企業と不良債権を抱えた金融機関救済のため財政出動を繰り返しながら，長い構造不況に突入することになった。

構造不況の要因は，経済のグローバル化と情報化によってもたらされている産業と雇用の構造転換にある。冷戦終結後の旧社会主義諸国の崩壊と，工業化へのキャッチアップを終えたアジア諸国の国際競争市場への参入による「大競争時代」の開始によって，高度成長の主役であったわが国の重化学工業は，国際競争力を維持するために生産拠点の海外移転か，生産の縮小か，一層の合理化に活路を求めるかの選択を迫られることになった。同時に，IT革命と呼ばれるコンピュータ技術の高度化による急速な情報化社会の進展のなかで，サービス化，ソフト化といった産業構造の転換のみならず，グローバル化のなかでの国際的な競争環境のなかに投げ込まれ，政策の基調は競争による体質強化を目指す経済の構造転換に置かれている。厳しい競争環境のなかで，企業の買収や統廃合，営業譲渡，分割などの手段を用いた企業組織の再編成がドラスティックに進行し，それらを容易にするため，商法，経済法，企業の再生と倒産法制など広い領域で法改正と立法が行われた。

企業間競争を促す規制緩和政策は，情報通信，金融，サービス，運輸などあらゆる産業分野で推し進められ，社会的規制の典型である労働法にまで及んでいる。働き方を制限する労働時間規制の緩和や過剰労働力の迅速な排出を規制する解雇制限の回避（非典型雇用の拡大），労働力の流動化を促進するため人材ビジネス業に対する規制の撤廃といった一連の労働法改正が行われたのはそのためである。21世紀に入って，わが国の経済は最悪の事態を脱したのではないかという観測が流れ，359万人・5.4％にまで膨らんだ失業状態（2002年）にも改善の兆しが見られるようになっているが，競争を促す諸政策の下での社会的格差の拡大と固定化，人件費コストの削

減を推し進める政策の下で進められた厳しい要員管理と採用の抑制から正規雇用の場を見つけられないフリーターやニート（Not in Education, Employment or Training）と呼ばれる若者層が増大するなど，決して楽観的展望を許さない状況が生まれている。

(2) 構造変動下の労働法制

(a) 雇用保障立法の基調変化　産業構造の転換に伴う雇用問題の深刻化のなかで，不況期にも出来るだけ解雇を避けることに主眼を置いてきた従来型の雇用政策から，必要とされる新たな職業教育や産業・業種間のスムーズな労働力移動の促進に力点を移した一連の雇用対策立法の制定が相次いでいる。不況分野からの流出を促進するため，出向・職種転換のための訓練を対象に企業に助成金を支給する方式の拡大から（「特定不況業種・特定不況地域雇用安定法」1983年），特定不況地域への企業進出を促進するために財政的支援を与える新しい方式（「地域雇用開発促進法」1987年）は，産業構造転換への企業の対応を側面から支援する意味をもつ。また，これまでのように企業に対する助成ではなく，直接労働者個人に職業教育の受講料の一部を援助する方式も登場している（1998年）。

高齢者の雇用問題はもっと深刻であると同時に，少子高齢化の急激な進行による年金財政の悪化から年金支給開始年齢の引き上げ（60歳から65歳へ）に伴い，65歳までの雇用延長も大きな課題となっている。当初，60歳定年制への努力義務と企業への助成措置から出発した「高年齢者雇用安定法」(1986年) は，60歳定年制の義務化と65歳までの継続雇用の努力義務へ（1994年6月，98年4月から施行），そして，65歳までの継続雇用を原則として義務化することになった（2004年6月，06年4月から施行）。また労働者の募集，採用にあたって合理的理由のない年齢制限を設けないよう努めなければならないとの努力義務も設けられている（雇用対策法改正，2001年）。

(b) 労働市場の規制緩和　労働者派遣事業法の制定は（1985年），オイルショック後の減量経営のなかで急速に拡大した人材派遣業が，職安法が規定している労働者供給事業の禁止（44条）に違反しているとの疑いを否定できなかったところから，コンピュータの導入に伴うソフト開発など横断的な労働市場が期待できる専門的な職種に限って法認するものであったが，幾度かの法改正を通してその範囲は拡大され（1993年，96年），いく

つかの例外を除いて原則的にあらゆる業務について自由とするネガティブリスト方式に移行した（1999年）。さらに製造現場への容認など範囲の拡大と派遣期間の延長，あるいは派遣終了後の職業紹介を予定した「紹介予定派遣」の解禁といった規制緩和策はまだ続いている（2003年）。

　労働市場の仲介機能を民間職業紹介事業に求めるために職安法も改正され（1999年），これまでの有料職業紹介事業の原則的禁止に代えて，あらゆる職業について営利職業紹介事業が許されることとなった。これを受けて，人材ビジネスは，人材派遣や職業紹介にとどまらず，求人広告，ヘッドハンティング，アウトプレースメント，新卒者を対象としたキャリアコンサルティングなど，さまざまな分野に広がっている。

　(c)　雇用における柔軟性　　期限付雇用，派遣，パート，嘱託，アルバイトなどの実に多様な雇用形態に共通するのは，雇用の安定性を期待できず，労働条件も相対的に低い，そのうえ長い年月をかけて確立してきた労働法や社会保険などのセキュリティシステムから事実上排除されている点にある。企業にとってはまさにそのことが，景気の調整弁としての便利さや人件費コストの抑制に役立つとして，導入の主たる理由になっている（厚生労働省「雇用形態の多様化に関する総合実態調査」〔平成15年〕では，非正規雇用の割合は34.6％まで高まっている）。

　長年の懸案事項であった「短時間労働者の雇用管理の改善等に関する法律」（パート労働法）が成立し（1993年），パートタイマーを望ましい雇用形態と位置付けてその定着を図るとの立場をとっているものの，同じ仕事をしている正規労働者との労働条件の均等待遇原則については，均等とはニュアンスの異なる「均衡処遇」の文言を用い，しかも努力義務にとどめている。しかし，パートタイマーへの依存度が高まり，戦力として活用する企業も多くなっている現実を踏まえて行政指導が行われている[2]。同じ内容の労働をしているパートタイマーの賃金が正社員の8割を下回る場合は公序良俗に違反し不法行為にあたるとした丸子警報器事件判決[3]の影響も大きい。

---

　(2)　「パートタイム労働指針」平16・12・28厚労告456号
　(3)　長野地上田支判平8・3・15労判690号32頁

また，パート労働者の7割を超える女性の中には，正規労働者のままでは子育てや介護など家庭生活との両立など望めないことから，あえてパート労働を選択している者も多い。その意味で，パート労働者に担当している仕事にふさわしい待遇を与え，社会保険などのセーフティネットの適用拡大を図ったり，短時間正社員制度の導入が進めば，家庭生活との両立や新しい生活スタイルを可能にするための選択肢を用意することになるだけでなく，仕事を分かち合うことで深刻な失業を減らすワークシェアリングの有効な施策にもなりうることは，オランダの経験が示す通りである。

　労基法の改正によって（2003年），期限付き労働契約の上限を従来の1年から3年間とし，専門職，高齢者の雇用については5年間という「中期雇用」を創設したのは，さまざまな目的に有期雇用を活用出来るようにとの産業界の要望に応える意味をもつ。

　(3)　企業社会と労働者生活の自立

　(a)　希薄化する企業への帰属意識　　終身雇用や年功制の事実上の崩壊や労働力の流動化は，労働者の企業帰属意識の希薄化をもたらし，頼りになるのは自己の職業的キャリアであることを自覚せざるを得ない時代に突入しているといってよい。潜在的転職希望者がいかに多いか，反対に，定年まで同一企業に勤務できると考えている者が少なくなっているという事実は，各種の調査に示されている通りである。また，報われることが期待できなければ，過労死の危険や単身赴任に耐えて忠誠を示したいと考える労働者がどれほどいるであろうか。企業が，従業員の職務発明に対する対価の請求に直面したり，転職に伴う企業秘密の漏洩，あるいは従業員の内部告発に神経を尖らせざるをえないという状況も生じている（内部告発者を保護する「公益通報者保護法」2004年6月，06年4月から施行）。

　転換期の労使関係は，一方では，労働力の流動化と企業による能力主義的処遇という振り分けが進行し，それだけに他方では，労働者に平等や公正に関する鋭い反応と，企業社会一辺倒の生き方を見直す契機を孕みながら進行しているといってよいであろう。

　(b)　男女の平等と共生　　国連で採択された女性差別撤廃条約（1979年，わが国の批准は85年）を受けて成立した男女雇用機会均等法（1985年，施行は86年）には「女子労働者の福祉の増進に関する法律」という中途半端で

いささか奇妙な名称がつけられ，それを反映して，募集・採用・配置・昇進など重要な事項について，禁止ではなく企業の努力義務にとどめるという妥協的内容になっていた。

　しかし1997年の法改正によって，文字通り「雇用の分野における男女の均等な機会及び待遇の確保等に関する法律」と名称を変更し，女性に対する差別を禁止する規定に改められた。しかし，家庭責任を負う女性に，男性と対等に働くことを要求するのはもともと無理な話であるという企業の抵抗は，コース別人事制度に代表されるさまざまな形をとりながら，事実上の男女別の人事制度が続いている。そして施行から20年を経て，男女の平等原則の理念に合わせ，禁止を女性に対する差別から「男女の差別禁止」に改め，さらにコース別雇用管理のような外見上は性中立的表現をとりながら実際には女性を総合職から排除するために用いられてきた募集・採用にあたって全国転勤を要件としたり，昇進に転勤経験を必要とするなど一定範囲の間接差別を禁止する規定の導入などを含む法改正が行われた（2006年6月，07年4月から施行）。職場における男女平等の実現という世界の流れに，閉鎖的日本企業も拒否の姿勢を貫けなくなったことを現わすものである。

　少子高齢化の進行を受けて制定された「育児休業法」の制定（1991年）とその改正による介護休業の追加（1995年）も，1歳までの子供を養育するための休業と3ヵ月の介護休業を認めているが，法的には男性労働者にも平等に保障するものとなっている。男女の役割分業の再考と，男性を含めて家庭人としての生き方と両立するような働き方を求める価値観の転換の現れといわなければならない。そして，予想を上回る少子高齢化の急速な進行に，育児休業を一定の非正規労働者にも拡大し，特別な事情がある場合に6ヵ月を限度とする育児休業期間の延長，子供の看護休暇を設けるなど保障の範囲は広がっている（2004年改正）。

　(c)　労働時間政策の動向　　週40時間への労働時間短縮を内容とする労働基準法の改正（1987年，93年）も，国際的「労働摩擦」を解消するため，という側面が大きいことを否定するわけではないが，「生活にゆとりを取り戻そう」という大きな流れのなかに位置していた。労基法の本文で40時間を謳いながら，命令で3年間は46時間，次は44時間，そして97年3月末で

達成するという具合に，そろりそろりと歩んでいこうというのはいかにも日本的ではあるが，年間1,800時間の達成を目標に生活のゆとりや労働と家庭生活のバランスの回復へ向けて，遅まきながらも歩みが始まったことを意味していた。

ところが国際競争力の維持を意図した規制緩和政策の推進が，労働時間規制のあり方に微妙な変化をもたらしている。変形労働時間制や裁量労働制の拡大と，有給休暇日数の増大や男女に共通する時間外労働の上限規制へ一歩を踏み出した労働基準法の改正（1998年）では，この双方がセットとなっていたが，裁量労働制の手続の簡素化を内容としたもう一段の改正は（2003年），もっぱら運用を容易にする規制緩和を目的にしており，その次には，一定範囲のホワイトカラー労働者の労働時間を適用除外にする制度（ホワイトカラーエグゼプション）の導入が提案されている。

しかし現実には，ギリギリの要員で時間外労働をしなければ不可能なほどの業務を負担し，残業しても残業手当を支払ってもらえない労働者が広がっている。また過労死や仕事のストレスによる自殺者がかなりの数にのぼり，過労死をめぐる裁判も少なくない[4]。年間，3,000時間を超えて働く広範な過労死予備軍の存在も指摘されている通りであり，労働時間規制からの除外の拡大は，この多くの部分を覆い隠してしまうのではと危惧されている。

(d) 個別労働紛争解決制度の整備　企業環境が激変するなかで，解雇や労働条件の切り下げ，残業しても賃金を払ってもらえない，職場でいじめにあっているなど，行政の窓口や労働団体あるいは労働弁護士による相談窓口には，多様で深刻な相談事例が殺到するようになった。労働組合の組織率低下とともに，労働者個人からの，個別的労働関係にかかわる紛争事例が多くなったのが特徴的である。労働裁判件数も多くなっているといわれながら，地方裁判所に提起された民事訴訟件数は，本訴・仮処分を含めて年間，3,000件程度に過ぎない。司法制度改革のなかで，労働紛争解決制度を強化する必要性が強調されたこともあって（「司法制度改革審議

---

[4] 電通過労死事件・最二小判平12・3・24労判770号58頁は高い社会的関心を呼んだ。

会・最終意見書」2001年6月），とりわけ個別紛争を念頭に置いた制度の整備が進むことになった。

　行政機関による相談と助言，指導，あっせんによる解決への助力（行政による裁判外紛争解決・ADR）を定めた「個別労働関係紛争の解決の促進に関する法律」(「個別紛争解決促進法」1999年)，これに続いて，職業裁判官と労働関係に関する専門的知見を有する者から構成される労働審判委員会を地方裁判所に設置し，その審判による迅速な解決を目指す「労働審判法」が制定された（2004年，施行は06年4月）。

第 2 章　労働契約と労働基準法

第 1 節　労働契約と労使関係

1　労働契約と労使関係

　刑罰として科される懲役刑を除けば，近代社会では何人も，契約によって自ら約束することなしに労働を強制されることはありえない。したがって労使関係もまた，法律的にみれば，労働者と使用者の「労働」と「賃金」の交換を内容とする有償・双務契約である労働契約ないし雇用契約によって基礎づけられる以外にないのである。すなわち，労使関係の成立と展開は，法律的には労働契約の成立，履行，内容の変更，そして終了として説明することができる。

　(a)　労働契約の成立　　企業が労働市場で労働力を調達する局面は，募集，採用内定，試用といった労働契約の成立をめぐる問題として法的規整の対象となる。

　(b)　労働契約の履行と展開　　使用者の指揮命令の下で，企業内で組織的労働が行われる局面は，法的には，労務提供とその対価としての賃金の支払いを中心とする労働契約上の義務の履行として説明することができる。しかし実際には，転勤や出向，あるいは懲戒処分や労災の発生といった職業生活において重要な意味をもつ問題を含め，実にさまざまな権利と義務の束によって成り立っている。

　(c)　労働契約の終了　　最後に，景気の変動や企業活動の縮小，あるいは労働力の新陳代謝などのために行われる労働力の調整と排出は，法的には労働契約の終了として説明することができる。実際には，ドラスティックな整理解雇から一時帰休，あるいは定年制にいたるまで，さまざまなか

たちをとって行われるが，それらは，雇用量は企業活動に依存するいわば従属変数であることからの避けられない現象であると同時に，雇用を奪われる労働者の生活基盤を脅かすものであるだけに，法制度的にも解釈論の上からも，労働法の最も重要な問題のひとつであった。

2 雇用契約から労働契約へ
(1) 雇用契約と請負・委任

すべての個人を自由・平等な人格（市民）として取り扱う近代市民社会の成立は，使用者に生産手段の私的所有と営業の自由を保障する一方で，労働者には，前近代的身分制から解放して職業選択の自由を保障するものであった。それによって生産手段の所有者（企業）が契約によって購入した労働力を利用して生産活動を展開する，資本制経済社会の仕組みを法的に整えたわけである。そして民法（1898〔明治31〕年施行）のなかに定められている雇用契約は（623条以下），労働者が使用者の「労務ニ服スルコト」（2004年の民法改正による現代語化によって，財産法に関する条文が従来の片仮名・文語体から平仮名・口語体へ改められ，「労働に従事すること」となった）に対して，対価として「報酬」すなわち賃金が支払われる有償・双務の債権契約として，この資本制労使関係に法的表現を与えている。

雇用契約は，使用者の「労働に従事すること」を内容としている点で，仕事の完成を目的とする請負契約や（民632条以下），他人に事務処理を依頼する委任契約（同643条以下）と区別される。他人の労務を利用する契約という点で類似しながら，請負（その典型は建築請負）や委任（弁護士，公認会計士への依頼が典型）が，いずれも独立した自営業者ないし企業と顧客の関係であるのに対して，雇用契約の一方当事者である労働者は，事業主である他人に雇用されてその指揮下で働く存在である。両者の違いは，生産手段を自ら所有する事業主と，労働力を他人に提供して賃金によって生活を営む労働者との社会的地位の違いから生じるものである。

しかし雇用契約は，契約当事者である使用者（企業）と労働者を法的に自由・対等な人格（Person）であるとみる立場から，その社会的地位や力の違いから生じる契約内容の当否には眼をつぶり，いったん約束された契約内容の遵守を当事者に強制することに徹する立場をとっている。しかし

実際の労働者と使用者ないし企業との関係が，経済的社会的に対等であり得ないことは，繰り返し指摘してきた通りである。

労使の社会的力の格差から故意に眼をふさいだとしか言いようのない市民法理の適用によって，実際にどのような事態が生じたかは，例えば細井和喜蔵『女工哀史』(1925年) を想起するだけで十分であろう。一言でいえば，もともと実質的平等性を欠いている労使関係の場に市民法の形式的適用を強行することは，労働に対する資本の支配を合理化するものであった(市民法の階級的性格)。

(2) 労働の従属性

生存権理念による市民法理の修正と労働法の成立は，労働者の置かれたこのような状態を「労働の従属性」として批判的にとらえるところから出発して，その修正，すなわち労働者の生存と人格の保護をはかることに向けての法の発展を意味していた。

(a) 人的従属性（指揮命令下での他律的労働）　労働者が「労働に従事する」局面では，企業活動は使用者の指揮と管理のもとで行われるのであり，労働者の人格的能力の発現である労働も使用者の指揮命令下で，すなわち他律的に決定され遂行されることとなる。

(b) 経済的従属性（労働市場における交渉力の不平等）　労働市場の観点からみれば，労働者の生活を支える雇用の機会は企業のイニシアティブによって提供されあるいは奪われるものであるうえに，失業は資本制経済にとって構造的宿命であった（今日においてもそうである）。

労働力がその性格上，売れない（失業）からといって貯蔵や売り惜しみがきくものでないことを考えれば，労働者は取引にあたって使用者の圧倒的力に従属せざるを得ない立場に立たされる。労働者にとって，契約を締結するか否かの自由があるとはいっても，実質は「飢える自由」に過ぎず，契約内容決定の自由も，使用者が提案する低水準の労働条件を一方的に呑まされる以上のものではあり得ない。

(c) 組織的従属性（集団的・組織的労働）　企業の組織化が進むと，労働契約によって，労働者は事実上，企業組織の一員に組み入れられ，階層的な企業秩序のなかでの労務の提供と，労働条件の集合的・画一的処理，そしてさまざまな拘束の存在など組織への従属を強いられる。

これらの社会的現実を踏まえて，労働者の「人たるに値する生活」の確保（人間の尊厳）を法理念として掲げる労働法では，雇用契約に代えて一貫して「労働契約」の名称を用い（労基13条以下，労組16条），労働条件の決定を個別労使の交渉の自由のみに委ねるのではなく，交渉の方式，契約内容の規制，労働者の人格保護など多方面にわたる法的規整を及ぼしている。

> **Pause 5** 雇用契約と労働契約
>
> 　この両者の関係をどうみるかについては，さまざまな議論がある。請負契約や委任契約とは異なる資本制労使関係を対象にしている点では，確かに両者とも共通している。しかし違いは，それにどのような法的規整をもって臨むのかという基本的法理念にある。すなわち，雇用契約が労使の法的自由と形式的対等性にとどまりそれ以上の規制を予定しないのに対して，労働契約は「労働の従属性」から生じる生存への脅威や人格への侵害から労働者を保護するため，契約自由の部分的否定，労使の実質的対等性確保のための労働協約による労働条件の決定など，労働法理念による規整を前提としている。その意味で労働契約は，個別労使の契約関係にどのような法的規整を及ぼすべきかについて法の発展を受けて再構成された雇用契約の発展形態だということができる。
>
> 　民法の雇用契約に関する規定が一般法として生きていることはいうまでもないが（ドイツのように民法のなかに社会法的理念を受けた規定を置くところもある），多くは労基法の優先的適用によって意味を失っており，契約法や債権法一般の規定が適用される場合でも，その解釈は労働契約の実態を考慮し，現代の社会国家の法理念に適合するような修正が加えられなければならない。判例が労基法18条の2で明文の規定が置かれる以前から解雇権濫用の法理を用いて社会的相当性を欠く解雇を無効とし，あるいは信義則，公序良俗，合理性や相当性といった一般的概括的概念を用いながら使用者の力を制約しようとしているのはその現れである。

3　労働条件決定のメカニズム

　上述のように，労使間における労働条件の決定は，当事者の交渉の自由

に委ねるだけではなく，さまざまな法的規整を受ける。そのメカニズムはおおよそ次のようになる。

　(a)　労使関係の基礎が労働契約にあることはいうまでもない（契約なくして労働なし）。それは，近代社会が労働者を前近代的・身分的支配から解放したことの現れである。しかし労働条件は，全面的に個別労使の自由な交渉に委ねられているわけではない。

　(b)　労基法は，労働者の「人たるに値する生活」を守るため最低労働条件を法律で定めており，その違反に対しては刑事罰だけでなく，労基法の水準に達しない労働条件を無効とし，労基法の基準に当事者を直接規律する効力を与えている（13条）。

　労基法だけではない。最低賃金法，労働安全衛生法，あるいは雇用機会均等法，育児休業法といった労基法をとりまく多くの労働保護法に属する衛星立法も，労働契約の内容を規整する効力をもっている。

　(c)　常時10人以上の労働者を使用する事業所では，就業規則の作成が義務づけられている（89条）。就業規則には賃金，労働時間，退職・解雇などに関する基本的労働条件を書き込まなければならないとされており，いったん就業規則で定められると，労基法をはるかに上回っている場合でも，これを下回る労働契約を労働者と締結し働かせることはできない（93条）。

　(d)　さらには就業規則を上回る個別合意も有効である。専門的労働者の雇用や労働条件の個別化が進めばこのような合意の比重が増大するであろう。また，このような個別合意は，必ずしも雇用契約書による特約といった書面でなされる必要はなく，採用時の事情や企業の人事慣行など当事者間で黙示の合意となっている場合も含まれる。

　(e)　労働組合が存在し労働協約が結ばれている場合には，就業規則も労働契約もこれに違反することは許されない（92条，労組16条）。もっとも，労働協約を上回る労働契約が労働協約に違反することを理由に効力を否定されるのかどうかは，労働協約の有利性原則の問題として争われているところである。

第2節　労働基準法の理念と仕組み

1　労働基準法の理念

(1)　生存権の理念

　労働基準法の理念は，その冒頭に置かれた「労働条件は，労働者が人たるに値する生活を営むための必要を充たすべきものでなければならない」（1条1項）との規定に凝縮されている。それは，憲法25条の生存権理念を基礎に，そして直接的には，同27条2項の「賃金，就業時間，休息その他の勤労条件に関する基準は，法律でこれを定める」との規定をうけて，労働条件の決定を契約自由の原則に放置することなく，「労働者の人たるに値する生活」を確保するための法的規整が必要であることを宣言する意味をもつ。生存権理念にもとづき，市民法の法理を修正する意味をもっているわけである。

(2)　統一的基本法としての労働基準法

(a)　労働基準法制定の精神　　労働基準法には，戦後民主化の思想が反映している。「労働基準法」の制定（1947年4月公布，同9月施行，なお，この施行にあわせて労働省が厚生省から独立し誕生している）にあたって，その根本精神として強調されたのは，

①戦前の「工場法」（1911〔明治44〕年）のような恩恵的労働力の保護政策ではなく，生存権理念に裏打ちされた労働者の人たるに値する生活の保障を目指すものであること，

②戦前の労働関係を支配していた人格拘束的契約（たこ部屋や前借金，足止め的契約など）や，身分的隷属（家父長的労使観）などの封建的遺制を一掃して近代的労使関係を樹立すること，

③わが国が，第2次世界対戦前，チープ・レイバーによる不公正な国際競争から遂には武力による植民地争奪の要因をつくったとの非難に応えて，ILOで示されていた国際的労働条件の水準をできるかぎり導入し，公正な労働基準を実現すること，以上の3点であった。

(b)　統一的基本法としての特色　　これらはいずれも，第2次世界大戦

後の労働関係の民主化に向けての大きな柱として，それまでのわが国の労使関係と法制度にドラスティックな変革を要求するものであった。こうして制定された労働基準法は，次のような統一的基本法としての性格を備えることになった。

①戦前の労働保護法では，工場法は工場労働者だけを対象とし，その他の労働者については，「鉱業条例」(1890〔明治23〕年，1905〔明治38〕年に「鉱業法」)，「商店法」(1938〔昭和13〕年) といった別個の保護法が存在していた。また工場法は，労働条件の規制による人件費コストの負担に耐えられないとの理由で小規模工場を適用から外すなど (15人以上の職工を使用する工場のみ，1923〔大正12〕年に10人以上に改正)，本当は必要性が高いはずの労働者を保護の外においていた。

これに対して労基法は，船員には船員法があるなど若干の例外はあるものの，原則としてすべての産業，すべての業種，そして1人でも労働者を雇用しているすべての事業所を適用対象とする統一的保護法としての性格をもっている。この点は労基法の適用対象として，すぐ後に述べる通りである。

②また戦前の職工，鉱夫，職員といった身分の違いを取り除いて，労働者という統一的概念のもとですべてを適用下においている (9条)。この点も労働者の定義としてすぐ後に述べるとおりであるが，ブルーカラー，ホワイトカラーの別なく，また管理職員を含めてすべてを労働者として同一に扱っているのは，戦後民主化による平等の理念が，部分的には欧米諸国に先駆けて実現したことを意味している。

③労基法は，労働契約の締結から終了までの基本的な労働条件を，ほぼ網羅している点でも統一的保護法と呼ぶにふさわしい。違反する使用者には罰則を科し (117条以下)，さらにその労働契約を無効とし，その部分については労基法の定めを直接適用することで (13条)，労働者の基本的生活条件の確保を意図しているわけである。

またそれだけではなく，労基法には，労使関係を規整する基本的法理念の宣言 (1条・2条) とならんで，労働者の自由と平等の確保 (労働者人格の保障) を意図した憲章的規定 (3～7条) がおかれている。この部分は，たとえ労働契約上の個々の労働条件が，労基法に具体的規定がないた

め直接違反するとはいえない場合、あるいは労基法の規定を上まわっている場合であっても、差別的なものであれば許されないということを意味している（3条・4条）。労使関係のあり方の規整を目指す統一的基本法としての性格が最もよく現れた部分である。

(c) 労働基準法理念の具体的展開　　戦後民主化の刻印ともいうべきこの性格は、その高い理念にもかかわらず、経済の復興と高度成長による豊かな社会が出現するまでは、内容的にも十分な展開を示したとはいいがたい。そして、高度成長の時代以降に出現することとなった最低賃金法や労働安全衛生法、あるいは雇用機会均等法などの労働立法も、多くは労基法とは別個の立法形式が採用されることとなった。

しかしその場合でも、個別的立法と労基法との関係が常に問題とされてきたのは、それらが労基法の基本的法理念から逸脱することなく、その充実を目指すものでなければならないことを要請するからであったし、労基法の基本法としての性格は失われてはいないということができるのである。

2　労働基準法の適用対象

(1) 適用事業の範囲

(a) 適用単位としての事業場　　労働基準法の適用は、企業ではなく、事業場を単位として行われる。企業が、資本主義における経済活動の主体としての単位を指しているのに対して、事業場は生産活動が行われている1個の場所的組織体を意味しており、例えば本社の他に、工場、営業所あるいは支店をもつ企業の場合、それぞれが1つ1つ別個の事業場として取り扱われることとなる。有機的なつながりをもった事業場を単位とすることによって、労働者の働き方や労働条件のより実情にあった規制ならびに効果的な監督が可能となるからである。

例えば、就業規則の作成と届出、残業と休日労働に関する三六協定の締結などを各事業場単位で行われなければならないことに対しては、手続的に面倒だとの批判もある。しかし、労働の態様が異なる多くの事業場を含む企業単位で一括して行うよりも、ずっと実情に応じた規制が望ましいことは明らかであろう。

Pause 6 労働基準法適用事業場

　本文で述べてきた労働基準法の適用対象事業を，規模別・業種別で示したのが下の表である。適用事業所の総数約443万，労働者数5,026万であるが，事業所の圧倒的多数は就業規則の作成が義務づけられていない（労基法89条）1〜9人規模となっていて，そこに約5分の1の労働者が働いているのが分かる。業種で最も多いのは商業で155万事業所となっているが，その多くは1〜9人規模の零細事業所である。

〔表1〕　規模別適用事業所数・労働者数（2001年10月1日現在）

規　　模	適用事業場数	適用労働者数
計	442万8238（100.0）	5026万3747（100.0）
1人〜　9人	337万2602（76.1）	1098万1729（20.4）
10人〜29人	74万9667（16.9）	1219万8748（24.2）
30人〜49人	15万3227（3.4）	576万1925（11.4）
50人〜99人	9万4206（2.1）	641万3242（12.1）
100人〜299人	4万7212（1.0）	748万0910（14.9）
300人以上	1万1324（0.2）	742万7193（14.8）

（資料出所：労働基準監督年報）

〔表2〕　業種別適用事業場数

1号	食料品製造業	53716	6号	農業	7824
	繊維工業	25519		林業	3128
	衣服その他の繊維製品製造業	31636		小　　計	10952
	木材・木製品製造業	16669	7号	畜産業	4255
	家具・装備品製造業	21413		水産業	2835
	パルプ・紙・紙加工品製造業	12971		小　　計	7090
	印刷・製本業	39300	8号	卸売業	349737
	化学工業	46706		小売業	923341
	窯業土石製品製造業	22648		理美容業	130988
	鉄鋼業	6835		その他の商業	144796
	非鉄金属製造業	5139		小　　計	1548862
	金属製品製造業	62077	9号	金融業	82420
	一般機械器具製造業	68315		広告・あっせん業	57326

	電気機械器具製造業	37266		小　　　計	139746
	輸送用機械等製造業	21734	10号	映画・演劇業	6010
	電気・ガス・水道業	9767	11号	通信業	41627
	その他の製造業	177369	12号	教育・研究業	170673
	小　　　計	659080		医療保健業	167332
2号	石炭鉱業	24	13号	社会福祉施設	67647
	土石採取業	3099		その他の保健衛生業	8737
	その他の鉱業	212		小　　　計	243716
	小　　　計	3335		旅館業	39795
3号	建設業	462110	14号	飲食店	519065
4号	鉄道・軌道・水運・航空業	9839		その他の接客娯楽業	63609
	道路・旅客運送業	13225		小　　　計	622469
	道路貨物運送業	58465	15号	清掃・と畜業	36880
	その他の運輸交通業	703	16号	官公署	46520
	小　　　計	82232	17号	その他の事業	341910
5号	貨物取扱業	5026		非工業的業種	3216455
	工業的業種	1211783		合　　　計	4428238

(平成13年10月1日現在)

(b)　対象事業場　　労基法は規模の如何を問わず，全ての「事業または事務所」に対して適用される。このことを明確にするため業種を1号から17号までに分類・列挙する方式を採用していた旧8条の規定は1998年の改正によって廃止された。

　もっとも例えば，農業，畜産，水産業のように自然と生き物を対象とした事業については労働時間の規制から除外されているように，業種によって異なる規制が必要とされることに変わりはないことから，従来の業種の分類は「別表」として維持されている。

(c)　労働基準法上の適用除外　　労基法は，2つの領域を規制対象から除外している。

　まず第1は，「同居の親族のみを使用する事業及び家事使用人」である(116条2項)。親族の範囲は民法に従って，6親等内の血族，配偶者および

3親等内の姻族をいう（民725条）。適用除外とされている理由は，「家庭内に法律は立ち入らず」との格言にあるように，国家的干渉や監督は好ましくないとの判断にもとづくものである。

第2の適用除外は船員に対するもので，労基法の総則・憲章規定にあたる1条から11条までと，その違反に対する罰則を定める117条から119条および121条を除いて，労基法の規定は適用されないこととなっている（116条1項）。海上労働に従事する船員労働者の特殊性によるものであり，所管も厚生労働省ではなく，国土交通省の管轄下におかれている。

(d) 特別法による適用除外

(i) 国家公務員　一般職の国家公務員は，労基法の制定当初はその全面的適用下におかれていたものの（旧8条16号・112条参照），国家公務員法の改正（1948年）によって，労基法は適用されないこととなった（国公附則16条）。一般職の国家公務員の勤務条件に関する事項は，国家公務員法を始めとする法律ならびに人事院規則によって定められ（労働条件法定主義），その事務を所管するのは人事院である（国公3条）。

同じ国家公務員でも，「特定独立法人等の労働関係に関する法律」（旧公労法）の適用下にある国営企業（林野，印刷，造幣）に勤務する労働者，ならびに国家公務員法の適用下にない特別職の職員（国公2条3項，ただし裁判所・国会職員・自衛隊員に対しては特別法で適用が排除されている）に対しては，労基法が適用されることとなる。

(ii) 地方公務員　一般職の地方公務員の場合には，地方公務員法で労基法の適用を事項ごとに振り分ける規定がおかれている（同58条3項）。おおまかにいえば，若干の規定が除外されることを除けば（労使の対等決定原則を定める2条と就業規則，1ヵ月の原則変形を除いた変形労働時間制と裁量労働制，勤務条件法定主義や特別の制度をもっていることから，賃金の支払いに関する24条1項，労働災害補償に関する規定など），労基法が適用されることとなっている。

地方公共団体が経営するバス，地下鉄，水道，ガスなどの地方公営企業の職員（地公等労3条）については，労基法が全面的に適用される。但し，常勤職員には地方公務員災害補償法が適用されることから，労基法の労災補償に関する規定は除かれることとなる（地公等労17条，地公企39条1項）。

これに加え、単純な労務に雇用される一般職の地方公務員についても、同様の取扱いとなっている（地公等労附則 4 条、地公企39条 1 項）。

3 労働基準法の労働者概念

(1) 統一的な労働者概念

労基法が戦前の工場法や鉱山法、商店法などと異なり、職工、鉱夫、職員といった身分を取り除き、さらに、ブルーカラー、ホワイトカラー、管理職の別なく、統一的な労働者概念を採用していることは、先に指摘した通りである。労基法はそれを、「『労働者』とは、職業の種類を問わず、事業又は事務所に使用される者で、賃金を支払われる者をいう」（9条）との定義規定の形で明らかにしている。またそれを受けた賃金の定義規定も、賃金はブルーカラー、給料はホワイトカラーといった名称の違いを廃し、「賃金、給料、手当、賞与その他名称の如何を問わず、労働の対償として使用者が労働者に支払うすべてのものをいう」（11条）と、包括的で統一的概念を採用している。このことは、適用対象事業の包括性とならんで、労基法があらゆる労働者を適用対象としていることを確認する意味をもっている。

(2) 労働者性の判定基準

(a) 拡散する労働者概念　しかし、労基法の労働者概念でメルクマールとなっている「事業又は事務所に使用される者」、「賃金を支払われる者」とは一体どの範囲の者を指すのかの判断は、必ずしも簡単なことではない。その理由をいくつかあげると、

①芸術、芸能といった、従来なら労使関係という意識がなかったような分野で活動する人たちの間にも、労働者としての意識が広がるようになっている。その反面、例えばフリーライター、各種のコンサルタント業のような専門的職業活動の分野に、意識的に独立したままで活動を続ける人たちが増加している。この前者が、労働者性の拡大傾向につながるものだとすれば、後者は、請負、委任といった独立の事業者間の契約として、労働法の適用対象からはずれてしまうこととなる。

②業務の効率化を目指したアウトソーシング化、あるいは労働法の適用から逃れたいため意識的に請負、委任という形式を採用する企業も少なく

ない。非労働者化政策の名で総称される人事施策がそれである。労働者を採用すると，雇用保険，年金，労災保険，健康保険，さらに介護保険といった社会保険料の使用者負担も小さくないばかりか，労働時間の規制を始めとする働き方への制限があり，契約を解消しようと思っても，請負，委任なら法の規制はないが，労働契約だと解雇の手続ならびに社会的に相当な理由がない限り解雇権濫用になる（労基18条の2）といった面倒な規制を受けることになるからである。

　(b)　使用従属性の判断　　労働法は強行法規定であって，契約の形式的名称の如何によって適用の有無が決まるわけではない。労働者性の判断は，「労働の従属性」として述べたような，資本制社会における労働者と使用者（企業）の関係が実質的に存在しているかどうかという「使用従属関係の存否」によって行われることとなる。複雑な就労形態をまえに，画一的基準を提示するのは難しいが，具体的判断基準として中心的意味をもつのは，労働の従属性で述べた，①就労に際して，たとえば，拘束時間や始業・終業時刻の管理，仕事の遂行に関する具体的指示といった，使用者の指揮命令が及ぼされているかどうかを中心に（人的従属性），②生産手段や工具を誰が所有ないし負担し，報酬の額あるいは報酬が時間で計算され，欠勤すれば控除されるなど賃金の実態を有しているかどうかなど，労働力の提供に対する対価としての実質を備えているかどうか（経済的従属性），③就労の実態が，仕事の諾否の自由，他人の利用が認められるかなど，独立性をもった事業主としての実質をもたず，企業組織のなかに組み込まれて行われているかどうか（組織的従属性）の総合的判断によることになる。

　労基法上の労働者に該当するかどうかが争われたケースは少なくないが，多くは業務による怪我や疾病あるいは死亡に労働災害としての保護を受けるかどうかや，契約の解約に解雇権濫用法理の適用が問題とされたものが多い。判例では，証券会社との間で出来高払いの外務員契約によって働いていた者につき，委任ないし委任類似の契約であるとして労働者性を否定したもの[1]，トラックを所有しながら特定の企業に専属的に働く庸車運転手の労働者性を否定したもの[2]，反対に，映画撮影に従事する専門的なカ

---

(1)　山崎証券事件・最一小判昭36・5・25民集15巻5号1322頁

メラマン⁽³⁾，私立大学病院の研修医⁽⁴⁾，キャバレーのバンドマンや交響楽団のソロチェリスト⁽⁵⁾の労働者性を肯定したものなど，多岐にわたっている。

(c) 労働者に準じた働き方（コントラクト・レイバー）　複雑な働き方が広がる現実に適応するためには，労働者と事業主とのいわばグレーゾーンにある者にも，労働者に準じて取扱いをするのもひとつの方法であろう。この場合は，人的従属性より，経済的，組織的従属性の指標が判断の基準として重要な役割をもち，問題になっている争点に応じて解約に解雇権濫用法理を適用する場合のように私法的効力を及ぼすことが出来る⁽⁶⁾。労災補償については，すでに立法によって一人親方のような事業主にも特別加入の道が開かれている（労災33条）。

4　労働基準法の実効性

(1)　刑罰規範としての性格

(a)　違反に対する刑事罰の存在　労働基準法に違反した使用者には，刑事罰が予定されている（117条以下）。例えば一番重いのは，暴行や脅迫，肉体的精神的自由の拘束などの手段によって労働を強制する場合で（5条），1年以上10年以下の懲役または20万円から300万円以下の罰金となっている。

このように労基法違反に処罰が予定されていることは，一面では，労働基準監督官による監督とあいまって，強力な取締りの効果を発揮できることを意味している。しかしその反面，労基法の各規定の解釈にあたっては，近代刑法の原則である罪刑法定主義の要請から類推解釈や拡張解釈は許されず，新しい問題への対応が困難になる結果をもたらしている。均等待遇

---

(2)　横浜南労基署事件・最一小判平8・11・28労判714号14頁
(3)　新宿労基署長事件・東京高判平14・7・11労判832号13頁
(4)　関西大学研修医事件・最二小判平17・6・3労判893号14頁
(5)　読売日本交響楽団事件・東京地決昭和62・1・27労判493号70頁
(6)　東京12チャンネル事件・東京地判昭43・10・25労民集19巻5号1335頁。もっとも結論的には労働の従属性の程度は弱いとして権利濫用の適用を否定した。

を定めた規定（3条・4条）の適用範囲が限定的とならざるをえず，女子の結婚退職制もこられの原則に違反するものではないとの判例は，その典型的事例であろう。

(b) 労働基準法における使用者　処罰されるのは「使用者」であるが，労基法では「事業主または事業の経営担当者その他その事業の労働者に関する事項について，事業主のために行為するすべてのものをいう」(10条)とされている。これは，例えば，労働者に三六協定なしに，あるいはその範囲を超えて残業命令をだす現場管理者のように，指揮監督権を行使する現実の行為者を対象にすることで違反行為の効果的防止が意図されている。

企業の管理機構の肥大化とともに，自らも労基法上の労働者として労基法による保護を受ける一方（9条），他方では，使用者として労基法違反の責任を問われる立場に立つ管理職層も増大することになる。同様のことは，従業員としての地位を兼務する会社取締役についてもあてはまる。管理職組合の結成が出現して話題になっているのも，同様の事情の現れである。

この場合，肝心の事業主は，違反の計画や違反行為を知りながらその防止や是正に必要な措置をとらなかった，あるいは違反を教唆した場合には自ら行為者として処罰されるほか，事業主のために行為した者が処罰される場合にも，違反の防止に必要な措置を講じた場合を除き，両罰規定によって各本条の罰金刑を科せられることとなっている（121条）。

(2) 私法規範としての性格

労働基準法は，違反に対して刑罰を予定する公法としての性格をもつが，しかしそれだけだと，行政的取締り規定にとどまり，肝心の当事者である労働者のイニシアティブは，行政取締りの発動を促すだけということになりかねない（104条。違反についての労働者の申告権と，使用者にそれを理由とする不利益取扱いの禁止を定めている）。

そういう事態を避けるため，労基法には，労基法の基準に達しない労働条件を定めた労働契約を無効とする強行法的効力と，無効となった部分については労基法の基準がその空白を埋めることになる直律的効力とが与えられている（13条）。労働者はこれによって私法上の権利を取得し，裁判所に訴えることによってその請求を実現することができる。また，解雇権

濫用法理を明文化した規定のように（18条の2），私法的効力だけを念頭においた規定も置かれるようになった。

(3) 付加金の支払い

使用者が，解雇予告手当（20条），休業手当（26条），割増賃金（37条），有給休暇中の賃金（39条）の支払いを拒否している場合，裁判所は，労働者の請求によって，これらの未払金のほか，それと同額の付加金の支払いを命じることができるとされている（114条）。労働者の請求は違反のあった時から2年以内とされている（同但書）。

(4) 実効性の補完措置

労働基準法は，さらに労基法の実効性を確保するため，いくつかの措置を使用者に義務付けている。

①使用者は，労基法とその施行規則の要旨ならびに就業規則について，その適用を受ける労働者に周知徹底する方法を講じなければならない。各作業場の見易い場所に常時掲示したり備えつける，書面の交付，あるいはフロッピー・デスクで見ることが出来るようにしておくなどの方法が例示され，また，事業付属の寄宿舎がある場合には，寄宿舎に関する規定と寄宿舎規則を，同様の方法によって寄宿している労働者に周知することとされている（106条）。

②各事業場ごとに労働者名簿を作成すること（107条），労働者に支払った賃金の金額と基礎となる支払項目，労働時間などを記載した賃金台帳の作成（108条），ならびにそれら記録書類を3年間保存すること（109条）などの義務がそれである。

5 労働基準監督制度

(1) 労働基準監督官

労働基準法違反に対しては刑事罰が予定されており，労働者自身が裁判所に訴えを提起することもできるとはいっても，いずれも事後的な救済であることに変わりはない。労働保護にとってもっと重要なことは事前の予防であり，しかも，外部から閉ざされた工場内で生じる出来事を認知し的確な対応をするためには，専門的知識と独立した権限を備えた専門官の存在が望ましい。このことは，すでに戦前のILOで「労働者保護を目的とす

る法令及び規則の実施を確保するための監督制度の組織についての一般原則に関する勧告」(1923年) として指摘されており,「工場及び商業における労働監督に関する条約」(1947年) が採択されている。また不十分ではあったものの,わが国でもすでに戦前,工場法の実施にあたる官吏として工場監督官が任命されていた。労基法は,これらの事情を踏まえて,労基法の監督にあたる特別の専門行政官として労働基準監督官の制度を採用している (第11章97条以下)。

労働基準監督官の任命には特別の資格を要するとされ (労働基準監督官試験),職務の行使にあたっては,臨検,書類提出要求,尋問の権限をもち (101条),また労基法違反の罪については,逮捕,差押えなど捜査に関し刑事訴訟法における司法警察職員としての権限が与えられている (102条)。またその任務を独立して行うことができるように,罷免については労働基準分限審議会の同意を要するとの特別の身分保障が図られている (97条5項)。

(2) 監督機関

国 (農商務省から内務省社会局) と地方の警察部が所管していた工場法の時代とは異なり,労働条件および労働者の保護に関する監督はすべて厚生労働大臣の直接管理に服する国の機関によって行われることになっている。厚生労働省に労働基準主管局が,そして各都道府県には都道府県労働基準局と,その管内に労働基準監督署が配置されているが (97条),これらの機関の長は (局長および署長),いずれもその性格上,労働基準監督官をもってあてることとなっている (99条)。

この他,女性に関する特殊な問題について,労働大臣の指揮監督を受けながら,労基法の制定・改廃,解釈に関する事項をつかさどり,施行について局長への勧告,援助を与えるため,特別に女性主管局長がおかれている (100条)。

(3) 多様な任務と監督の実情

労働保護法の実施を第一線で担当するのは,労働基準監督署とそこに配置された労働基準監督官であるが,その任務は,①事業所を定期的に巡回して行う監督から,労働者からの申告を受けて行われる監督,②労基法のなかにある許可,認定,あるいは届出の受理などの事項,③労働災害の業

務上認定に関する審査と仲裁，さらに④労働安全衛生法の実施に伴う職場の安全と健康の確保，⑤「賃金支払の確保等に関する法律」など，労基法以外の衛星立法の施行責任など，広い範囲に及んでいる。

しかし，全国で343ヵ所の労働基準監督署に配置された約3,300人の労働基準監督官で，およそ443万の事業場所を監督しなければならず，定期監督で巡回できる事業所は1年で約13万2,400件に過ぎず，監督実施率は3％に過ぎない。しかし，その結果の違反率は，62.7％にのぼり，最も多いのは安全に関わる危害の防止と労働時間だという数字を見ると（「労働基準監督年報」平成14年），監督体制の不備としかいいようのない実情がうかがえる。

第3節　労働基準法と契約法理

1　保護法としての労働基準法

(1)　最低基準としての性格

労基法は，先に述べたように，労働者の「人たるに値する生活」の確保を目的として，労働条件に関する労使の契約内容決定の自由を制限し，例えば週40時間労働制と週1日の休日，労働の途中に休憩時間を与えることなど，これ以下には値切れない最低労働基準を法律で定める意味をもつ。

最低基準であって標準ではないことは，労基法がわずか1人でも労働者を雇用する零細な使用者を含めて適用対象にしていることから明らかである。生産性の高い大企業が労基法スレスレというのでは，全体としての労働条件の向上は望み薄と言わなければならないであろう。労基法がわざわざ，「この法律で定める労働条件の基準は最低のものであるから，労働関係の当事者は，この基準を理由として労働条件を低下させてはならないことはもとより，その向上を図るように努めなければならない」（1条2項）としているのは，そのことを確認する意味をもつ。違反した使用者には刑罰が予定されており，その意味で労基法の基準を守れないような使用者は，存続を許されないとの厳しい要求を突きつけることになる。

(2) 実際の労働条件との乖離

　反面，それだけに，労基法の労働条件基準を時代の要求にあわせて引き上げることに対しては，使用者側の強い抵抗にあうことになりやすい。とりわけ，財界のなかでも地元の中小企業を組織している日本商工会議所が，大企業はともかく零細企業にとっては死活問題を意味するという強硬な反対意見を述べることが多い原因もそこにある。戦後の高度成長の時代に労働条件にも改善が見られ，その間にILO条約も次々と改正されていったにもかかわらず，わが国ではいっこうに法改正もILO条約の批准も実現せず「経済大国」と「労働条件小国」といった事態が続いたのも，また刑罰規定のある労基法の改正によらず努力義務を課すにとどまる別個の衛星立法方式が採られたのも，理由のひとつはこの点にあったし，また週40時間制への改正まで40年を要し，それも業種と企業規模にあわせて，ゆっくりと経過的に適用していく方式が採用されたのも同様の理由によっている。

　しかし，大企業の労働条件がいつまでも労基法の水準に釘付けになっていたのでは，労働条件の向上は望み得ないであろう。実際，多くの労働者にとって，労働契約で獲得されている労働条件と，労基法で定められた基準との間には，すでに大きな格差があるのが普通というものであろう。それだけに，労基法が一体どの範囲の労働条件について，いかなる水準の定めをおいているのか，労基法を補完する衛星立法によってどんな保護があるのかについて，述べておく必要が高い。

2　労働基準法による規制の範囲

(1) 広がる保護法の規制

　労働基準法には，労働条件の締結から展開，終了にいたるまで多くの事項に関する定めがなされており，さらに労基法を補完する衛星立法の制定を含めれば，労働関係に関する法的規制はさらに広がることになる。

　重要なものをここでもう一度確認しておこう。

　① 「労働者災害補償保険法」は（1947年），労基法で定められた使用者の労災補償責任を確実にすることを目的としたものであったが，高度成長期には，労災補償の社会保障法化と称される給付内容の改善や適用拡大をみることになった。

②労災補償が事後的救済であるのに対して,「労働安全衛生法」(1972年)は,労働災害の高度成長下の重大事故の発生に触発されて,職場の安全確保体制の強化を図り,労働災害と健康障害の事前防止体制を図ることを目的にしている。

③「最低賃金法」は（1959年）は,労基法のなかで予定されながら具体化をみなかった規定を単独立法で実現したものであり,「賃金の支払の確保等に関する法律」(1976年) は,オイルショック後の未払賃金の立替払いを主たる目的として制定された。

④「雇用の分野における男女の均等な機会及び待遇の確保等に関する法律」(雇用機会均等法) (1985年, 1997年, 2006年改正) は, 国連で成立した「女子に対するあらゆる形態の差別の撤廃に関する条約」(1979年) を批准し,職場における男女の平等を実現するために,続いて,育児・介護といった家庭責任と仕事との両立を図る目的から,「育児休業等に関する法律」(1991年) が制定され,これに新たに介護休業を加えて (1995年), 名称も「育児休業,介護休業等育児又は家族介護を行う労働者の福祉に関する法律」(育児・介護休業法) に改められた (1999年, 2004年改正)。

⑤労働市場でハンディキャップを負っている労働者の雇用促進ためには,「障害者の雇用の促進等に関する法律」(1987年) が,そして定年延長と高齢者の職場確保のために「高年齢者等の雇用の安定等に関する法」(1986年に1971年の中高年齢者雇用促進法を改正,94年改正で60歳定年制の義務化, 2004年改正で65歳までの継続雇用を義務化) が制定されている。

⑥雇用形態の多様化に関する法制定は,派遣労働の法的承認（労働者派遣法〔1985年〕,その後2003年まで何度も改正が行われてきた）に始まり,「短時間労働者の雇用管理の改善等に関する法律」（パート労働法）(1993年) が制定される,といった具合である。

(2) 労働基準法による規制の概観

しかし,労働基準法やこれらの衛星立法を合わせても,実際の労働契約で重要性をもつ権利義務関係についてカバーされていない事項は多い。それは,労基法の制定時点では,主として戦前の繊維産業で働く女子労働者の雇用でみられた弊害の禁止に主眼がおかれ,高度成長下で噴出することになった多くの問題に及んでいるわけではなく,また,それに対応した労

基法の改正が行われたわけでもなかったからである。また，複雑な最低基準を定め，違反に対して刑罰的取締りを予定する労基法だけで，複雑で多様な労働契約上の権利と義務に対する適切な法的規制が可能となるわけでもない。

労基法に置かれている規定を概観しておこう。

①労働契約に関する規制（第2章13条以下）も，関心は，戦前の足留め策として用いられていた，前借金と賃金との相殺，社内預金による賃金支払留保，そして損害賠償の予約などを禁止することにあり，実際の労使関係で重要な，採用内定，試用，配転，出向，教育と訓練，昇進，休職，兼業・競業避止，定年制などの人事に関する事項，あるいは労働者のプライバシーの保護などについても，まったくといってよいほど規定はおかれていないし，懲戒処分についても減給処分の上限が定められているに過ぎない。

解雇については，出産・労災のため働けないでいる期間中の解雇禁止を例外的に定めるだけで，それ以外は，いきなり解雇されてはかなわないという趣旨から1月の予告期間か解雇手当ての支払いを要求するにとどまっていた。解雇の制限や，とくに重要な整理解雇の法的規制についても規定がなく，安定性を欠いた判例ルールにとどまっていたために，労使双方の側から（それぞれ違った意図で）立法化を求める声が大きくなり，客観的合理的理由を欠き，社会通念上相当と認められない解雇は無効とする判例による権利濫用法理が条文化された（18条の2）。

②労基法の賃金に関する規制は（第3章24条以下），休業手当を除けば，約束した賃金の支払いを確保することに尽きるといってよいであろう。もっとも賃金額については，別個に最低賃金法が制定されていることは先に述べた通りである。賃金の決定，さらに昇給，昇格にあたって重要な役割を果たしている人事考課の公正や人事資料の閲覧といった問題については何の規定もおかれていない。

③広い意味での労働時間に関する規制は（第4章32条以下），休憩，休日，年次有給休暇などを含めて，多くの事項に及んでいる。そして労働時間の短縮から規制緩和に舵を切った改正が俎上に載せられ流動的な分野でもある。

④年少者・女性に関する章は（第6章，第6章の2），特別の保護を必要とする年少者のための労働時間と危険・有害な労働への就業の制限，あるいは妊娠・出産，育児時間などの母体保護を定めている。この分野での女子保護規定の多くは（残業時間と深夜労働の制限など），女性に対する平等の実現を妨げていると削除を主張する意見と，反対に家庭責任に対する保護を果たせなくなるとの保護か平等かをめぐる激しい議論の間で揺れ動き，男女雇用機会均等法が強化された1997年改正時に母体保護を除いて原則的に削除された（労基法改正は1998年9月）。

⑤災害補償に関する規定（第8章）は，工場法時代の工場主の災害扶助義務を質的転換を図りながら受け継いだものである。被災労働者への救済を確実にするため，労基法と同時に労働者災害補償保険法が制定されている。

⑥10人以上の従業員を有する事業所に作成を義務付けている就業規則の制度は（第9章），労基法が守られているかどうかを監督する手段として，さらに，すべての従業員に適用される労働条件が記載されることで労働条件の明確化・客観化に資するとともに，基準法を上回る労働条件にも権利性を与えるが（規範的効力），反面で，使用者による一方的作成と変更が可能なことから，労働条件を不利益に変更する手段として機能している。

⑦事業所付属寄宿舎の自由と自治を保障する規定がおかれているのは（第10章），戦前に労働者の監視と拘束によって辞める自由を奪う足止め策として利用されたからである。

3 労働契約と紛争解決

(1) 労働契約内容の確定

労働基準法をはじめとする法令の定めがない範囲での労働条件の定めは，原則として労使の自治に委ねられているが，通常，事業場の労働者すべてに適用することを予定して就業規則に書き込まれた労働条件の定めに従うこととなる。これらの定めは労働力管理の観点を重視した一般的・包括的規定を含んでいることが多い（例えば，「配転を命じることができる」，「出向を命じることができる」，「残業を命じることができる」，「退職後，同業他社に就職した場合には退職金は支給しない」というように）。とはいっても，使用者

が一方的に内容を決定できる就業規則の文言にそのままの効力を認めるわけにはいかない。判例も「就業規則の内容は合理的であれば契約の内容になる」との考え方から[7]、合理性の審査を及ぼす態度を示している。

　就業規則を上廻る特約条項や就業規則に定めのない事項に関する合意が、個別契約としての効力を有することは言うまでもない。しかし、労働契約内容の拘束力の範囲の確定にあたっては、労使の交渉力の不均衡から生じる使用者の一方的決定としか評価できない契約内容をそのまま形式的に理解するのではなく、どこまで労働者を拘束すると考えるのが合理的かつ公正といえるかの判断が要求される。そして実際に、労働契約を構成する多様な権利・義務の内容の確定は、膨大な判例の蓄積によって形成されてきたということが出来る。判例は、労働者の人格的権利や生活上の利益を重視して労働者に対する包括的義務を制限的に解釈し、あるいは民法の一般原則である権利濫用（1条3項）、信義誠実の原則（同2項）、公序良俗（同90条）、さらには不法行為（同709条）などの条項を適用することで、実質的公正の確保を図ってきた。例えば、女子の結婚退職制が許されないとの判例法理は、労基法3条や4条ではなく、憲法の平等原則の趣旨を踏まえた公序良俗に違反するとの判断にもとづくものであったし、セクシャルハラスメントに対する「職場環境整備義務」違反にもとづく不法行為責任の追及や、さらに労働災害に対する民事損害賠償請求権の根拠についても、信義則の具体化による「安全配慮義務」が承認されたことによるものであった。

(2)　個別労働紛争解決の法整備

(a)　噴出する個別労使紛争　　1990年代の長期的経済不況のなかで、リストラの一環としての解雇や非正規雇用の拡大、人件費コストの削減による労働条件の切り下げと成果主義賃金の導入など、従来の雇用慣行の見直しが進行するなかで、行政機関や労働組合、弁護士団体などが行う相談窓口には個別労働者からの相談が殺到するようになった。2001年に成立した個別労働紛争解決促進法によって全国約300ヵ所に設けられた労働相談窓口の総合相談件数は2005年で90万件を超え、うち民事上の個別労働紛争の

---

[7]　電電公社帯広事件・最一小判昭61・3・13労判470号6頁

相談事例は17万6,000件に達している。この他，地方公共団体が行っている同様の労働相談は東京都だけでも年間4万5,000件から5万件にのぼり，日本労働弁護団への相談件数も1,200件（2005年）を数える。内容はいずれも解雇，賃金の不払い，労働条件の切り下げ，職場でのいじめやいやがらせなど，実に多様な項目にわたっている。労働組合の組織率が低下し，組合の機能が十分働かなくなったという事情もあって，労使の集団的紛争よりも，個別労働関係にかかわるトラブルが増大し，しかも労働者個人からの相談が目立っているのが特徴である。

　もちろん，これらの法的紛争に対しては，労働者が裁判所に民事訴訟を提起して争う道が開かれていることは言うまでもない。実際，民事労働裁判の件数は1990年代をとおして，おおよそ3倍近くに増えているが（地方裁判所が新規に受け付けた民事訴訟件数は，通常・仮処分事件を合わせると1991年の1,054件から，2004年の3,168件へ），民事裁判には弁護士への依頼や判決までの期間など，一般の労働者にとって利用したくても敷居が高いというのが実情である。

　こうした事態に対応して，個別労働紛争を念頭に置いた紛争解決への法整備が行われている。一つは，行政機関の手になる裁判外紛争解決の仕組み（ADR）であり，もう一つは，司法制度改革の一環として実現することとなった労働審判制度の創設である。

　(b)　**個別労働紛争解決促進法**　前者は，もともと1998年の労基法改正に際して，厚生労働省の地方機関である都道府県労働局長に労働条件に関する個別的紛争の解決に必要な助言・指導をすることができるとされた制度（旧105条の2）の拡充・強化を目的に，「個別労働関係紛争の解決の促進に関する法律」として制定（2001年7月）された。①全国約300ヵ所に総合労働相談コーナーを設けてワンストップサービスを行う（3条。あらゆる労働相談に応じるとともに，解決の方策を振り分ける）。②紛争解決への助言と指導（3条），③当事者の双方または一方から申出を受けて解決のためあっせんを行うことが出来るとされている（5条・13条）。あっせんにあたるのは，学識経験者のうちから厚生労働大臣が任命する委員によって構成される紛争調整委員会である（6条・7条）。

　また地方自治体の機関である都道府県労働委員会も同様の権限をもつこ

ととなり，実際，ほとんどの労働委員会がこの個別労働紛争の調整に乗り出している（20条）。

　(c) 労働審判制度　　労働審判制度の設置は，わが国の司法制度全般にわたる画期的な改革を提案した司法制度改革審議会の最終意見（2001年6月）に端を発している。この意見書は，国民の期待に応える司法制度を求めた部分で労働関係事件への総合的な対応強化の必要性に触れ，労働者の生活基盤にかかわる労働事件にとって，解決の迅速性と，雇用・労使関係について専門的知見を有する専門家の関与が望まれるとしたうえで，特別な労働調停の導入と，労働に関する専門家の関与する裁判制度の導入の可否ならびに労働事件固有の訴訟手続導入の要否について検討を求めていた。これを受けて司法改革推進本部のもとに設けられた「労働検討会」での労使の鋭い対立（基本的には，労働裁判所の創設を求める労働側と，調停制度にとどめるべきだとする使用者側意見の対立であった）を経て労働審判法の制定（2004年5月，施行は2006年4月）にこぎ着けることになった。

　労働審判の特徴は，地方裁判所（全国50ヵ所）に設置される職業裁判官・労働審判官と労働問題についての専門的知識経験を有する（労使から各1名）非常勤の審判員とで構成される労働審判委員会が，労働事件の審理を担当する点にある（9条）。取り扱うのは個々の労働者と事業主の間に生じた民事に関する紛争（個別労働関係民事紛争）とされており（1条），解雇，配転，賃金の不払いや差別，損害賠償の請求など，いわゆる利益調整ではなく権利紛争に関する判定機能を担当することになる。もっとも事件を労働審判手続に付するかどうかは，当事者の申立てによって決まることになっている（5条）。

　迅速な解決を実現するために，審理は原則として3回以内で終結し（15条），非訟事件手続によって，原則として非公開とされ，職権による事実ならびに証拠調べが出来ることになっている（16条・17条）。調停の見込みがある場合には調停を試み，それが不可能あるいは失敗に終われば，委員会の過半数の意見（12条）による労働審判で決せられるが，審判は主文と理由の要旨を記載した審判書を当事者に送達する判決に類似した方法で行われ，内容も当事者の権利関係に関する法的判断を確認したうえで，金銭の支払いや，物の引渡しなど財産上の給付を命じることが出来ることに

なっている (20条 2 項)。

　審判に不服がある当事者は，2 週間以内に裁判所に対して異議の申立てをすることができる。その場合には，審判は効力を失い (21条1項・3項)，労働審判手続申立ての時に遡って地方裁判所に訴えの提起があったものと取り扱われることになる (22条)。反対に，異議の申立てがなければ，審判は裁判上の和解と同一の効力 (21条 4 項)，すなわち確定判決と同じ効力 (民訴267条) をもつことになる。

> **Pause 7　労働契約法制定の動き**
>
> 　労働契約の内容の確定は判例法理を抜きに考えられないが，判例法理は個別事件の特性に適した柔軟な解決基準を用意することは出来るが，その柔軟性は反面，当事者にとっては事前の予測を立てにくいうえに，労使関係の当事者に適切な解決ルールの設定を促す法形成的機能にも欠けている。労働基準法のような刑事罰による行政取締りではなく，私法的効力をもった労働契約法の制定の必要性は，当事者に事前に予測可能で，公正かつ透明な解決基準によって，紛争の予防と労使関係ルールの形成に役立てることにある。
>
> 　もっともこの点では労使に異論はなくても，具体的内容と手法にまで立ち入ると意見の一致は容易なことではない。厚生労働大臣の私的諮問機関である「労働契約の在り方に関する研究会」の報告書を受けて開始された労働政策審議会の議論は，労使自治を尊重しつつも労使の実質的対等性を確保して公正なものにする，判例法理の明文化にとどまらず，今日の労働関係に適応したより適切なルールを設定するといった研究会報告書構想からは大きく後退したものとなった。特に，就業規則の一方的変更の効率的処理，変更解約告知制度の導入，解雇が無効とされる場合にも，金銭補償と引き替えに解雇を有効とする制度の導入には反対が強く，その結果を受けて作成された労働契約法（案）は就業規則の変更に関する判例法理を明文化する部分を残して，あとはすべて削除する貧弱な内容となっている。

4 労働者人格の保障

(1) 労働憲章規定の意味

(a) 冒頭におかれた憲章規定　労働基準法の総則規定には，生存権理念と労使対等原則という労基法の指導理念を謳った規定（1条・2条），労基法の適用範囲（8条）や労働者，使用者，賃金に関する定義規定（9～12条）とならんで，労働者の平等と自由（労働者人格の保障）の具体的保護を定めた一連の規定がおかれている（3～7条）。これらの規定は，指導理念を謳った1条と2条からは直接具体的な法的効果を導き出すことはできないのに比べて，それ自体として法的効果をもっている。さらに，具体的な労働条件の最低基準を定めた労基法の第2章以下の各論規定とは異なり，たとえ，労基法中に定めのない労働条件であっても，あるいは労基法の規定の水準を上回る労働条件が与えられている場合であっても，差別的取扱いがなされていればそれだけで違反の効果が生じる点でも特質すべき規定である。

(b) 違反の法的効果　違反に対しては，刑事罰が予定されているだけでなく，民事上も平等原則を介して，労働者に差別がなければ適用されたであろう労働条件を請求できる権利を生じさせる（13条参照）と理解されている。

違反に対しては刑事罰が科せられるだけに，罪刑法定主義の要請が働いて，類推解釈や拡大解釈は避けなければならないとされ，適用範囲はおのずから限られたものにならざるを得ない。例えば，エイズ感染を理由とする解雇を無効とする判決が出て注目を集めたが[8]，労基法3条に違反するからではなく，解雇権の濫用にあたるとの理由によるものである。

しかし，これらの規定に直接該当しない場合でも，例えば，仕事差別や職場八分，あるいはセクシュアルハラスメントといった労使関係上の根拠のない差別と職場における労働者の自由の侵害が生じている場合には，不法行為や契約上の責任という形を通して，使用者の責任を追及する途が開かれるに至っている。これらの規定に含まれている労働者人格保障の趣旨が，労働者の精神的人格価値の法的保護に手がかりを与えていることに注

---

[8] HIV感染者解雇事件・東京地判平7・3・30労判667号14頁

目すべきであろう。

(2) 均等待遇の原則

(a) 労働基準法の規定の趣旨　労基法3条は，労働者の「国籍，信条又は社会的身分」を理由として，「賃金，労働時間その他の労働条件について，差別的取扱をしてはならない」と定めている。「法の下の平等」を定めた憲法14条の規定が，国や公共団体と国民との関係を念頭においたもので，私人間に直接適用されるものではないとされるのに対して，労基法のこの規定は，憲法の保障の趣旨を労使間で具体化しようとするものであることは明らかであるが，雇用平等原則を普遍的な原則として謳ったものとはなっていない。

憲法14条と比較すると，「人種」が国籍に代わり，「性別」と社会的身分のあとの「門地」が抜け落ちていることが分かる。アメリカの差別禁止立法である公民権法が何よりも人種差別の禁止を意識しているのに対して，わが国では，在日韓国・中国人といった国籍を理由とする差別が現実的であったことによるもので，人種も含まれることに違いはない。「性別」については労基法自身が女性の保護規定（現在では廃止されているが，残業の上限規制や深夜業の禁止，危険・有害作業の禁止など）をおいていたため意識的に除外し，そのうえで「女子であることを理由として，賃金について，男子と差別的取扱いをしてはならない」（4条）との規定が設けられた，と説明されている（1998年9月の改正時に「女性」と改められた）。その結果，例えば，結婚退職制や差別的定年制のような賃金以外の性差別については，3条，4条のどちらにも該当しないとされることになり，労基法には違反しないが，「公序良俗」（民90条）に違反して無効との判決が出されることになったのは周知の通りである。

男女の平等は別の章で取り扱うことになっているので，ここでは3条の均等取扱原則に限って説明することとする。

(b) 禁止されている差別の理由　禁止されているのは，「国籍，信条又は社会的身分」を理由とする差別である。刑法上の構成要件としての意味をもつことから，限定列挙として理解されざるを得ないことは，繰り返し述べてきた通りである。

① 「国籍」を理由とする差別が問題となった例としては，採用内定の後，

戸籍の提出を求められて日本国籍を有しないことが判明し，内定を取り消された日立製作所事件が典型的ケースであろう[9]。表面化するケースが多くない中で，この事件は就職差別についての氷山の一角という意味をもつものであろう。

②「信条」には，宗教的信条のみならず，政治的信条も含まれることについては争いがない。判決で争われるケースで圧倒的に多いのも，政治的信条を理由とする差別に関するものである。例えば，特定政党への所属またはその同調者であることを理由として，賃金を低く査定するなどがその典型である[10]。

思想，信仰，良心などの内心の自由は，精神的自由のなかでも中核的位置を占めるものであって，労使関係においても十分尊重されなければならないことはいうまでもない。使用者が問題となし得るのは，これらが内心の自由にとどまらず，企業活動や職場規律を侵害するなどの外部的行動として現れた場合に限られるといわなければならない。東京電力塩山営業所事件のケースは，会社の非公開にしている情報が，外部の政党機関紙に掲載されたことから，営業所長が，その政党メンバーであると推定した労働者を所長室に呼んで政党との関わりを尋ね，メンバーでないというのならその旨を書面にして交付するよう要求したというものであった。労働者が，思想・信条の自由を不当に侵害されたとして不法行為を理由とする損害賠償を請求した事件であるが，最高裁判決では，本件所長の行為には不相当な面があると言わざるを得ないものの，①事情聴取に必要性が認められること，②手段方法についても，返答を強要したり，不利益または利益の供与を示唆するなどの事実もなかったとして，「未だ社会的に許容できる限度を超えてはいない」とのギリギリの判断が示されている[11]。

> Pause 8　**傾 向 経 営**
>
> 　使用者の営む事業が特定の思想・信条，あるいは宗教上の信仰と不可分

---

(9)　日立製作所事件・横浜地判昭49・6・19労民集25巻3号277頁
(10)　富士電機製造事件・横浜地横須賀支判昭49・11・26労判225号47頁
(11)　東京電力塩山営業所事件・最二小判昭63・2・5労判512号12頁

の関係をもっている場合に，傾向経営（Tendenzbetrieb）の名で呼ばれることがある。このような事業においては，ドイツでは，労働者の行為が具体的に企業活動や経営秩序に障害を与えたからではなく，思想・信条にもとづく人格や行動が事業の特殊性と相容れないことを理由とする解雇が認められていることから，わが国でも同様に考えられないか議論されている。

日中旅行社事件（大阪地判昭44・12・26労民集20巻6号1806頁）が，まさにこの点をめぐって争われた。中国との国交正常化以前に貿易・旅行の窓口を担当していた日中友好協会が分裂したことに伴い，当時の中国とイデオロギーを異にすることとなった労働者の解雇の有効性が問題となったケースであった。判決は，労働者に特定のイデオロギーの承認，支持を求めるためには，①政党や宗教団体など事業目的とイデオロギーとが本質的不可分の関係にあり，また②労働協約か就業規則でその旨が明確に定められていなければならないとして，解雇の効力を否定している。

③「社会的身分」には，憲法14条の「門地」は含まれるが，本人の意思によって逃れることのできない「生来の身分」を意味し，パートタイマーや臨時工といった職業上の地位や，犯罪歴（前科），破産者といった後天的な経歴ないし地位は含まれないと解されている。

(c) 禁止されている差別的取扱い　禁止されているのは「賃金，労働時間その他の労働条件」である。賃金，労働時間があげられているが，もちろん，これは例示であって，労働契約関係における労働者の待遇のすべてについての差別的取扱いが禁止されている。昇給，昇格といった賃金に関わる事項はもとより，配転，出向，教育・訓練，定年，社宅や寮の入居，住宅ローンの貸付けといった福利厚生などの差別も許されない。解雇も，職場を奪われる労働者にとっては重要な労働条件のひとつであることに違いはない。

採用そのものが労働条件に含まれるかどうかについては争いがあるが，通説は，「労働条件」とは雇入れ後の待遇を意味するのであって，契約の締結そのものの拒否は本条の禁止対象に含まれないと解している。判例には，採用拒否が本条に違反しなくとも，思想・信条を決定的理由になされた場合には公序良俗に反する不法行為にあたるとしたものがある[12]。

(3) 強制労働の禁止

　強制労働の禁止に違反した行為に対して，労基法が最も重い処罰規定を用意していることは先に述べたとおりである（117条。1年以上10年以下の懲役又は20万円以上300万円以下の罰金）。禁止の対象は，暴行，脅迫，監禁，その他精神または身体の自由を不当に拘束する手段によって，労働者の意思に反して労働を強制することである（5条）。

　土建業における飯場，鉱山での納屋から，繊維産業の工場寄宿舎，芸娼妓の置屋を背景に，戦前のわが国では，労働者を前借金で縛り，あるいは暴力的手段で労働を強制する悪弊が，広く労働関係を覆っていた。「監獄部屋」や「タコ部屋」の名で広く知られているものである。労基法制定の根本精神のひとつは，前近代的な労使慣行を根絶することであったが，強制労働に対する重い罰則は，何よりもこの決意の強さを表している。

　このような悪弊は，さすがに今日のわが国では，おおっぴらに行われることはなくなった。とは言うものの，地下に潜りながら不法就労の外国人労働者に対して行われていることは，各種の報道機関が報じているとおりである。不法就労であっても，本条違反であることに変わりはない。

(4) 中間搾取の禁止

　労基法は，「何人も，法律に基いて許される場合の外，業として他人の就業に介入して利益を得てはならない」と規定しているが（6条），労働関係の開始，存続等について媒介，斡旋をすることで利益を得る行為を禁止しようとするものである。その趣旨は，戦前のわが国で広範に利用されていた，労働者の募集や職業紹介など労働力の調達に介入し利益を得ていた労働ブローカー，ならびに労働者を他人に供給し賃金をピンハネしていた労働ボスの存在を排除することが意図されている。

　この趣旨を受けて，職業安定法ではこれまで有料職業紹介事業を原則的に禁止し，公共職業安定所（ハローワーク）を通して国が直接無料職業紹介事業を行う体制がとられてきたが，規制緩和による99年の法改正によって，民営有料職業紹介事業の原則自由化が実現することとなった（職安30条以下）。また，業務の処理を請け負って自ら処理する能力をもたず単に

⑿　慶應大学付属病院事件・東京高判昭50・12・22労判243号43頁

労働者を供給し賃金をピンハネするだけの労働者供給事業も禁止されており，この場合には，供給された労働者を利用した者も処罰されることになっている（同44条・64条9号）。

職安法によって許されているのは，①労働大臣の許可を条件に，使用者から委託を受けて報酬で行われる労働者の募集行為（36条）や，②労働大臣の許可を受け，労働組合が無料で実施する労働者供給事業があるが（45条），この後者は，労働者協同組合とともに労働者自身による第3の雇用保障方式として注目を集めている。また労働者派遣事業については，当初，職安法で禁止された労働者供給事業に該当するのではないかという疑問が提起されていた。「労働者派遣事業の適正な運営の確保及び派遣労働者の就業条件の整備等に関する法律」（労働者派遣事業法）の制定（1985年）は，その疑念に応えて法的に認知することを主たる目的にしたものであった（職安47条の2）。この点は，後に述べるとおりである（88頁以下）。

(5) 公民権行使の保障

憲法で保障された公務員の選定と罷免，参政権の保障（15条）も，もし労働者に，労働契約によって負担している労働義務の履行を文字通り果たすことが求められれば，職場を離れられず，対等な政治参加の機会を奪われてしまうことになりかねない。労基法7条は，労働者に実質的政治参加の対等性を保障するため，「選挙権その他公民としての権利を行使し」または「公の職務を執行するために必要な時間」について，労働者から請求があれば，労働時間中であってもこれを拒んではいけないとするものである。もともとドイツ・ワイマール憲法（1919年）にあった同種の規定（160条）を受け継いだものと説明されている。選挙権，被選挙権の行使みならず，当選した場合の議員としての活動，訴訟や労働委員会への証人として出廷などがこれによって保障されることになる。

就業規則で公職への就任に使用者の事前の承認を必要としていた場合に，承認を受けずに市会議員に立候補し当選した労働者を懲戒処分にした十和田観光電鉄事件のケースでは[13]，労基法7条に違反し解雇は無効との判断を示している。もっとも，公職への就任によって労務の提供が期待できな

---

[13] 十和田観光電鉄事件・最二小判昭38・6・21民集17巻5号754頁

いことを理由に，普通解雇することまで同条で禁止されているかどうかについては争いがある。業務への支障が著しいものかどうかが問題であるが，判例には，公職就任まで保障したものとは解されないとしたものがある[14]。実際には，その期間を休職扱いとする企業が多い。選挙による公職の場合，再び当選する保障はないのが普通であり，普通解雇は許されるというのでは，労働者にとって，余程のことがない限り立候補の決断は困難だからである。

(6) 労働者人格権の保障

職業的活動に従事し同僚との人間関係が展開される職場は，労働者にとって人間的成長や交流の場であるが，同時に，使用者によって組織された効率と競争の支配する社会であることは言うまでもない。仕事は使用者の指揮命令を受けて行われ，職場の人間関係も配置された部署の一員になることで決められる。つまり，どちらも自ら選ぶことは出来ず，他律的に決定されるのである。そして長い間，嫌がらせに近い仕事を命じたり，意識的な仲間はずれ（職場八分）などが発生しても，「艱難汝を玉にす」という人生訓のように，労働者が職場で遭遇するであろう（嫌な）経験とそれに耐えて成長するプロセスとして眺め，その結果，職場は法の適用から隔離された空間として取り扱われてきたということができよう。

しかし，仕事の効率化と競争的雰囲気が強まるなかで，これまでにも見られた①反組合および特定の思想信条グループを対象としたいじめ，②人間関係のもつれ，が原因というより，③退職強要に代表されるリストラや，④仕事の仕方が悪い・遅いといった度を超えた叱責や場合によっては暴力を振るうなどのパワーハラスメントが目立つようになった。

これに対して，労働者の精神的人格価値やプライバシーなどの人格権保護の意識が高まったことも見逃せない。労基法の労働憲章規程に違反するとはいえないが，民法の不法行為や労働契約における信義則（労働者の人格保護義務）違反を根拠にして使用者の責任追及に道が開かれている。職場における人格保護の重要性は何もわが国だけの現象でもない。なかでも，職場内で特定の個人を対象に，組織的かつ執拗に行われる人格的中傷，仕

---

[14] 社会保険新報社事件・浦和地判昭55・3・7労判337号34頁

事や同僚からの疎外などの行為は労働者に深刻な被害をもたらす心理的テロ行為に値するものと認識され，職場いじめ（Mobbing, Moral Harassment）に対する対策の必要性が強調されている。

Pause 9　労働者人格権侵害の類型

　労働憲章規定に直接違反するとは言えないが，これらの規定が企業内ないし職場における労働者の自由やプライバシーなどの精神的人格価値の法的保護に大きな手がかりを与えることになったことは疑いない事実であろう。

　裁判で争われた事例は多岐にわたっているが，

　①労働者の思想や信条，労働組合への加入，あるいは退職勧奨を断ったことなどを理由に，他の従業員に接触や交際をしないように働きかけて職場からの排除を図る「職場八分」と言われる事件は，かなりの数にのぼる。これらを，「職場における自由な人間関係を形成する自由」や「名誉毀損」の不法行為にあたるとして慰謝料の支払いを命じている関西電力事件判決（最三小判平7・9・5労判680号28頁）は，その典型である。

　②正当な理由なく仕事を取り上げたり，故意に，無意味な仕事を命じる，あるいは労働者のキャリアや力量にふさわしくない仕事をさせるといったみせしめ的仕事差別も，労働者の名誉侵害の一類型と理解されなければならない。職場においては，仕事は労働者の力量と結びついた人格の投影として評価されるものだからである（退職に追い込む意図で受付業務を命じたバンク・オブ・アメリカ・イリノイ事件・東京地判平7・12・4労判685号17頁や，長時間に及んで就業規則の書き移しを命じたJR東日本事件・最二小判平8・2・23労判690号12頁など）。

　③労働者の仕事ぶりを調査する目的から秘密裏に行われたテープレコーダーの使用を違法だとした広沢自動車事件（徳島地判昭61・11・17労判488号46頁）や，本人の知らないうちに行われたHIV感染というプライバシー情報の厳重な管理と告知方法について慎重な対応を要求したHIV感染者解雇事件（東京地判平7・3・30労判667号14頁），労働者が職場で使用している電子メールの監視行為がどこまで許されるかが問題となったF社Z事業部事件（東京地判平13・12・3労判826号76頁）は，職場における労働者のプライバシー保護の重要性を教えている。

第 3 章　労働契約の成立と展開

第 1 節　労働契約の成立

1　採用に関する法の規制

(1) 採用の自由

(a) 募集・採用に関する法規制　　企業にとって，どのような労働者を何人，どういう方法で採用するかの決定は，企業活動の規模と質を考慮してなされる経営戦略の一環をなし，法的には営業の自由，契約の自由に属する。採用の人数，新卒者か中途採用か，大卒か高卒かといった採用予定者の属性の決定，縁故採用か求人広告か，学校への求人依頼か職安（ハローワーク）経由，あるいは有料の職業紹介事業を利用するのかといった募集方法，そして応募者のなかから誰をどのような基準で採用するかも原則として自由である。あるいは，正規労働者を採用するか，パートタイマーや臨時採用の労働者とするか，それとも，そもそも自ら労働者を雇い入れるのでなく労働者派遣事業から派遣された労働者や外部業者への業務委託の方法をとるという選択肢も有していることになる。この点は，すぐ後に「雇用形態の多様化」として取り上げることにする。

　募集，採用にあたっての法的規制は，

　①募集方法に関する職安法の若干の規制として，新聞・雑誌への求人広告やビラなどによる直接募集については，募集する業務の内容・労働条件を示すにあたって応募者に誤解を与えないように努めなければならないとされているほかに法的規制は存在しない（職安42条）。ただ被用者以外の第三者に募集業務を委託する場合には厚生労働大臣の許可を受けることが必要とされ（同36条），また，募集に際して労働者からいかなる名義の財

物ないし利益を受けてはならず（同38条），使用者が募集にあたる被用者や委託募集の受託者に対して支払う報償金についても労働大臣の認可が必要とされ，それ以外の報酬は禁止されている（同36条2項・40条）。営利職業紹介事業も許可制ながら原則自由となった（港湾運送，建設を除く，同32条・32条の11）。

その他，②雇用機会均等法による性を理由とする募集・採用差別の禁止（5条），③障害者雇用促進法による一定の雇用率の義務づけ（10条・11条・14条。民間企業は56人以上の企業で1.8％，国・地方公共団体，公団・事業団などの特殊法人は2.1％），④雇用対策法による原則的な年齢差別の禁止の努力義務（7条），などの例外を除けば，この段階では存在していない。

(b) 違反の効果　そしてこれらの規定も，①の違反に罰則があるものの（職安65条。6ヵ月以下の懲役または10万円以下の罰金），②は是正勧告と従わない企業名の公表（雇均30条），③は未達成企業からの納付金の徴収（障害雇用26条）が結びつけられているだけで採用を強制するものではない。

また労基法の差別禁止（3条）も，雇入れ後の労働条件を対象としたもので，採用自体には及ばないと解されていることは，先に述べた通りである。

(2) 採用とプライバシー

(a) 行き過ぎたプライバシーへの詮索　誰を採用するかの決定にあたっては，臨時的非正規雇用は別として，応募者に履歴書の提出を求めるだけでなく，職業能力ないし学力検査のためのテスト，健康診断，面接による人物の判定など，実に広範囲の事項について熱心な情報収集が行われている。

それは確かに，継続的雇用を前提とする採用に際して慎重な手続が必要だと考えられているからではあるが，反面，どんな事項に対しても正直に申告し，回答しなければならないとなれば，応募した労働者の組合活動歴や思想信条，犯罪歴，病歴や妊娠の有無，その他のプライバシーの保護などおよそ無に帰してしまう。うそ発見器の使用，あるいは血液検査で知らない間にエイズ検査が行われていたということにもなりかねないであろう[1]。

(b) 調査の限界　一律に許される事項と許されない事項との間に明確

な線を引くのは難しい。基本的には予定された職務遂行との関連性，他方で，人格侵害の重要性の比較衡量による以外にないであろう。

実際には，労働者はどこまで正直に申告しなければならないのかが問題となる。不当な質問に対して，みすみす不採用になることが分かりながら正直に答える労働者は少ないことから，多くは，虚偽申告を理由とする採用の取消し・解雇の有効性として問題となるのが普通である。使用者の質問自体が不当であると判断される場合には，虚偽の申告を理由とする取消しや解雇は認められないこととなる。

Pause 10　思想調査の自由（三菱樹脂事件・最高裁判決）

　学生運動歴に関する虚偽の申告を理由に試用期間後の本採用を拒否されたのが三菱樹脂事件である。最高裁は（最大判昭48・12・12民集27巻11号1536頁），憲法による思想信条の自由の保障は，国や地方公共団体と国民との間を予定したもので，企業と労働者という私人相互間には適用されないとの基本的な考え方から出発している。そのうえで，企業が労働者の採否の決定にあたってその思想信条を調査ないし申告を求め，その結果をもとに雇入れを拒んでも不法行為や公序良俗に違反することはないとの見解を示した。

　その後のプライバシー保護法の発展を考えれば，この判決がそのまま踏襲されていると考えることにもためらいを感じるが（思想信条を決定的理由とする雇入れ拒否は不法行為にあたると述べているのは慶應大学付属病院事件・東京高裁判決である。昭50・12・22労判243号43頁），労働力の評価は全人格と切り離せないという理由からこのようなやり方を肯定するのは，あまりにも安易に過ぎる。

---

　(1)　東京都（警察学校）事件・東京地判平15・5・28労判852号11頁が，応募者本人の同意を得ないで行ったHIV抗体検査をプライバシーを侵害する違法行為であるとしている。

2 採用内定

(1) 採用内定の法的性質

(a) 採用内定の慣行　採用内定は，他企業に先んじて優れた人材を確保するため新規学卒者の採用について採られている青田刈りとでもいうべき方法である。次第に早まる傾向による学校教育への悪影響を避けるため，かつては企業訪問，内定の時期について大学と企業間で協定が結ばれていたが，協定違反が横行したことから廃止されてしまった。内定日と実際に入社するまでの間にかなりの期間があるところから，卒業する直前になって内定取消しが行われることがあり，どのような法的救済が可能なのかがここでの問題である。

(b) 契約はいつ成立するか　採用内定の時点ですでに労働契約が成立しているかどうかが問題のポイントとなるが，判例は，企業からの求人募集は契約申込みの誘因に過ぎないが，労働者の応募が契約の申込み，これに対する採用内定の通知は承諾にあたり，この時点で契約は成立するとの見解を採っている[2]。もちろん特別の法的規制があるわけではなく，これと異なるやり方も可能であるが，それでは優れた人材を確保するという当初の目的も達成できなくなるであろう。

そうはいっても実際に働いているわけではないこの期間中をどう取り扱ったらよいのかという問題が残る。最高裁判例には，「就労の開始」について始期付契約（入社日）がなされているとするものと（大日本印刷事件判決），労働契約自体の「効力の始期付」とするものがある[3]。このどちらなのかは，具体的運用に即して判断する以外にないが，前者なら内定中も労働契約の一定部分についてすでに効力が生じていることとなるが（例えば報告書の作成や研修などについて），後者なら原則としてそれはないことになる。しかし，在学中の学生に研修への参加を強要するのは，明らかに行き過ぎであろう[4]。

---

(2) 大日本印刷事件・最二小判昭54・7・20民集33巻5号582頁
(3) 電電公社近畿電通局事件・最二小判昭55・5・30労判342号16頁
(4) 宣伝会議事件・東京地判平17・1・28労判890号5頁

(2) 採用内定の取消し

卒業直前に採用内定を取り消されることになれば，それから新たな就職先を探すことは事実上不可能に近い。始期付契約が成立しているとの立場は，内定取消しは契約の解約にあたり，合理的な理由のない解約は解雇権濫用によって無効となる（従業員としての地位を守れる）との結論を導くことを意図したものであった。

リーディングケースとなった前掲大日本印刷事件・最高裁判決は，内定取消事由が生じた場合には解約できる旨の解約権が留保されている（「始期付・解約権留保付契約」ということになる）としたうえで，解約権の行使は，その趣旨・目的に照らして客観的に合理的と認められ社会通念上相当と是認できる場合に限られる，また内定時までに企業が知りえた事情は除かれなければならないとの見解を示し，面接時に「グルーミーな印象」を受けたとの理由は相当性を欠くものと判断した。

通常は，内定通知に，卒業の延期，健康や学業成績の著しい悪化，重大な事由に関する虚偽申告，あるいは経営状況の著しい悪化などが取消事由として記載されているが，いずれにせよ客観的にみて従業員としての適格を欠く場合や，解約に合理的理由がある場合に限られる。

3 契約締結に関する法規制

(1) 近代的雇用契約の確保

労基法制定の趣旨のひとつは，労使関係の世界に根強く残っていた労働者の人格を侵害する前近代的慣行を排除することにあった。契約の自由の名のもとで，しかし実際には，何が保障され何を義務づけられているのか分からないような契約がなされたり（あやふやな契約を利用して利益を受けるのは，多くの場合，使用者である），労働者の退職を困難にする足止め策の採用による人身拘束的な労働の強要が跡を絶たなかった。

労働基準法は，このような事態を防止するため，契約締結に関するいくつかの法規制を設けている。

(2) 契約期間の制限と有期雇用の拡大

(a) 足止め策の防止　戦前に広く行われてきた労働者を拘束する足止め策を禁止するという観点から，労基法は制定当初から，原則として1年

を超える期間の労働契約は認められないとしてきたが、2003年の改正で、現在はそのような悪弊は認められないし、反対に、一定期間の継続的確保が必要な場合もあるという理由から、原則3年までに延長され（14条1項）、高度の専門的知識、技術、経験を有する者（平15・10・22厚労告356号では博士号取得者、医師、弁護士などのほか、大卒5年以上の実務経験をもつシステムエンジニアなどが挙げられている）、ならびに満60歳以上の者との労働契約は5年間までとなった。ただし3年となった一般の労働者については、当分の間は、1年を過ぎればいつでも退職できるとされている（137条）。

　日本的雇用慣行のひとつと言われている長期継続雇用も、法律的には「期間の定めのない契約」が結ばれているに過ぎない。そして、社会的相当性を有しない解雇については裁判所で争うことができるし、その場合には解雇権濫用による救済が期待できることになる。

　原則3年間への期限付き雇用期間の延長が、これまであった1年あるいは2ヵ月といった短い期限付き雇用の利用を制限するわけではない。これまでの1年間という上限の制限も、戦前の人格的拘束の排除に力点がおかれ、短期的期限付き雇用を臨時的な業務の繁忙や疾病休職、育児休業中の労働者の代替要員などテンポラリーな必要がある場合に限るといった限定が付されていたわけでないからである。実際、長期の仕事のため2ヵ月、あるいは1日単位の雇用契約（日々雇用）の更新を繰り返す不安定な雇用形態が横行しているのは周知の通りである。そして、2ヵ月という期間が比較的多いのは、解雇予告ないし予告手当の支払いを免れたいという企業の安易な姿勢からきている（労基20条・21条但書2号）。

　雇用期間の終了を理由とする雇止めは、法律的には解雇とは異なるものの、解雇権濫用法理による解雇制限を免れることで雇用の安定性を著しく脅かすことになる。期限付き雇用の更新を繰り返しながら恒常的な仕事を担当している労働者の更新拒否を解雇類似のものとして取り扱う判例法理の積み重ねは、このようなやり方を問題視することから出発している。2003年の改正では、この判例法理を受けて、更新拒否に伴う争いを未然に防止する観点から使用者が講じなければならない基準を定め、行政上の助言と指導をあたえることが出来るとの規定が設けられた（14条2項・3項、

平15・10・22厚労告357号)。

(b) 新たな期限付き雇用の利用　これに3年間，5年間という期間が設けられたのは，新たな選択肢を加える意味をもっている。途中で辞められると困るような仕事への投入，研修・教育費が回収できないといった要望が企業側からなされていたが，労働側からの危惧は，まず期限付きで採用して3年後にもう一度ふるいにかける試用期間的運用に対するものであった。

期限付き契約の特徴は，相手方の債務不履行（民541条以下）や使用者の破産（同631条）を除けば，労使双方とも期間中は契約による拘束から原則として離脱できない点にある。例外は「やむを得ない事由がある場合」に限られ，また，その事由が当事者一方の過失によって生じた場合には損害賠償の責任を負うことになっている（同628条）。従来のように2週間前に予告すれば退職の自由があった労働者も，やむをえない事由がなければ退職出来ないし，場合によっては使用者による損害賠償請求を覚悟しなければならないことになる。もっとも損害賠償の予約（労基16条）や賃金との相殺禁止（同24条1項）の規定は生きている。同様に，使用者も「やむを得ない事由」がなければ期間途中の解約は許されないことになるが，期間終了まで待てないほどの緊急な事由を意味し[5]，その基準は解雇を規制している解雇権濫用（同18条の2）よりも厳しいと考えるべきであろう。

(2) 労働条件の明示義務

(a) 明示すべき労働条件　労働契約の締結に際して，使用者は，労働契約の期間や就業の場所と従事すべき業務のほか，労働時間，賃金，解雇の事由を含む退職に関する事項など就業規則の記載事項とほぼ同様の重要な労働条件を明示することを要し，とくに上に掲げた重要な事項に関しては書面にして労働者に交付しなければならないとされている（労基15条1項，労基則5条）。当たり前のようにみえるが，賃金を受け取ってみたら聞いていたのと違っている，あるいは，初めてそうだったのかと気が付いたというケースが労働相談事例にしばしば登場する。とくにパートタイマーなどの非正規雇用の場合にそれが多いため，行政指導によって，一枚の書

---

[5]　安川電機八幡工場事件・福岡高決平14・9・18労判840号52頁

面に書き込めば済むようになった簡易方式というべき「雇入通知書」の普及が図られている。

(b) 違反の効果　明示された労働条件が事実と異なる場合には，労働者は即時に契約を解除することができ（労基15条2項），就業のため郷里を離れてきている労働者が14日以内に帰郷する場合には，使用者が旅費を負担しなければならない（同条3項，罰則120条）。

(c) 求人票に示された賃金額　労働条件の明示は，公共職安への求人の申込みや労働者の募集に際しても要求されている（職安5条の3）。ところが，求人票に記載された賃金額が，確定的な額ではなくベースアップを見込んだ額であったため，実際に就職したらおよそ月額にして5,000円も低かったことから，労働者が差額の支払いを求める訴訟を提起した事件がある[6]。判決は，採用内定の時点で，見込額がそのまま契約内容になるわけではないとして請求を否定している。しかし，特別の事情がないのに労働者の期待を裏切ることは，信義則に反し認められないと言うべきであろう。

(3) 賠償予定の禁止

(a) 人身拘束的機能の阻止　労働契約の不履行について，違約金や損害賠償を予定する契約をすることも禁じられている（労基16条，罰則119条）。戦前，契約期間途中の退職や機械・器具の破損などを想定したこの種の定めが，人身拘束的機能を発揮したことにもとづくものであるが，看護師のお礼奉公的勤務など，今日でもなくなっているわけではない。病院が看護師養成の一環として，病院に勤務しながら看護学校に通学する看護学生に学費・生活費などの費用を負担する一方，準看護師の資格取得後2～3年は勤務の継続を約束させるというのが典型的である。武谷病院事件[7]も，まさにそのようなケースであるが，判決は，2年間の継続勤務の約束は紳士協定以上の拘束力を有しないとして，1年で中途退職した労働者に対する学費および生活費の返還請求を否定している。

もっとも，海外留学や職業資格の取得に要する学費ないし研修費用を使

---

[6]　八州測量事件・東京高判昭58・12・19労判421号33頁

[7]　東京地判平7・12・26労判689号26頁

用者が貸し付けて，一定の期間在籍すれば返済義務を免除するといった契約がこれにあたるかどうかは微妙である。特別の教育や研修のために必要な費用の貸与という実質を備えているかどうかで判断されるべきであろう[8]。

(b) 労働者の損害賠償責任の軽減　また，例えば集金した代金を横領した場合のように，労働者の債務不履行や不法行為によって実際に生じた損害額を使用者が請求することまで禁止されているわけではない。そうは言っても，仕事で自動車を運転していて事故を起したり，宝石のセールス中に窃盗にあったり，あるいは夜勤で疲れてつい居眠りをしてしまい高価な機械を破損したりするなど，労働には常に不注意による事故発生の危険が同居している。故意になされた場合は別として，仕事の環境から働き方にいたるまで使用者の指揮下で行われていることを抜きに一方的に労働者に責任を負わせるのは公平に反する。判例も信義則を理由に，労働者の責任を制限すべきだとの態度をとっている[9]。

(4) 前借金相殺の禁止

労働契約の際に，本人や親に前借金を貸し付け賃金で返済させるやり方も，戦前の繊維女工や風俗営業で多用されたものであった。労基法は，前借金やその後の前借り自体を禁止するものではないが（必要とされることもある），相殺による賃金の支払拒否という事態を排除しようとするものである（労基17条，罰則119条）。

(5) 強制貯金の禁止

(a) 強制的貯蓄契約の危険性　労働者の賃金から一定額を貯蓄させて使用者が管理する制度も，浪費や盗難予防の名目で行われた足止め策のひ

---

[8] 海外留学を終えて帰国した後，定められた期間前に退職した者に対する留学費用の返還を認めているのは，長谷工コーポレーション事件・東京地判平9・5・26労判717号14頁である。

[9] 茨城石炭商事事件・最一小判昭51・7・8民集30巻7号689頁は，交通事故の事例で，使用者から労働者に対する求償権の行使を4分の1に制限し，夜勤の疲れから居眠りし高価な機械を損傷した，大隈鉄工所事件・名古屋地判昭62・7・27労判505号66頁でも，労働者に4分の1の損害賠償責任を負わせている。

とつであった。そこで、労働契約に付随して貯蓄の契約をさせたり、使用者に貯蓄金の管理を委ねる契約をさせることを禁じている（労基18条1項、罰則119条）。

(b) **任意的社内預金** いわゆる社内預金の制度自体まで禁止されているわけではない（任意貯蓄）。しかしその場合には、労働者代表との協定と行政官庁への届出、管理規定の作成など厳格な管理方法が要求されている（同条2～6項）。

また企業倒産による預金の返還不能という事態を避けるため、受入預金額について銀行の支払保証や担保の設定といった保全措置が義務づけられている（賃確3条・4条、罰則18条）。

Pause 11 身元保証契約

労働契約の締結に際して、労働者が仕事のうえで与えた損害を賠償する保証人を立てさせられる前近代的な慣行は、今でも続いている。義理人情から引き受けた保証人が、人事管理の権限も責任もないのに、思いもかけない莫大な損害（責任額に上限もないのが普通である）を負わされることになる。このような弊害を緩和するため、すでに戦前、保証人の責任に一定の制限を加える「身元保証ニ関スル法律」（昭和8年）が制定されている。

内容の中心は、①身元保証契約の存続期間の制限（5年、定めがなければ3年）、②身元保証人に対する使用者の通知義務（損害発生の虞れ、あるいは職務の変更）とそれを受けた保証人の解約告知権、③保証人の責任そのものの免除や賠償額の制限について裁判所に対する裁量権の付与、におかれている。

---

4 試用期間

(1) 試用期間の法的性質

(a) **試用期間の趣旨** 採用後すぐに正規の従業員にするのではなく、実際の勤務状況を観察したうえで従業員としての適格性を判断したいとの趣旨から、3ヵ月前後の試用期間を設ける企業が多い（公務員にも6ヵ月間の条件付任用期間がある。国公59条、地公22条2項）。職業経験のない新規

卒業者については見習期間と呼ばれることもある。労働能力の判定期間という意味をもつ。

その結果次第によって，試用期間終了後に不合格の判定がなされ，本採用を拒否されることがあり得るわけで，法的救済のあり方について採用内定類似の問題が生じる。

(b) 本採用拒否の法的性格　試用期間を本採用とは別個の，労働能力判定のために締結された試験的契約とみるか（この場合には，たとえ本採用拒否の理由が不当な場合でも損害賠償の対象となるに過ぎない），すでに同一の労働契約が成立していて，適格性を欠くと判断されてもやむをえない事由があれば解約できる旨が留保されているとみるのかで，救済方法は大きく異なってくる。

先にあげた三菱樹脂事件で問題となった見習期間のケースについて，最高裁判決は解約権留保付労働契約が締結されていたと認定し，長期雇用を前提に採用された労働者の期待の重みに理解を示した[10]。

(2) 本採用の拒否と試用期間の延長

(a) 本採用拒否の正当性　試用期間が解雇権留保付労働契約であるということになれば，本採用拒否は法律上は解雇に当たる。そして使用者によって留保された解雇権の行使は，試用期間が設けられた趣旨，目的に照らして，労働者の職業能力や従業員としての適格性を欠いていると判断されてもやむを得ないと客観的に是認される場合でなければならない。新規学卒者の見習期間の場合，判定機能とならんで教育機能も兼ねているところから，企業がどのような教育を行ったかも判断に際して重要なファクターとなる。日本軽金属事件は，職場規律に反した態度を繰り返した大学新卒者に対する本採用拒否の是非が争われた事例であるが，判決[11]は，新人教育にあたった管理者の指導能力にも問題があったとして，本採用を拒否するだけの理由にはならないと判断している。

---

[10] 神戸弘陵学園事件・最三小判平2・6・5労判564号7頁では，労働者の適性を評価する趣旨で採用された1年間の期限付常勤講師の期間満了による雇止めについて，試用期間であって，期間満了後は期間の定めのない契約に移行するとされた。

[11] 東京地判昭44・1・28労民集20巻1号18頁

(b) 試用期間の延長と更新　試用期間が終了したにもかかわらず，延長ないしは更新されて正規労働者にしてもらえないこともある。試用期間中の労働条件は低く抑えられていることを利用し，臨時工の期間更新の場合と同様，人件費の節約を意図して行われることもある。しかし，試用期間の趣旨からはずれた運用は許されないし，使用者は原則として本来の期間中に判断を行う義務を負っているといわなければならない。このような措置は，たとえば労働者の病気によって十分な判断ができなかったなどの猶予期間を設ける相当の事由がある場合に限って許されるべきで，そのような事由がなければ，期間の経過とともに正規労働者に移行したものとして取り扱われることとなる。

第2節　さまざまな雇用形態

1　進行する雇用形態の多様化
(1)　柔軟な雇用への傾斜

経済のソフト化・サービス化といわれる産業構造の転換，高齢化・女性化に代表される労働市場の変化，そして急速な円高の進行など，企業をとりまく環境は，ドラスティックに変化しつつある。

終身雇用と年功賃金に代表される日本型雇用慣行の変容がいわれるようになったのは，2度のオイルショックに見舞われた1980年代のことであった。そして今日，バブル崩壊後の平成不況のなかで深刻な雇用不安が広がり，企業が生産拠点の海外移転や思いきったリストラなどの，生き残りをかけた企業戦略を展開するなかで，この傾向はもっと本格的に，そして急速に進行しつつある。そこで進行している事態は，雇用の柔軟化，人事管理の柔軟化と個別化など総じてフレキシブルな雇用と労働条件の管理ということができよう。雇用に関していえば，相対的に硬直的な正規労働者（安定した雇用）をできるだけ絞り込んで，労働者の削減など雇用調整が容易な非正規労働者の活用をはかることであり，賃金・労働時間の管理についても，企業業績や仕事の効率化，あるいは仕事の繁忙に合わせて柔軟化

と個別化をはかる動きが広がっている。

(2) さまざまな雇用形態

アルバイトやパートで働いた経験のある人ならば，同じ職場で同じ仕事をしていても，実にさまざまな名称の労働契約で働いている労働者がいることに気づいたに違いない。

自動車の組立ラインや建設現場などには，臨時工，農閑期に農村からやってくる季節工が古くから働いていたし，親企業の構内で働く下請企業の労働者は社外工と呼ばれてきた。それらに加えて，各種の製造業の職場に，主婦労働力を中心とするパートタイマーと就労ビザをもたない者を含めて外国人労働者の姿が多く見られるようになった。

製造業に代わる雇用の吸収力を期待されている商業，サービスなどの第三次産業では，単純・専門の職種を問わず，非正規労働者の占める割合はもっと大きくなっている。24時間営業のコンビニエンスストアやファミリーレストラン，食堂などは，高校生を含む学生アルバイトなしでは成り立たないし，デパートやスーパーは主婦のパートタイマーで支えられているといってよい。比較的専門的職種には期限付きの契約社員を採用するところもあり，厳しい競争にさらされている航空業界ではスチュワーデスへの導入が進んでいる。比較的少なかった事務部門にも，非正規労働者の導入は急ピッチで，パートタイマーはもちろんとして，コンピュータのシステムエンジニアやオペレーターあるいは経理事務といった仕事には，テンポラリーセンターのような派遣企業から派遣されてくる労働者が働くようになった。また高年齢者の雇用確保のため定年が延長されると，嘱託身分に移行するところが多い。

Pause 12 雇用形態別雇用者構成比

(単位 万人, %)

年・期	役員を除く雇用者	正規の職員・従業員	非正規の職員・従業員	パート・アルバイト	派遣社員, 契約社員・嘱託, その他	うち派遣社員
1995年	4780	3779 (79.1)	1001 (20.9)	825 (17.3)	176 (3.7)	— —
96	4843	3800 (78.5)	1043 (21.5)	870 (18.0)	173 (3.6)	— —
97	4963	3812 (76.8)	1152 (23.2)	945 (19.0)	207 (4.2)	— —
98	4967	3794 (76.4)	1173 (23.6)	986 (19.9)	187 (3.8)	— —
99	4913	3688 (75.1)	1225 (24.9)	1024 (20.8)	201 (4.1)	— —
2000	4903	3630 (74.0)	1273 (26.0)	1078 (22.0)	195 (4.0)	33 (0.7)
01	4999	3540 (72.8)	1360 (27.2)	1152 (23.0)	208 (4.2)	45 (0.9)
02	4940	3489 (70.6)	1451 (29.4)	1053 (21.3)	398 (8.1)	43 (0.9)
03	4948	3444 (69.6)	1504 (30.4)	1089 (22.0)	415 (8.4)	50 (1.0)
03 I	4941	3444 (69.7)	1496 (30.3)	1092 (22.1)	404 (8.2)	46 (0.9)
II	4929	3445 (69.9)	1483 (30.1)	1069 (21.7)	414 (8.4)	46 (0.9)
III	4987	3480 (69.8)	1508 (30.2)	1094 (21.9)	414 (8.3)	53 (1.1)
IV	4936	3407 (69.0)	1528 (31.0)	1103 (22.3)	425 (8.6)	53 (1.1)
04 I	4934	3380 (68.5)	1555 (31.5)	1106 (22.4)	449 (9.1)	62 (1.3)

(資料出所:総務省統計局「労働力調査特別調査」(2月調査)(1995年～2001年),「労働力調査(詳細集計)」(2002～2003年))

(3) 労働法システムからの事実上の排除

さまざまな雇用形態のもとで働く労働者に共通している問題点は,雇用が不安定で,労働条件も相対的に低く,社会保険への加入率も悪い,加えて労働組合がないなど,事実上,労働法のシステムによって築かれてきた権利を享受できないという点であろう。

もちろん,雇用形態の如何によって労働基準法を始めとする労働法の適用が排除されるわけではないし,正規労働者の比較的安定した雇用も,終身雇用の法的保障があるわけではなく,組合の存在や裁判所に訴えることを前提とした解雇権濫用法理によって守られているに過ぎない。しかし非正規雇用では,例えば「基幹臨時工」のように長期雇用が期待されている場合でも,2ヵ月の期限付き雇用の更新という形式がとられて雇用の安定性は始めから想定されていないし,パートタイマーや派遣労働者の社会保

険加入率が極端に低い事実は，さまざまな調査の示す通りである。

　しかしいくつかの例外を除けば，雇用形態の特殊性に合わせた特別の法的規制は存在しない。それは，これ以上の規制は企業の活力を殺ぐことになるとの企業の主張と（雇用管理の規制緩和），若者や女性（とくに派遣労働）あるいは主婦（とくにパートタイマー）のライフ・サイクルに合わせた自由な選択であって，基本的に問題はないとの政策当局の認識によるものである。以下では，雇用形態の特殊性を理由とするパートタイマーと派遣労働者についての特別な法規制だけを取り上げる。

2　パートタイム労働者の保護

(1)　パート労働法の成立

(a)　増大するパートタイマー　　さまざまな雇用形態のなかでも群を抜いて多いのは，パートタイマーである。経済のサービス化，第三次産業の進展につれてパートタイマーの占める比重は質・量ともに増大し，安上がりの補助労働力に過ぎず，景気の調整弁として便利な存在として取り扱われてきた従来の常識は通用しなくなっている。

　言葉の本来の意味に近い，通常の労働者に比べて労働時間の短い週35時間未満の労働者だけでも，1,237万人に達し（総務庁の労働力調査，2004年），そのおよそ7割は女性で，女性に限れば雇用労働者の約4割に達する。この他にも，通常の労働者とほぼ同じ時間働きながら，労働条件の待遇上からパートタイマーと呼ばれている労働者（いわゆる疑似パート）が存在しており，21世紀職業財団の調査（2005年7月）では，正社員と比較したパート労働者の労働時間が9割以上の者（10.1％），4分の3以上9割未満の者（16.6％）とかなりの数に達している。

(b)　パート労働法の成立　　「短時間労働者の雇用管理の改善等に関する法律」（1993年7月法76号，同12月施行）は，パートタイマー労働者を基幹労働力として位置づけるとともに，これまでもっぱら行政指導で行われてきたパート労働対策に法的根拠を与えることで雇用管理の改善を促し，パート労働市場の整備・拡充を意図しようというものである。社会・公明・民社・社民連の4野党時代の共同提案になるパート法案が，パート労働者の均等待遇を目指していたのに対して，政府（自民党）の法律案は，もっ

ぱら行政指導による雇用管理の改善にとどめるものであったため，労働側の対応が成立か廃案かでもめたすえ，3年後に見直すことを前提に（附則2条）成立したものであった。

(2) パート労働者と労働法

(a) 労働法・社会保険の適用　パートタイム労働者も通常の労働者に比べて労働時間が短いというだけで，労基法をはじめとする労働法の適用から排除されているわけではない。

特別の規定がおかれているのは雇用保険であり，1週間の労働時間が20時間以上かつ30時間未満であって，1年以上雇用される見込みがある者を「短時間労働被保険者」として別個のカテゴリーが設けられ（雇保6条1の2号・38条1項2号。これに達しない者は加入できない），離職の日以前2年間に，賃金支給基礎日数11日以上の月が12ヵ月以上あれば，一般被用者と同じ給付日数が支払われる（同13条・14条・22条・23条）。

また年金，健康保険の加入については，常用的雇用関係にある者で，1日または1週間の所定労働時間，1ヵ月の勤務日数が通常の労働者に比しておおむね4分の3以上あって，年収が一定額以上あれば（目下130万円）加入が認められることとされているが（厚生省の昭55年都道府県保険課（部）長宛内かん，および昭61年都道府県知事宛通知にもとづく行政取扱基準），所得税の配偶者控除，企業の配偶者手当の支給要件，さらにこれら保険に配偶者として加入できるなどの事情から，実際の加入には高いハードルとなっている。

(b) 不安定な雇用と労働条件の格差　これに加えて，同種の仕事をしている正規社員との賃金格差，適用があるはずの労基法でも守られていないなどの問題も多い。年次有給休暇については，通常労働者の労働時間に比した比例原則にもとづく付与義務が明確化されたが（労基39条3項），解雇・賃金格差といった重要な労働条件について労働法上の規制が及ぶのかどうかは解釈論に委ねられている。短期間の期間付き雇用契約の更新拒否にも解雇予告が必要か（労基20条）という問題には，1年を超える継続勤務の場合には予告が必要というのが行政指導の立場であり（平16・12・28厚労告456号），労働者からの請求があれば，更新しないことの理由について証明書の交付，契約を1回以上更新し，かつ1年を超えて継続雇用してい

る場合には労働者の求めに応じて契約期間を出来るだけ長くするよう努めることとされている。さらに、社会的相当性を認められない解雇は解雇権濫用として無効であることも判例の認めるところとなっている[12]。

しかし、同種の仕事をしているパートタイマーの賃金格差については、労基法3条の「社会的身分」にはあたらないし、同4条の女子を理由とする賃金差別に該当するとした判例も存在しない。そんななかで、自動車の警報器部品の組立てラインでまったく同じ仕事に、2ヵ月の有期契約を更新しながら4年から25年間従事してきたパートタイマーからの訴えについて、「同じ労働に対して等しく報われなければならないという均等待遇の理念は人格の価値を平等と見る市民法の普遍的原理」に支えられていると述べ、賃金が正社員の8割以下の場合には公序良俗に違反するとして損害賠償の支払を命じた丸子警報器事件判決[13]は、大きな影響を与えている。

(3) パート労働法の主な内容

(a) パート労働法の骨子　①パート労働法は、適用対象となるパートタイマーについて、1週間の所定労働時間が同じ事業所の通常の労働者に比し短い労働者をいうと定義している。いわゆる「疑似パート」の労働条件格差問題は本法の念頭にはない。もっとも行政指導の指針では「通常の労働者としてふさわしい処遇をするよう努めるものとする」との指導方針で臨むこととなっている。

②基本的には、それまでの行政指導に法的根拠を与えることを目的とし（対策の基本方針と指針の策定、5条・8条）、使用者にも雇用管理の改善に努め（3条）、10人以上のパート労働者を雇用する事業所ごとに雇用管理者の選任を義務づけ（9条）、パートタイマーに係わる事項について就業規則の作成、変更をする際には、別途、パートタイマーの過半数代表者の意見を聴くことを求めている（7条）。もっとも、これらを定める条項のすべてが努力義務からなる。パート労働法の8条を根拠とする行政指導の指針は、幾度も改訂を重ねているが、事業主が講じなければならない雇用管理改善のための措置は、その度に細かな点に及んでいる[14]。

---

(12) 三洋電機事件・大阪地判平3・10・22労判595号91頁
(13) 長野地上田支判平8・3・15労判690号32頁

③雇用改善等の援助を行うため，行政施策の推進と労使への指導，助言にあたる短時間労働援助センターが設置される（13条以下）。

(b) 残された平等原則の課題　パート労働法が意識的に避けた労働条件の均等待遇への要請は，ILOのレベルで進んでいる。ILO第81回総会（1994年6月）で成立したパートタイム労働に関する条約は，団結権や労働者代表として活動する権利，労働安全衛生および雇用・職業上の権利については比較可能なフルタイム労働者と同一の保護を，そして賃金，母性保護，雇用の終了，年次有給休暇および病気休暇，さらに法定の社会保障についても，比較可能なフルタイム労働者と同等あるいは少なくとも比例的保護以上の条件の保障を求め，そのうえでパートタイムとフルタイム労働者相互間の転換を自主的に選択できるような措置を求める内容となっている。

この条約の成立に際してのわが国の対応は，使用者側は反対，日本政府は棄権に回っている。もちろんこの条約は未だ批准されていないが，パートタイム労働を望ましい雇用形態と位置づけるからには，条約の批准とこれに適った法整備は避けて通れない方向であろう。

─────────────────────────────

Pause 13　雇入通知書

　労働契約の締結に際して，労働条件を明示しなければならないとされていることは先に述べたとおりである（労基15条）。とくに賃金に関しては，書面を交付することが要求されている。このことは，正規労働者を採用する場合にとどまらずパートタイマーについても同様である。しかし実際には，口答で，しかも，あいまいになされることが多いことから，トラブルを生み出す原因になっている。そこで簡便な書式の作成を使用者に指導する趣旨で用いられているのが，この雇入通知書である。

─────────────────────────────

(14)　「パートタイム労働指針」平5・12・1労告118号。その後改正を重ねて最新のものは，平16・12・28厚労告456号。

雇 入 通 知 書

平成　年　月　日

　　殿

　　　　　　　使用者　所在地
　　　　　　　　　　　代表者　　　　　　㊞

契　約　期　間	期間の定めなし・期間の定めあり（　年　月　日〜　年　月　日）
就業の場所	
従事すべき業務の内容	
始業，終業の時刻，休憩時間，就業時転換（①〜⑤のうち該当するもの一つに〇を付けること。），所定時間外労働の有無に関する事項	1 始業，終業の時刻等 ①始業（　時　分）終業（　時　分） 【以下のような制度が労働者に適用される場合】 ②変形労働時間制度等；（　）単位の変形労働時間制・交替制として，次の勤務時間の組み合わせによる。 　始業（　時　分）終業（　時　分）（適用日　　　　　） 　始業（　時　分）終業（　時　分）（適用日　　　　　） 　始業（　時　分）終業（　時　分）（適用日　　　　　） ③フレックスタイム制；始業及び終業の時刻は労働者の決定に委ねる。 　（ただし，フレキシブルタイム（始業）　時　分から　時　分 　　　　　　　　　　　　　　　（終業）　時　分から　時　分） ④事業場外みなし労働時間制； 　　　　　　　　　　　　始業（　時　分）終業（　時　分） ⑤裁量労働制；始業（　時　分）終業（　時　分）を基本とし，労働者の決定に委ねる。 〇詳細は，就業規則第　　条〜第　　条，第　　条〜第　　条 2 休憩時間（　　分） 3 所定時間外労働の有無（　有　・　無　）
休　　　日	●定例日；毎週　　曜日，国民の祝日，その他（　　　　　　　　） ●非定例日；週・月当たり　　日，その他（　　　　　　　　　） ●1年単位の変形労働時間制の場合………年間　　　日 〇詳細は就業規則第　　条〜第　　条，第　　条〜第　　条
休　　　憩	1 年次有給休暇6か月継続勤務をした場合→　　　　日 　　　　　継続勤務6か月以内の年次有給休暇（　有　・　無　） 　　　　→　　　か月経過で　　　日 2 その他の休暇　有給（　　　　　　　　　　） 　　　　　　　　無休（　　　　　　　　　　） 〇詳細は就業規則第　　条〜第　　条，第　　条〜第　　条

賃　金	1 基本賃金　イ　月給（　　　円）ロ　日給（　　　円） 　　　　　　　ハ　時間給（　　　円） 　　　　　　　ニ　出来高給（基本単価　　　円，保障給　　　円） 　　　　　　　ホ　その他（　　　円） 　　　　　　　ヘ　就業規則に規定されている賃金等級等 　　　　　　　[　　　　　　　　　　　　　　　　　　　　] 2 諸手当の額及び計算方法 　　イ（　　　手当　　　円計算方法：　　　　　） 　　ロ（　　　手当　　　円／計算方法：　　　　） 　　ハ（　　　手当　　　円計算方法：　　　　　） 　　ニ（　　　手当　　　円／計算方法：　　　　） 3 所定時間外，休日又は深夜労働に対して支払われる割増賃金率 　　イ所定外　法定超（　　）％，所定超（　　）％ 　　ロ休日　法定休日（　　）％，法定外休日（　　）％ 　　ハ深夜（　　）％ 4 賃金締切日（　　）－毎月　　日，（　　）－毎月　　日 5 賃金支払日（　　）－毎月　　日，（　　）－毎月　　日 6 労使協定に基づく賃金支払時の控除（　無　・　有（　　　）） 7 昇給（時期等　　　　　　　　　　　　　　　　　　　　） 8 賞与（　有（時期，金額等　　　　　　　　　　）・　無　） 9 退職金（　有（時期，金額等　　　　　　　　　）・　無　）
退職に関する 事　　　項	1 定年制（　有（　　歳）　・　無　） 2 自己都合退職の手続き（退職する　　日以上前に届け出ること） 3 解雇の事由及び手続き 　　[　　　　　　　　　　　　　　　　　　　　] ○詳細は就業規則第　　条～第　　条，第　　条～第　　条
そ　の　他	●社会保険の加入状況（厚生年金保険，健康保険，厚生年金基金，その他（　　）） ●雇用保険の適用（　有　・　無　） ●その他 　　[　　　　　　　　　　　　　　　　　　　　]

3 派遣労働者

(1) 労働者派遣法の成立

(a) 派遣労働における三面関係　労働者派遣は，三当事者の関係からなる。自己の雇用する労働者を，もっぱら他人に利用させるだけの「派遣元」，自ら雇用責任を負わなくとも，派遣元から提供された労働者の労働力を利用できる「派遣先」，そして派遣元に雇用され，しかし派遣先の指揮命令下で働く「派遣労働者」がそれである。派遣元と派遣先との間に結ばれる「労働者派遣契約」によって，労働者は派遣先に供給されるわけである。

派遣元は，派遣先から支払われる労働者派遣料金と，派遣労働者に支払う賃金との差額（中間マージン）を収益として成り立っている事業である。そのことから，中間搾取の排除（「業として他人の就業に介入して利益を得てはならない」労基6条），ならびに，この趣旨を受けた職安法の労働者供給事業の禁止（44条）や，派遣法制定当時の有料職業紹介事業の原則禁止（旧32条）に違反しないのかという批判が，また派遣先についても，自己の事業のため労働力を利用する者は労働法上の使用者として責任を負うという直接雇用の原則を免れることで（間接雇用），歴史的に築かれてきた労働法の保護を空洞化させ，正規雇用に取って代わることになるとの疑問が提起されてきた。

「労働者派遣事業の適正な運営の確保及び派遣労働者の就業条件の整備等に関する法律」（労働者派遣法1985年7月法88号，86年7月施行）は，①派遣業の社会的認知を意図した労働者供給事業禁止の部分的解禁，②定義規定による職業紹介と労働者派遣の区別の合理化，③使用者としての責任を雇用責任（派遣元）と就業条件に対する責任（派遣先）に分割することで，労働法の適用関係の整理を図ろうとしたものであった。それから労働分野でも進められてきた規制緩和政策のなかで幾度も改正され，現在に至っている。

(b) 活況呈する派遣事業　派遣事業の事実上の活況が，法律の制定に先行していたことはいうまでもない。産業構造の変動のなかで，企業のフレキシブルな雇用管理を意図した業務の外注化と専門職労働者のフリーワーカー指向が一致したものと説明されたが，法政策的には，労働力流動

化への民間活力の利用（規制緩和）としての性格をもつ。それ以来，派遣労働の利用拡大を意図した規制緩和政策による改正を重ねた結果，法制定当時およそ13万5,000人であった派遣労働者数は，227万人に達し，派遣事業の売上高も，この間に約2,000万円から２兆8,600億円へと急成長ぶりを示している（厚労省「平成16年度労働者派遣事業報告書」)。

Pause 14　活況呈する派遣事業

派遣労働者として働いている労働者の数は，派遣事業法制定以後，年々増大していることが分かる。92年以降のバブル崩壊後の経済活動の沈滞期に一時減少したものの，規制緩和による派遣労働の拡大政策とともに一貫して増大傾向を示している。

派遣業務の原則的自由化以来，どういう業務が多いのかは統計に表れていないが，いわゆる登録型の一般労働者派遣事業では，女性のファイリング，事務用機器操作，財務処理が圧倒的に多く，常用雇用型の特定労働者派遣事業の場合には，ソフトウエア開発，機械の設計に次いで事務用機械の操作といったコンピュータ関連の業務が多い。

労働者派遣された派遣労働者数等

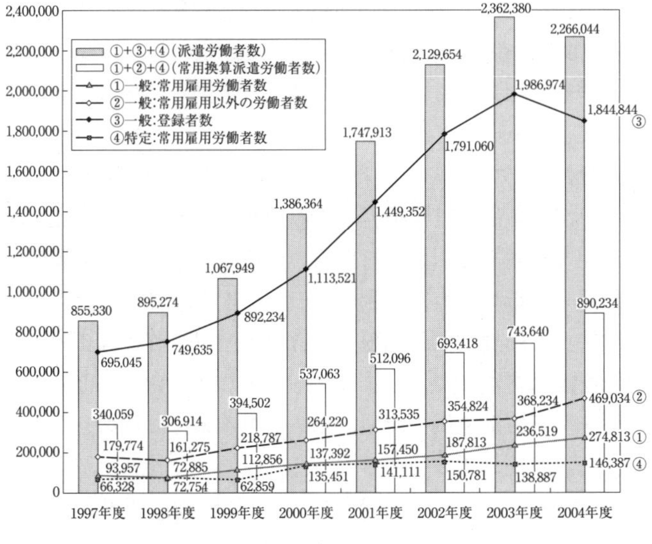
①+③+④（派遣労働者数）
①+②+④（常用換算派遣労働者数）
①一般：常用雇用労働者数
②一般：常用雇用以外の労働者数
③一般：登録者数
④特定：常用雇用労働者数
2,400,000
2,200,000
2,000,000
1,800,000
1,600,000
1,400,000
1,200,000
1,000,000
800,000
600,000
400,000
200,000
0
855,330
895,274
1,067,949
1,386,364
1,747,913
2,129,654
2,362,380
2,266,044
695,045
749,635
892,234
1,113,521
1,449,352
1,791,060
1,986,974
1,844,844 ③
340,059
306,914
394,502
537,063
512,096
693,418
743,640
890,234
179,774
161,275
218,787
264,220
313,535
354,824
368,234
469,034 ②
93,957
72,885
112,856
137,392
157,450
187,813
236,519
274,813 ①
66,328
72,754
62,859
135,451
141,111
150,781
138,887
146,387 ④
1997年度
1998年度
1999年度
2000年度
2001年度
2002年度
2003年度
2004年度

※　常用雇用以外の労働者数は常用換算（常用雇用以外の労働者の年間総労働時間数の合計を常用雇用労働者の1人当たりの年間総労働時間数で除したもの。）としている。

(2)　労働者派遣法の内容

(a)　労働者派遣の定義　　いささか分かりにくい表現であるが，労働者派遣とは，自己の雇用する労働者を，他人の指揮命令を受けて，その他人のために労働に従事させることであり，当該他人に労働者を雇用させる場合を含まないと定義されている（2条1号）。

　例えば，「業務処理請負業」の場合には，請負業者が雇用した労働者によって請負業者自身の指揮命令下で業務の処理が行われる。労働者派遣は，「職業紹介」や「出向」が，紹介先ないし出向先の使用者と労働契約関係を成立させるのと異なっており，また，職業紹介では紹介元と労働者との間に雇用関係はないのに対して，出向では，出向元と出向先の両者との間で雇用関係が存続している（二重の雇用関係）と説明されている。

　派遣事業には，派遣元が常時雇用している労働者のみを派遣する「特定労働者派遣事業」（常用雇用型）と，登録している労働者と派遣先から注文を受け派遣している間だけ労働契約を結ぶ「一般労働者派遣事業」(登録型，常用雇用型の併用を含む）の2つがあって，前者は届出だけで足りるが（16条），後者は労働大臣の許可制（5条）となっている。前者の場合には，派遣先が見つからない間も，派遣事業者は，労働者に少なくとも労基法上の休業手当て（26条）の支払いをしなければならないのに対して，後者の場合には，登録しているだけでは雇用関係があるわけではなく，派遣先がきまって働いている間だけ派遣元との雇用契約が成立するに過ぎない。もともと不安定な雇用とならざるを得ない宿命をもっており，雇用保険や社会保険の加入率が低いのも，原因はこの点に根ざしている。

(b)　対象業務と派遣期間の制限　　労働者派遣の許される対象業務は，何度も改正を重ねるなかで，複雑なルールとなっている。とりわけ，いくつかの例外を除き派遣労働を原則的にあらゆる業務に解禁した1999年改正と最近の2004年改正は重要である。

　(i)　派遣労働の利用が禁止されているのは港湾，建設，警備（4条1

項)の他，医師等の医療関係業務であるが，医療関係については社会福祉施設の医療関係業務に限って許容されている(後述の紹介派遣は禁止)。反対に病院など医療機関への派遣は紹介派遣に限って認められている(4条2項3号，施行令2条)。

(ii) 派遣法の制定が，専門的業務については，企業と労働者の双方に特定の企業に所属しない働き方へのニーズが高く，横断的労働市場を期待できる，正規労働者への悪影響も小さいなどの理由であったことから，当初は，コンピュータのシステムエンジニアやオペレーター，翻訳・通訳，ツアーコンダクター，財務や文書のファイリングといった専門的職種，または就業形態，雇用形態の特殊性から特別の雇用管理を必要とされるビルの清掃やメンテナンスなど13業務に限るポジティブリスト方式から出発した。この専門的業務のカテゴリーは現在も維持されているが，その範囲はその後の改正で徐々に拡大され，現在26業務となっている。

派遣期間も，当初は常用労働者に取って代わることがないよう1年に限られていたが(26条2項，昭61年労告38号)，1999年改正で3年となり，2003年改正で期間の制限は撤廃された(40条の2，施行令4条)。同様に，常用雇用に取って代わる(常用代替)心配のない，育児・介護休業取得者の代替要員についても派遣期間の制限はない(40条の2第1項)。

(iii) ところが1999年の改正で，例外的に禁止される対象業務を定めて，それ以外は原則自由とするネガティブ方式へと転換した。その理由は，一時的業務の増大や病欠者の代替業務などの一時的・臨時的業務(テンポラリーワーク)に対応するため派遣労働を認めているILO181号・民間職業紹介事業所条約を批准するためと説明され，臨時的事由に限定しない代わりに派遣期間を1年に限定する「1年ルール」が定められた。この2つめのカテゴリーは，2003年改正で派遣期間3年までに延長され，1年を超えて受け入れる場合には，導入にあたって派遣先事業所の過半数組合または労働者の過半数代表者の意見を聴いて派遣期間を定めることとなった(40条の2第2・3・4項)。同時に，これまで禁止されていた製造現場への派遣労働も認められることになったが，反対の声があったことを考慮して改正法施行から3年間(2007年2月まで)は1年に限るとされた。

(iv) これに加えて2003年の改正では，派遣先への職業紹介を目的とした

「紹介予定派遣」を許容し（2条6号），この場合に限っては，雇用するわけではない派遣先が労働者を事前に特定する行為を禁じていた労働者の事前面接を認めることとされた（26条7項）。

(c) 三面的労使関係　派遣元が派遣先と締結する派遣契約のなかで，派遣労働者が従事しなければならない労働の枠組み（業務の内容，就業場所，就業時間など）が定められると（26条），派遣先はその範囲でのみ派遣元から労務指揮権の行使を委ねられるに過ぎない。派遣元，派遣先はそれぞれ「責任者」を選任して，この趣旨を徹底しなければならない（36条・41条）。この仕組みを守るために，当事者にさまざまな努力義務や行政への報告義務を課し，さらに行政の監督権限が定められている。

ILO181号条約の批准とともに派遣労働者のプライバシー保護に関する規定が新設された。実際，登録されていた派遣労働者の個人情報を派遣事業主の社員がインターネット上に流してしまう事件が発生するなど，その必要性は高まっていた。派遣元は労働者の個人情報について業務に関連する範囲内でしか収集，保管，使用してはならず，適正に管理するための措置を義務付けられている（24条の3）。

労働契約の当事者は派遣元であり，採用と解雇，就業規則の作成，三六協定の締結，労災保険やその他の社会保険など，派遣元がその責任を負うことになっているが，例えば就業規則や三六協定の締結など，労働力を自ら利用しない派遣元に要求しても実効性が期待できるかどうか疑わしいものもある。反対に，派遣先が使用者らしく振る舞っても，使用者としての違反責任を問う規定は用意されていない。もっとも99年改正に際して，弊害の多かった，派遣契約の締結に際して，派遣先が派遣労働者を特定する行為をしないように努めなければならないとされ（26条7項），さらに派遣労働者に対するセクハラ防止責任を派遣先にも負わせるなどの規定が設けられた（47条の2）。

派遣先は，基本的には使用者ではない。しかし派遣契約の解除が事実上解雇と同様の結果をもつことから，労働者の国籍，信条，性別，労働組合活動などを理由とする解除を禁止し（27条），さらに派遣契約を途中で解約する場合には派遣元に30日前に予告するか派遣労働者の賃金の30日分に相当する損害賠償額を支払うことが求められている（「派遣先が講ずべき措

置に関する指針」平15・12・25厚労告449号）。また就労の場で生じる労基法の保護規定の遵守については労基法上の使用者として責任を負うこととなっている（44条2項）。これとの関連で，就労条件に関する事項について，派遣先に使用者として団体交渉に応じなければならない（労組7条2項）とした判決があることは注目に値する[15]。

　(d)　派遣先の直接雇用義務　　注目に値するのは，派遣労働の範囲や期間制限緩和が進む一方で，これらに違反して派遣労働を継続利用する派遣先に直接雇用の責任を負わせる規定が設けられていることである。派遣労働の原則自由化への転換時に導入され，2003年改正法で強化された。

　この制度は，①派遣期間に制限が設けられている業務に継続して1年間派遣労働者を受け入れながら，同一業務に労働者を雇い入れようとする場合には派遣労働者の申出があれば雇用する努力義務と（40条の3），②期間制限が撤廃された業務に，3年を超えて同一業務に同一派遣労働者を継続して使用し，その業務に労働者を雇い入れようとする場合は，派遣労働者に対して雇用契約を申し込む義務（40条の5），ならびに，③最長3年の範囲内で定められた期間が満了し，派遣元から派遣しない旨の通知を受けながら，派遣先が継続して使用しようとするときは派遣労働者に雇用契約の申込みをしなければならない（40条の4）という3つの場合からなっている。①，②は，派遣労働者が担当していた業務に新たに労働者を雇用する場合で，①は努力義務に過ぎない。②と③の義務違反に対しては，厚生労働大臣の指導，助言（48条），これに従わなかった場合には勧告と企業名の公表（49条の2）が予定されているが，私法上も労働者の継続就労による黙示的契約の成立を認める考え方も主張されている。

　(e)　正規労働者への悪影響の防止　　派遣労働者が正規労働者に取って代わることを防止するため，いくつかの規定が設けられている。既に述べてきた労働者派遣契約の期間の制限（26条2項）がその観点から設けられたものであるが，その他に，特定企業のみへの派遣を目的としたいわゆる第二人事部的派遣事業の禁止と労働大臣の変更勧告（7条1項1号・48条2項），そして派遣元の業務に従事している正規労働者を派遣労働者に転換

---

　[15]　朝日放送事件・最三小判平7・2・28労判668号11頁

派遣労働者の保護の仕組みを図式化すれば以下のようになる。

Pause 15 労働者派遣に関する規制

派遣元会社の講ずべき主な措置は
① 派遣労働者の希望と能力に応じた就業機会及び教育訓練機会の確保等福祉の増進に努めること。
② 派遣先で派遣労働者の適正な就業が確保されるよう配慮すること。
③ 派遣労働者として雇い入れる場合にその旨の明示をすること（新たに労働者派遣の対象とする場合には、明示し、同意をえること。
④ 派遣先における就業条件をあらかじめ、かつ、書面で派遣労働者に明示すること（やむをえず口頭で明示した場合も、派遣労働者が請求したときは派遣期間が一週間を超えるときは事後でも必ず書面で明示すること）。
⑤ 派遣責任者を選任すること（事業所ごとに、かつ適用対象業務のまとまりの区分及び派遣労働者100人ごとに１人以上）。
⑥ 派遣労働者ごとに派遣先の事業所名、派遣期間、従事する業務等を記載した派遣元管理台帳を整備すること。
⑦ 派遣労働者の個人情報を適正に管理すること。

派遣先の講ずべき主な措置は
① 業務の内容、指揮命令する者に関する事項、派遣期間、就業の場所、就業日、始業・終業時刻、可能な時間外労働時間数、休憩時刻、安全・衛生に関する事項、先責任者・先責任者を定め、書面に記載しておくこと。
② 派遣期間は、労働大臣の定める期間を超えてはならないこと（専門的業務と建築物の清掃・設備運転、博覧会場の案内・受付等には制限なし）。
③ 海外派遣の場合は、更に、派遣先責任者の選任、派遣先管理台帳の記載事項などについて書面で定め、派遣元に交付すること。

派遣元会社
← 労 働 契 約
雇 用 関 係 →

（派遣元会社が責任を負う事項）
① 労働契約
② 賃金（時間外等の割増賃金を含む）
③ 変形労働時間の定め、時間外・休日協定の締結
④ 年次有給休暇
⑤ 産前産後休業
⑥ 災害補償
⑦ 就業規則
⑧ 一般健康診断（定期健康診断）等のための衛生管理体制
⑨ 雇入れ時安全衛生教育

労働者派遣契約

労働基準法等の使用者責任

（派遣先が責任を負う事項）
① 労働時間、休憩、休日、深夜業
② 育児時間
③ 生理日の就業が著しく困難な女性に対する措置
④ 健康生管理体制（一般的健康管理）
⑤ 労働者の危険又は健康障害を防止するための措置

派遣労働者

指揮命令関係 →

派遣先

派遣先の講ずべき主な措置は
① 労働者派遣契約の定めに反することのないよう適切な措置を講ずること。
② 派遣元会社との緊密な連携の下に苦情の適切かつ迅速な処理を図ること。
③ 派遣労働者の国籍、信条、性別、社会的身分、派遣労働者が労働組合の正当な行為をしたこと等を理由として、労働者派遣契約を解除してはならないこと。
④ 派遣先責任者を選任すること（事業所ごとに、かつ派遣労働者100人ごとに１人以上）。
⑤ 派遣労働者ごとに、就業日、就業した日の始業・終業時刻、派遣先責任台帳を整備すること、１ヵ月に１回以上一定の事項を記載した派遣元会社に通知すること。
⑥ 派遣労働者に対するセクシュアルハラスメントについて防止する義務を負うこと。
⑦ 一定の要件の下に、直接雇用の義務を負う。

するには当該労働者の事前の同意を必要とする（32条2項），といった規定がそれである。

4　業務処理の請負

独立した事業主が，業務処理を請負契約によって処理する場合には，派遣事業のような対象業務の制限がなく，法の規制もまったく存在しないことから，労働者派遣の実態をもっているにもかかわらず名目だけ請負契約の名称を用いて，法の適用を免れようとする「偽装請負」が少なくない。

そこで業務請負といえるためには，労働者の労働力を自ら指揮監督し，請け負った業務を独立して処理する実態を備えていることなど，両者の区分に関する基準が定められている（昭61・4労告37号）。

この基準を満たさないのに業務処理の名目で派遣事業を行った場合には，労働者派遣法違反として処罰されることになる（59条。1年以下の懲役又は100万円以下の罰金）。

5　外国人労働者

外国人の入国と就労の許可は，法務省の所管する「出入国管理および難民認定法」（いわゆる入管法）によって行われているが，就労の許可は，日本人や永住者の配偶者と子供，ならびに日系移民の2世，3世に3年間の就労目的に制限のない特例が認められていることを除けば，専門的技術や技能あるいは海外進出企業の企業内転勤などの場合（合計27種類の在留資格を定めている）に限られ，単純労働については原則として認めない方針がとられ，一定の要件のもとで技術・技能習得のための「研修」（雇用ではない）と，その後2年間の「技能実習制度」という名の雇用だけが認められている。そして違反には，本人に対する処罰と強制退去処分が規定されているだけでなく，使用した雇用主とあっせんした業者も処罰されることとなっている（入管73条の2。不法就労助長罪3年以下の懲役もしくは300万円以下の罰金，またはその併科）。専門的・技術的分野には，教育，投資・経営，法律・会計業務，技術等とならんで，歌手やダンサーなどの興業も含まれていて，数も一番多い。このなかには，売春目的の女性の入国も含まれているとみられており，そのため刑法改正によって「人身売買罪」が新

設された（226条の２）。

　日本で働いている外国人労働者は，統計的に把握できるだけでも，およそ79万人と推定されている。合法的就労が57万人，入国管理局の把握している不法残留者が22万人であるが，この他にも把握できない不法入国者等の外国人労働者や研修者は含まれていないから，実際にはさらに多くの外国人が働いていることになる（厚生労働者「外国人労働者の雇用管理の在り方に関する研究会報告書」2004年）。

　外国人労働者に対しても，合法就労・不法就労の如何を問わず労働法が適用されることに違いはない。現に業務上災害に対しては，不法就労であるかどうかにかかわらず労災補償給付がなされているし，労災事故に対する損害賠償請求も認められているが，賃金を基礎とする稼働利益の算定にあたっては，予測される日本での就労期間を３年間とし，その後は出身国の賃金額によるとされている[16]。また未払賃金や解雇予告手当の支払いなどの労働相談に取り組む自治体，ボランティアの救援組織，労働組合や弁護士などの運動も増えてはいる。しかし，不法就労であることが分かれば強制退去処分になりかねないという状況下で，違法行為の多くは泣き寝入りに終わっているのが実情であろう。それどころか，人身売買まがいの不法なあっせん，賃金のピンハネ，パスポートを取り上げての強制労働や売春の強要など，わが国から絶えて久しいと思われていた労働慣行が横行している事実は，マスコミの伝えるところである。

Pause 16　**外国人労働者数の推移**

　わが国で働く外国人労働者の数は年をおって増加する傾向にある。さらに最近では，少子・高齢化の進行とFTA（自由貿易協定）交渉のなかで開発諸国から農産物とならび労働力の受入れを求める声が高くなっていることから，現在の受入れの範囲を拡大すべきだとの意見が強く出される一方で，雇用における差別的処遇，教育問題から住環境，犯罪対策に至るまで，受入れ態勢が整わないまま単純労働者を受け入れることには抵抗も強い。

---

[16]　改進社事件・最三小判平９・１・28労判708号23頁

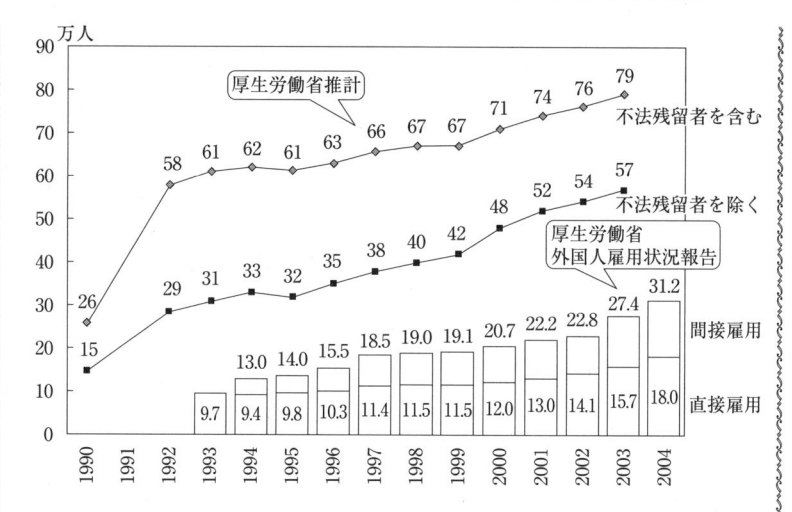

(注) 厚生労働省研究会推計の外国人労働者は、「外交」、「公用」、「研修」及び「永住者」(特別永住者を含む。)以外の外国人が対象。外国人雇用状況報告も同様。
　厚生労働省推計：不法残留者以外の不法就労も相当あるがこの推計結果には含まれていない。
　外国人雇用状況報告：従業員50人以上規模の事業所については全事業所、また、従業員49人以下規模の事業所については一部の事業所(各地域の実情や行政上の必要性に応じて選定)を対象に、公共職業安定所が報告を求めているもの。間接雇用とは労働者派遣、請負等により事業所内で就労しているもの。
(資料出所：厚生労働省「外国人労働者の雇用管理のあり方に関する研究会」資料(2004.1.16)他(原則、年末現在)厚生労働省「外国人雇用状況報告」(各年6月1日現在))

第3節　労働契約の展開

1　労働契約の特質

　労働契約は「労働」と「賃金」の交換を内容とする有償・双務契約であるが、それにとどまらず、労働者の職業生活を構成する多様な権利と義務の束から成り立っており、そして、それら権利と義務の内容については、通常、就業規則によって包括的に定められている（第8章「就業規則と懲

戒」115頁以下を参照)。

　最初に労働契約の特質を指摘すると，次のようになる。
　①　果たさなければならない仕事は，使用者によって決定され命令されるのであって，決して労働者の好みのままに遂行できるわけではない。もちろん，研究開発のように労働者の大幅な裁量に委ねられるものから，細かなマニュアルに従うことが求められるものとでは，労働時間の管理や賃金の決め方に大きな差があるとはいえ，いずれにせよそれが使用者によって管理され決定されるものであることに違いはない。この労働の他律性，あるいは労働の遂行過程における人的従属が資本制労働の特質に由来するものであることはいうまでもない。
　②　労働者の義務の中心をなす「労働」は，労働者の人格的行為にほかならない。その業績はクリエイティブな労働ほど労働者の意欲に左右されるだけに，一方では，仕事への意欲を高めるための労働者の自主性を尊重したさまざまな人事管理の手法が開発されているが，他方では，労働者への指揮命令の形をとりながら，労働者の心理や内面への行き過ぎるほどの干渉を含む全人格的管理にまで及ぶことも少なくない。
　労働関係の人格的信頼関係が強調されると同時に，労働者の名誉やプライバシーなどの人格権侵害からの保護の必要性が認識されているのはそのためである。
　③　労働者は労働契約によって実際には企業に所属しその一員として働くことになる。労働は一人孤立して行うものではなく，多かれ少なかれ同僚との協力と上司の指示の下でさまざまな組織体の服務規律に従って行われる。また企業は社会的実態としてみれば一個の組織体であって，営業譲渡や合併，分割などの組織変更にあたってそこで働く労働者を含めた承継が行われることになる。
　④　労働契約は，また継続性をもっている。正規労働者に対するこれまでの終身雇用慣行によってつくられたイメージという側面だけではなく，雇用の安定という要請に応えてくれるからである。雇用形態の多様化による非正規雇用の広がりとともに相対化を免れないとはいえ，キャリアの蓄積，労働意欲の向上，労使の信頼関係の保持など，いずれの点からも労働契約の継続性を否定することはできない。

2 労働契約の権利と義務

(1) 多様な権利と義務

労働契約によって生じる権利と義務の束は、①労働者の「使用者の指揮命令下で行われる労務提供義務」と、それに対する使用者の「賃金の支払義務」という基本的権利・義務と、②使用者の指揮命令下で他律的・組織的労働に従事することから生じるさまざまな付随的な権利・義務とに分類されている。労働者にとって最大の関心事である賃金や労働時間、雇用の確保（解雇制限）、職場規律と懲戒などについては、それぞれ別個の章で取り上げることとなっているので、ここでは労務提供とそれに伴う付随義務、ならびに労働者が職務遂行の過程で生み出した発明（職務発明）や著作物に関する権利の取扱いについて述べることにする。

(2) 労務指揮権

(a) 労務指揮権とは何か　労働者が従事しなければならない労働の内容（職務）は、一般的にいえば、契約によって定められる。しかしそうはいっても、実際に、何をどういう方法で生産し、販売するかに関する決定は経営に責任をもつ使用者によって行われるのであり、労働者は企業組織の一員として組み入れられ、与えられた職務を階層的な企業秩序の中で遂行することにならざるをえない。

民法が雇用契約に与えている使用者の「労働に従事すること」（民623条）という定義は、対等な労使の契約によって、しかし実際には、このような指揮命令下での他律的労働に従事することになる資本制労使関係の性格を言いあてている。

(b) 労務指揮権の限界　もちろん労務指揮権は、労働者に全人格的服従を要求できるとか、白紙委任状的にどのような業務を命じてもよいといった意味に理解されてはならない。

一般論としては、契約に根拠をおき、かつ契約で定められた範囲内での労務提供を命じることができるに過ぎない。ただ契約で定める範囲といっても、通常就業規則では、包括的・一般的な定めがおかれることが多く（フレキシブルに対応できるように半ば意識的に）、その分だけ労務指揮権の範囲は広くなる。意思解釈にあたって、雇用慣行や平等原則などの助けが必要とされる理由もそこにある。

注意すべき点をあげると，

① 職務専念義務といわれるものも，職務遂行に通常必要な注意力を怠るな（債務に履行にあたっての善管注意義務）という以上のものと考えられてはならないし，まして私的事項への干渉を意味するものでもない。勤務時間中のリボンの着用は使用者に対する「服従の心理構造」と相容れないから職務専念義務に反する[17]といった前近代的観念とは本来的に異質である。

② 労働者が従事すべき業務の内容および勤務地も，契約によって定まる（労働契約締結に際しての明示事項である）。しかしたとえば，総合職には企業の業務全般を経験させるとの方針から配転と単身赴任を含む転勤が予定されているし，最初に配属された部署から移動しないということが，しばしば単純・補助職務にとどめられるのと同じ意味をもっているように，契約による特定は事実上難しい。それでは，あとは包括的合意を理由に白紙委任状的労務指揮権の行使でやむを得ないのかという問題こそ配転・出向のテーマである。

③ 配転・出向が業務範囲の外枠をどこまで契約で限定できるかの問題だとすれば，仕事の手順や方法，そこから算出される要員数といった労働そのものに関わる事項は，労働の効率ないし密度を決定するものだけに重要な意味をもっているが，個別労働者との契約にはもっと馴染みにくく，せいぜい労働協約による規制を期待できるに過ぎない。

そして実際には，標準作業，提案制度やZD・QC運動，あるいは目標管理など，もっぱら人事，労務管理の分野に委ねられている。

④ 法令に反するものであってはならないのは当然として（例えば三六協定が存在しない場合の残業命令のような），労務指揮権の行使は，労働者の生命，健康，安全への危険や精神的人格価値を侵害する場合のように，労働者の人格権保護の観点から権利濫用の評価をうけることがある。例えば，危険地域への出航命令の効力を否定した全電通千代田丸事件[18]，精神修養のためと称する特定の宗教行事への参加を強制してはならないとした宇部

---

[17] ホテルオークラ事件・東京地判昭50・3・11労旬880号74頁

[18] 最三小判昭43・12・24民集22巻13号3050頁

コンクリート事件[19]，教育訓練の名で2日間にわたって就業規則の書き写しを命じた行為を人格権を侵害する違法な行為としたJR東日本事件[20]などがそれである。

(3) 労働契約上の付随義務

(a) 法的性質　労務提供と賃金の支払いにとどまらないさまざまな権利と義務は，付随義務の名で呼ばれている。労働者には，使用者によって組織された企業組織の一員として働くことに伴って，企業の円滑な運営を損なうことのないよう協力する義務があり，使用者は，労働者の人格的能力の発露を意味する労働力の利用にあたって，労働者の人格保護の義務を負うとの考え方にもとづくものである。

かつてドイツ労働法では，労使関係は特殊な人格法的共同体であり，労使は相互に本質的でもっと包括的な忠誠と配慮を義務づけられる関係にあると説明され，同様の考え方は，もともとドイツ労働法の継受から出発したわが国にも強い影響力をもった。しかし，この考え方は，労使関係を特殊な共同体とみるイデオロギーと結びついてきたことへの反省と人格の尊重という第2次大戦後の法思想の転換のなかで急速に力を失うこととなった。そして今日では，「労働」と「賃金」にとどまらないさまざまな権利と義務の多くは労働契約に付随する義務であり，私法一般を支配する信義誠実の原則（民1条2項）が労使関係の特殊性に合わせて具体化されたものと理解されている。

(b) 労働者の付随義務　労働者の付随義務の主たるものは，企業組織の一員として働くことに伴って，企業の目的や円滑な運営を損なってはいけないとの要請からくるもので，通常，①職場ないし企業秩序の遵守，②職務上知り得た企業秘密の保持，③場合によっては，兼業禁止，さらに退職後を含む競業避止，④ことさら企業の社会的信用や名誉を損なってはいけない，といったものがあげられている。

これらのなかには，労働者の私的生活や退職後の職業選択の自由ないし職業的人格権を侵害する虞れのあるものも含まれているだけに，制限がど

---

[19]　名古屋地判昭38・4・26労民集14巻2号668頁
[20]　JR東日本事件・最二小判平8・2・23労判690号12頁

こまで許されるかの判断は慎重でなければならない。また違反に対して懲戒処分が予定される場合には，就業規則上の規定がなければならないことはいうまでもない（懲戒に関する箇所で説明する。126頁）。

　退職後を含む競業の禁止，あるいは競業他企業への就職を就業規則や特約で禁止するところは少なくない。企業の開発競争が激化し，他方，技術者を含む労働市場の流動化が進んでいるだけに，莫大な開発費をかけたノウハウが漏れることを恐れる企業にとって深刻な問題であり，不正競争防止法による保護も図られているが，労働契約上も，退職金の不支給・減額といった間接的抑止策の当否，使用者からの損害賠償あるいは労働者の就労の差止めが認められるかどうか争われている。労働者の職業選択の自由ないし職業的人格権にかかわるだけに，両者の権利調整が必要となる。差止めを認めたフォセコジャパン事件[21]，反対に，これを否定した東京リーガルマインド事件[22]，退職後の競業行為によって受けた損害の賠償請求を認めた東京学習協力会事件[23]など，注目すべき判決が少なくない。

　(c)　使用者の付随義務　　使用者の付随義務の主たるものは，使用者によって設営された企業施設で，かつ使用者の指揮命令下で労働に従事することから生じる労働者の人格侵害の虞れを取り除くことにかかわっており，①労働災害や職業病の発生を防止する安全配慮義務[24]，②セクシャルハラスメントを防止する職場環境整備義務[25]，③労働者の職業的能力の発展（職業的人格）にとって重要な意味をもつ労働の受領義務などがそれである。

　使用者の労働受領義務は，労働者には労働契約上，賃金のみならず現実の就労を求める権利があるのかという就労請求権の問題として議論されている。一般的な契約理論に従えば，使用者は「賃金の支払い」について義務を負うだけで，「労務の提供」については権利ではあっても受領の義務ま

---

[21]　奈良地判昭45・10・23判時624号78頁
[22]　東京地判平7・10・16判時894号73頁
[23]　東京地判平2・4・17労判581号70頁
[24]　自衛隊八戸駐屯隊事件・最三小判昭50・2・25労判222号13頁
[25]　福岡セクシャルハラスメント事件・福岡地判平4・4・16労判607号6頁

で負うわけではない。しかし，労働者を理由なく労働の場から隔離してしまう措置が一種のみせしめ的効果を意図して行われるのは，それが労働者にとって精神的苦痛であるだけでなく，職場の仲間や家庭・地域といった社会での人格的評価・名誉の毀損を意味し，さらに職業的能力の発展につながる機会を奪うことになるからである。

　ドイツの判例が，労働者人格権についての使用者の配慮義務を根拠に，一般的に使用者の労働受領義務を肯定するのに対して，わが国では肯定する判例が例外的で[26]，せいぜい労働の継続に特別の利益が認められる職種に限って例外的に認められているに過ぎないのが現状である[27]。

(4) 労働者の職務発明と職務著作

(a) 労働者の職務発明　　自動車や電気製品の組立作業に従事している労働者，あるいは金属加工で精巧な金型をつくっている労働者も，出来上がった完成品に所有権を有しているわけではない。しかし，研究・開発に携わる労働者が職務遂行の過程で生み出した発明（職務発明）に関する権利は労働者に専属し（発明者主義），使用者はそれを利用することが出来るに過ぎないとされている（通常実施権）。そこから，労働者が職務と関係なしに成し遂げた発明（自由発明）については，事前の契約や勤務規則等で企業に特許権の承継や独占的利用権（専用実施権）を設定していても無効であり，職務発明の場合には，同様の方法で，企業に特許権の取得や承継，専用実施権の設定をすることは出来るが，その場合には「相当の対価の支払」を要することとされている（特許35条）。高度の精神的活動の営為から生まれた創作物については，人格の発露として特別に取り扱われているわけであるが，これは，デザインや実用新案の考案あるいは植物の新品種の開発についても同様である（意匠15条3項，新案11条3項，種苗8条）。

　もっとも，職務遂行の過程での発明は，通常，開発プロジェクトチームの成果という性格をもっていて，プロジェクトは複数の参加者からなり，必要な施設や資材，そして研究費はもちろん，場合によっては研究テーマ

---

[26] 例えば高北農機事件・津地上野支決昭47・11・10労判165号36頁

[27] レストランスイス事件・名古屋地判昭45・9・7労経速731号7頁

も会社から与えられることがある。また発明を商品に具体化し利益に結びつけるためには，商品企画や宣伝，販売といった別個のプロセスを必要とする。こういう事情もあって，わが国の企業では，開発に携わる研究者の発明に対してわずか数万円，多くても数十万円の報奨金を支給する程度というのが普通であった。少ない報奨金の代わりに，昇進，昇格といった長期的な人事処遇で充分報いているという考え方もあろう。しかし，そのことが研究者の開発意欲を阻害してきたことも否定できない。そして，労働力の流動化が進み，成果主義的処遇へと傾斜するなかで，研究開発に参加し成果をあげた労働者から，職務発明に対する「相当の対価の支払」(特許35条3項) を受けていないとして裁判に訴えるケースが相次ぐこととなった。

　判決は少なくないが，特許法の規定は強行法規であるとして，いろんな名目（出願補償，登録補償，実績補償など）で支払われている報酬が「相当の対価」として十分でなければ，不足額について支払いを求めることが出来るとする[28]。相当の対価とは，発明によって企業が得た利益に対する労働者の寄与分を意味するが，それを具体化するための算定方式が存在しているわけではない。一般的に言えば，特許の排他的・独占的実施によって企業が得た利益（自社による製品化や他社へのライセンス契約などによって得られた利益など）と，会社の負担と貢献度（研究開発や製品化，販売などに要した費用，他の研究参加者の人件費など），さらにその労働者に対してなされた処遇などの事情を考慮して決められるが（特許35条5項），オリンパス事件では，企業が得た利益（5,000万円）について，それぞれの貢献度を企業95％，労働者5％（250万円）と計算されている。

　青色発光ダイオードを開発した研究者から，特許権の帰属とそれが認められなくとも相当の対価として200億円の支払いを求める訴訟が提起され，労働者の貢献度を半分（600億円），200億円をその一部請求として認める判決が現れて衝撃を与えた[29]。対価の高額化は企業の基盤を揺るがしかねないことを危惧する産業界からの要望もあって特許法が改正され，第1次

---

[28] オリンパス光学事件・最三小判平15・4・22労判846号5頁
[29] 日亜化学事件・東京地判平16・1・30労判870号10頁

的には，対価の基準を決定するにあたって，手続的に十分な労使間の協議を経て行われ内容的にも不合理なものでないような労使の合意を尊重し，この要件を満たしていなければ従来の基準によって裁判所で判断することとされた（同条4項・5項）。

(b) 職務著作　労働者が使用者の指示に従って職務上作成する著作物で，使用者の名義で公表されるものについては，作成時における契約や勤務規則等に別段の定めがなければ，その著作権は使用者に帰属する（著作15条1項）。プログラムについても同様となっている（同条2項）。職務発明の場合に比べて，原則と例外が逆になっている理由について，判例では「指揮監督下における職務の遂行として法人等の発意に基づいて著作物を作成し，これが法人等の名義で公表されるという実態があることにかんがみて」と説明されているが[30]，発明の場合に比べて，創造性において相対的に低いとの考えによるものであろう。

3 配置転換と出向
(1) 意義と機能

(a) 配転・出向の定義　配置転換（配転）は同一企業内における人事異動を意味し，職種内容の変更（職種転換）ならびに勤務地の変更（転勤）の双方を指している。これに対して出向は，企業の範囲を超えて行われる人事異動であり，通常は，それまでの企業（出向元）の従業員としての地位を維持しながら他企業（出向先）の指揮下に入って働く在籍出向の形がとられるが，従来の企業との雇用関係を解消し異動先の企業に新たに雇用される場合は移籍出向または転籍と呼んで区別している。

(b) 配転・出向の機能　配転や出向はさまざまな目的で運用されている。目的や機能の違いによって法的性質を異にするわけではないが，就業規則で配転や出向を命じることができるといった包括的規定を定めておけば，どのような目的をもつものであっても業務命令で処理できるというわけにはいかないことを教えてくれる。

---

[30]　エーシーシープロダクション製作スタジオ事件・最二小判平15・4・11労判849号23頁

① 将来の昇格や昇進へのプロセスとして行われる配転・出向は，いわばキャリア形成型といってよい。わが国の継続的雇用慣行を支えてきたOJT（on the job training）による企業内熟練の形成は，定期的人事異動の形をとるこの種の配転によって運営されてきた。

そして，事業部門の独立や分社化，別会社方式による異業種分野への進出，そのうえでの企業のグループ化や系列化といった複雑な企業形態が進行することになると，この種の人事異動は同一企業の範囲を超えた出向の形をとることになる。

② 新技術の導入がしばしば古い職種を駆逐してしまうことは，自動電話方式の普及による電話交換手や新聞の編集・印刷部門へのコンピュータの導入による伝統的な活版印刷労働者が遭遇することになった事態に示されている。いずれの場合にも，職種転換による雇用の確保が課題であった。

③ 配転や出向は，また生産の減少や海外移転に伴う工場の統廃合，あるいは特定部門からの撤退などによって雇用調整を余儀なくされた場合に，希望退職，整理解雇を避け雇用を確保するための手段としても用いられる。重化学工業からサービス化・ソフト化へと産業構造の変動が進むなかで，大企業を中心に広く採用された方法であった。

(2) 配転の法的構成

(a) 出発としての契約説　労働者が従事すべき業務内容と勤務地は，労働契約締結時に明示しなければならないとされていることからも分かるように（労基15条），労働契約の重要な要素である。したがって職種転換や勤務地の変更が契約で定められた契約の範囲を超えて行われる場合には，同時に契約内容の変更を意味し，労働者の同意なしに使用者が一方的に命じることはできないこととなる。このように，使用者の配転命令権を労働契約によって取得する労働力の処分権能であり，契約で定められた範囲内での労務提供義務の履行を求めるものに他ならないとみる考え方は労働契約説と呼ばれ，かって配転命令は経営権の一部で経営者の専権事項であるとの主張（経営権説）に代わって，今日の支配的見解となっている。

しかし，本当の問題はそこから先にある。わが国の労使関係の実情では，非正規雇用や余程特別な職業資格が必要とされる専門職種を除けば，契約締結にあたって職種と勤務地の範囲を明確に特定することは，まずなされ

ていないといってよい。総合職に対する配置転換の取扱いに代表されるように、あらゆる業務を経験させ単身赴任もやむをえないような遠隔地転勤を最初から予定するか、もっと一般的に配転を命ずることができる旨の規定を就業規則に定めておいてあらゆる事態に備えておこうという企業が多い。

　同じ契約説とはいっても、この種の規定があれば労働者の同意として十分であとは使用者の配転命令権に委ねられているというのでは（包括的合意説）、先の①から③まで多様な目的をもつ配転のどれなのか、労働条件はどうなるのかほとんど分からないまま、しかも入社の時点で、将来遭遇するかも知れない職業生活の命運を、白紙委任状的に使用者に委ねてしまうに等しい。これでは経営権説に代わって何のための契約説かと問わなければならないであろう。

　(b)　合理的意思解釈の必要性　　配転に関して、どの範囲で合意がなされているとみるのかは、労働契約締結の際の事情、当該企業の人事慣行、新旧職場の労働条件、当該配転が将来のキャリアに結びつくものかどうかといった諸事情を総合的に判断しながら合理的に契約内容を具体化していく以外にない。

　一般的にいってキャリア形成を損なうような、特定の専門的資格と結びついた職種（看護師や電話交換手など）、これに類する熟練職種からまったく異質な職種への転換は契約の範囲を超えるといってよいであろう[31]。

　先に述べた②や③の機能をもった配転は、雇用の確保のための施策としての性質をもつものではあるが、業務命令違反を理由とする懲戒処分の対象として取り扱うのにはふさわしくない。もしこれを拒否すれば普通解雇もやむをえないというのが限度と考えるべきであろう。

　(c)　法令違反と配転権の濫用　　労働契約の範囲内であっても、配転命令が、差別的意図（労基3条）や組合対策の手段として（労組7条）用いられてはならないのはもちろんのこと、権利の濫用にあたる場合にも、違法・無効としてその効力を否定される。

---

[31]　養成工出身作業員の勤労・人事課への配転を契約の範囲を超えるとした日野自動車事件・東京地判昭42・6・16労民集18巻3号648頁

労働契約の範囲を超えるとの判断が実際には難しいだけに，権利濫用法理の機能する範囲はそれだけ広くならざるを得ないのが実情となっている（とくに包括的合意説を採用する多くの判例の場合は，ほとんどこれに頼らざるをえなくなる）。権利濫用の成否の判断は，当該配転を必要とする企業側の事情と，労働者側に生じる労働条件や職業上の不利益ならびに私生活に与える悪影響とその程度など諸般の事情を総合的に考慮して行われる利益衡量的性格をもっている。

親の介護，共働き，育児などの事情から単身赴任にならざるをえないような転勤命令が権利濫用にあたるかどうかは，企業と家庭のバランスをどこでとるかという最も今日的問題である。最高裁は，単身赴任を余儀なくされる家庭の生活上の不利益を理由に配転命令を拒否して懲戒解雇処分となった東亜ペイント事件で，業務上の必要性がない，不当な動機・目的でなされる，その他労働者に「通常甘受すべき程度を著しく超える不利益を負わせる」場合には権利濫用にあたるとの見解を示して，労働者の訴えを退けた[32]。また，長時間通勤を余儀なくされる営業所への転勤を保育園に通う子供がいることを理由に拒否した女性に対する懲戒処分のケースでも，通常甘受すべき程度を著しく超えてはいないという[33]。しかしその後，育児・介護休業法で，就業の場所の変更にあたっては育児・介護が困難となる労働者の状況に配慮しなければならないとの規定が設けられ（26条），判例にも，総合職の女性に対する育児を理由とする転勤拒否の事例で，妻が仕事を諦めることでしか回避できない不利益は「通常の不利益」とはいえないとして権利濫用とするものが現れるなど[34]，状況に変化が見られるようになっている。

(3) 出向の法的構成

(a) 労働契約の一身専属的性格　　出向元に従業員としての地位を残しているとはいっても（在籍出向），法人格を別にする出向先企業で働く出向は，労働者の同意なしに使用者が一方的に命じることはできないと理解

---

[32] 最二小判昭61・7・14労判477号6頁

[33] ケンウッド事件・最三小判平12・1・28労判774号7頁

[34] 明治図書出版事件・東京地決平14・12・27労判861号69頁

されている。労働者の人格的能力の発露を意味する労務の提供を，使用者の承諾なしに第三者に代わってもらうことができないのと同様に，労働者にとっても誰の下で働くことになるのかは決定的に重要であり，民法でも（625条1項），雇用契約の一身専属性として確認されている[35]。

しかし出向に対する労働者の同意は，就業規則の一般的・包括的に出向を義務づける規定があれば足りるのか。ここでの問題も配転の場合と同様であるが，別法人であるだけに，労働条件が異なっていたり（先に述べた②や③の場合には，系列子会社への出向が多いため，労働条件の低下がむしろ一般的であろう），キャリアに繋がるのかどうか，さらには出向元への復帰の条件も定かでないなど，リスクはずっと大きいといわなければならない。

就業規則に出向中は休職扱いにするとの規定があるだけでは不十分であるのはもとより[36]，この種の規定から直ちに出向義務を導くことについては，配転のところで述べたと同様の問題点が一層強くあてはまるというべきであろう。判例も，採用時点から企業グループ内の人事異動が明示され，労働条件もほぼ同一となっていた①のタイプの出向については配転と同様に考えられるとして，その適用には慎重さが見られる[37]。

これに対して，出向先から出向元への復帰命令は原則に帰ることを意味するから特別の事情がなければ一方的にできるというのが判例であるが[38]，特定部門の別企業化に伴い復帰前の職種がなくなってしまう出向の事例であり，合理的事由の有無で判断する以外にない。

(b) 出向中の法的地位　　出向中の労働者の権利・義務は誰との間に生じているのか，労働条件はどうなるのかといった問題は複雑である。従業員としての地位は出向元に残っているものの，出向先の企業組織に組み入れられその指揮命令下で働くことになる法的関係は，二重の労働契約関係と呼ばれている。

使用者の権限と責任は，雇用についての基本的権利・義務は出向元が保

---

[35] 日立電子事件・東京地判昭42・3・31労民集17巻2号368頁
[36] 日東タイヤ事件・最二小判昭48・10・19労判189号53頁
[37] 興和事件・名古屋地判昭55・3・26労判342号61頁
[38] 古河電工原子燃料工業事件・最二小判昭60・4・5労判450号48頁

持するが，労働力の利用に伴う権利・義務は出向先に移転し，両者に分配されることとなる。例えば，出向先は再出向や雇用関係を終了させてしまう懲戒解雇はできないが，職場規律を維持するためにそれ以外の懲戒処分をすることは認められる。

　出向中の労働条件，賃金やその他の諸手当がどうなるのかは，出向に先立ち出向元使用者が示さなければならない事項である。実際に，誰がどの割合で賃金を負担するかは出向元と出向先の間で決定されることとなるが，出向先の労働条件が低い場合の差額は出向元によって補償されることが多い（とくに①の目的をもった出向の場合はそうである）。

　(c) 転　籍　　従業員としての地位も出向先に移ってしまう転籍は，出向元との合意解約と出向先への就職が併存していると考えればよい。合意解約は労働者の具体的・個別的意思によるべきで，使用者に一方的権限を委ねるような包括的な就業規則の規定に効力を認めることはできない。出向元との退職に同意した後，出向先での雇入れを拒否された場合には，前の退職は錯誤にもとづくものとして効力を否定される。

　転籍は，退職に近い労働者の再就職，あるいは②ないし③の目的をもつ場合が多く，後者では，数年間は在籍出向として取り扱うが（この間は低下した労働条件の格差分が補償される），その後は転籍に移行するといったものも少なくない。

4　企業組織の再編成と労働契約

(1)　企業組織の再編と法制の整備

　(a)　増大する企業組織の再編　　日本経済再生のためには「経済の構造改革」が不可欠という認識が広がるとともに，その手法として企業組織のドラスティックな再編を選択する企業が増大し，商法，経済法の分野でそれを後押しするための法改正が相次いだ。採算の悪い部分を切り離して将来性が見込まれる分野に経営資源を集中することで生き残りを図る企業，厳しい競争の中で他企業への身売りや統合に活路を求める企業，あるいは金融機関の大型合併に見られるように純粋持株会社の設立などの企業組織の再編成は，グローバルな経済競争のうねりのなかで，個別企業から国民経済レベルまで大きな変化をもたらしている。

もちろん企業組織の再編成は，別に新しい現象というわけではない。むしろ旧財閥系の企業グループに見られるように企業集団の総合的力によって高い競争力を発揮してきたわが国の企業では，系列子会社や専属下請の利用，さらには事業部門の独立による分社化など，さまざまな方法が活用されてきたといってよい。現在の企業再編に新しさがあるとすれば，企業グループ内ではなくその枠を超えて，あるいは外国企業による株式買収や業務提携など国際的企業レベルに広がり，そのためにこれまでよりもっとドライで迅速，果敢な方法が採用されている点にある。

(b) 企業組織の再編と法制の整備　企業再編を後押しするための法制の整備も，簡易合併制度の導入や持株会社設立を容易にするための株式交換・移転制度の創設（商法改正），会社の整理と再生手続の迅速化（民事再生法の制定），さらには純粋持株会社の解禁（独占禁止法の改正）など広範囲で進められた。そして2005年には，「会社法」が商法から独立する形で制定された（2007年4月施行）。

これまでの企業組織再編の方式は，事業統合の方法としての合併（旧商408条以下，会社749条以下）と，工場や機械などの物的資産にとどまらず知的財産から顧客などの無形の財産と従業員を含む有機的財産を一体として取引する事業譲渡（旧商245条以下，会社467条以下）が一般的であった。合併には，一方の企業が他方に呑み込まれる吸収合併と，新しい企業を誕生させる新設合併の場合があるが，法人格の合一化であることから，いずれの場合も合併以前の企業に属していた権利・義務は合併後の企業に包括的に承継されることになる。これに対して，事業譲渡にも，事業の全部を対象とし譲渡人は同一の営業を廃止してしまう全部譲渡と，譲渡後も残存部分は継続する一部譲渡の場合があるが，合併と異なり譲渡する事業財産の範囲は当事者間の合意によって決められることから特定承継と考えられている。

これに加えて，両者の中間に位置し，特定の営業部門の包括的承継を可能にする企業分割制度が新設された（旧商373条以下，会社757条以下）。これにも，分割された部門の営業を別会社として独立させる新設分割と，既存の会社が承継する吸収分割があるが，いずれも分割される部門に帰属していた有形・無形の有機的事業財産は一体として承継されることになる。

手続的には，合併に類似して，分割計画書の作成と株主総会の特別決議が必要とされ，異議を述べた債権者に対しては弁済や担保の提供が必要とされている。

(2) 企業組織の再編と労働契約の継承

(a) 合併・事業譲渡と労働契約の継承　　企業組織の再編成は，直接労使関係上の問題ではないというものの，雇用が受け継がれるのかどうか，労働条件は維持されるのかどうかなど，労働者にとって重大な関心事である。

企業合併は法人格の合一化であり，権利・義務は包括的に承継されると理解されていることから，合併前の使用者との労働契約は，合併後の承継あるいは新設会社に受け継がれることになる。もちろん合併を望まない労働者もいるであろうが，退職の自由は保障されているから問題は少ないと考えてよいであろう。反対に，合併によって過剰労働力を抱えることになったとか，労働条件を不統一のままにしておくわけにはいかないし，できれば低い方に統一したいと考える使用者もいるであろう。前者は，場合によっては希望退職者の募集や解雇といった問題に発展することもあるが，整理解雇の要件を満たすかどうかで判断されることになる。また後者の問題は，合併に伴う労働条件統一の必要性が労働条件切り下げの合理的理由になるかどうかで考えることになる[39]。

これに対して事業譲渡の場合には，譲渡される事業財産の範囲は当事者間の契約によって決めることが出来ると考えられているため，形式的には，事業財産は買っても，営業を支えてきた労働者はいらないという契約が結ばれれば，譲渡前に働いていた労働者は実質的に解雇されるのと同じ結果となるのに，解雇の必要性・相当性があったかどうかの解雇権濫用法理による司法審査の機会ははじめから存在しないことになる。全員について労働契約は承継しないことにし，譲渡前に働いていた労働者のなかから新規に採用する形をとって，面倒な解雇に伴う法的規制を回避したいという使用者がいても不思議ではないし，少なくとも，特定の労働者だけは排除し

---

[39] 大曲農協事件・最三小判昭63・2・16労判512号7頁がそのケースであった。

たいと思っている使用者に便利な手段を提供することになってしまう[40]。

　もちろん、事業譲渡契約のなかで、労働者も合わせて引き受けるという合意がなされれば、それによって労働契約も承継されることになる。もっともこの場合でも、労働契約の一身専属性から、嫌だという労働者に強制するわけには行かない（民625条）。そして、これまでの多くの判例は、事業財産が一体として取引され事業が同一性を保って継続される場合には、事業を支えてきた労働者の雇用も一緒に引き受ける旨の黙示の合意があったと判断することで（合理的意思解釈）、労働契約の承継を認めてきたといってよい。しかしこの手法は、譲渡契約中に明確に反対の意思が示されている場合には通用しないことになる。そこで、有機的な事業の譲渡である以上、事業を担っている人的資産も一体として引き受けるべきだ（EU指令の立場）、あるいは解雇の相当性を判断する機会が奪われるのはおかしいといった主張がなされているが、新関西通信システム事件[41]が整理解雇法理の類推適用を認めるのに対して、同様の立場を採った東京日新学園事件1審判決[42]を、反対の立場の控訴審が覆す[43]など、判例の帰趨は今のところ必ずしも定かではない。

　(b)　会社分割と労働契約の継承　　旧商法改正によって創設され、新会社法に引き継がれた会社分割制度は、特定の事業部門に関する部分的包括承継と位置づけられたことから、その部門の有体・無体の財産とそこで働いている労働者は、分割による新設あるいは吸収会社に承継されることになる。この承継の効果は、合併の場合と同様に、労働者の同意を要せず当然に生じ、労働契約の内容もそのまま受け継がれることになる。会社分割制度の創設に対応して、この旨を定める特別法が制定された（「会社分割に伴う労働契約の承継等に関する法律」2000年5月）。

　承継される労働者の範囲は、分割される部門の営業に①主として従事している労働者か、②そうでない労働者かで異なる取扱いを受け、手続的に

---

[40]　中労委（青山会）事件・東京高判平14・2・27労判824号17頁のケースがそうである。

[41]　大阪地決平6・8・5労判668号48頁

[42]　さいたま地判平16・12・22労判888号12頁

[43]　東京高判平17・7・20労判899号19頁

は，承継する労働者の範囲を分割計画書に記載し，株主総会の2週間前までに書面で労働者に通知することが義務づけられている（分割労働承継2条）。①の労働者が承継の対象から外されている場合には（承継されない不利益），異議を申し立てれば，原則にかえって労働契約は承継されることになる（同3条・4条）。ところが反対に，実施的に不採算部門を切り離すために行われる会社分割の場合に②の労働者が承継の対象に含まれることになれば，承継は労働者にとって不利益を意味している（承継される不利益）。この場合にも，その労働者が異議を申し立てれば承継を拒否することが出来る（同5条）。

また会社分割に際しては，労働者の理解と協力を得るため，すべての事業場において，労働者の過半数を組織する組合または過半数代表者との協議を行う努力義務が課せられている（同7条，同施行規則4条）。

労働組合が存在していれば，労働条件を規律しているのは労働協約である。そこで組合員労働者の労働契約が承継される場合には，労働協約も分割によって設立された会社との間で締結されたものとみなされることになっている（同6条，みなし労働協約）。

第4章　就業規則と懲戒

第1節　就業規則と労働条件の変更

1　就業規則と労働基準法

(1)　就業規則による職場管理

　組織体と呼べるほどの企業であれば，労働契約の締結にあたって，労働条件が個別に交渉されることはほとんどないといってよい。使用者からあらかじめ作成された就業規則を示され，嫌なら別の企業を探す以外にないといわれれば，労働者にとって丸ごと承諾するか否かの自由しかないからである。その法的性質に関する面倒な議論を抜きにしていえば，就業規則は，賃金や労働時間などの労働条件（労働者をどう待遇するか）はもとより，職場の規律やときとしてアフターファイブの行動を含めて（職場をどう管理するか），企業社会における労働者の職業生活を構成する権利・義務を包括的に定めた一種の「職場の法律」だといってよいであろう。

　使用者が合理的な労働の管理を心がけようとするかぎりは，就業規則と呼ぶかどうかを問わず，この種の客観的規則を必要とする。歴史的には，職場の規律を守るために猛威を振るった過酷な罰金制度のように使用者の職場秩序維持の手段として出発し，その後，多数の労働者をルールにもとづいて処遇するための統一的かつ公平な人事制度と労働条件を定める役割がこれに加わって今日に至っている。

(2)　労働基準法による規制の趣旨

　労働基準法が，常時10人以上の労働者が働く事業所に就業規則の作成と行政官庁への届出を義務づけているのは（89条），組織体としての規模を念頭に置いて合理的な労働の管理を要求しようとの趣旨にもとづくもので

ある。

①何よりもまず、労働基準法が守られているかどうか、就業規則をとおして監督することができる。労働基準監督官の能力が、10年に1度も定期監督ができないくらいに監督の限界を超えていることを考えれば、就業規則による監督の意味は大きい。労基法の前身である「工場法」の時代に（大正15年改正）、初めて法制化されたのもそのためであった。

②就業ならびに労働の条件を明確にし、客観的で公平な制度として運用していくための機能をもっている。多くの企業の労働条件が労基法を上回っている場合には、①よりもこの②の役割に比重が移ることになる。

③労基法は就業規則の作成や変更にあたって、労働者の過半数を組織する労働組合または労働者代表の意見聴取を義務づけている（90条）。就業規則が、契約交渉に際して使用者側から提示される案であるとすれば、事前に職場で働いている労働者にそれを示して意見を聞き要望を取り入れる余地がないかどうか考慮すべきだということになる。情報の偏在が交渉における優位な地位をつくる一般の契約に比べ、不十分ながら労働者参加制度の促進が意図されていることを意味しよう。

2 就業規則の作成手続

(1) 就業規則の作成と届出義務

労基法は、常時10人以上の労働者を使用する使用者に、就業規則を作成し労働基準監督署に届け出ることを義務づけている（89条）。就業規則の内容を変更した場合にも、同様に届出の義務を負う。作成および届出義務の違反に対して罰則が設けられているのは、労基法の遵守を確保するための手段として重要視されているからである。

10人の計算は、文字どおり臨時の仕事を担当する場合を除き、パートタイマーのような雇用身分の異なる労働者を含むものであるが、労基法の適用単位が企業ではなく事業場であることから、販売・サービス部門に多い10人に満たない支店や営業所の場合には、適用から外されてしまう。そのため、経済のサービス化は同時に事業所の小規模化につながっているとして、作成義務を5人以上の事業所に拡大すべきだとの主張が労働組合から出されているが、今のところ実現していない。

(2) 就業規則の内容

労基法は，就業規則の作成に際してどのような内容を記載すべきかに関し，大きく3つにグループ分けをしている（89条）。

(a) **必要的記載事項** 必ず書き込まなければならないという意味で，必要的記載事項とされているのは，始業，終業，休憩，休日および休暇を含む広い意味での労働時間（1号），賃金の決定・昇給といった賃金体系，支払方法などを含めた賃金（2号），そして解雇や定年制を含め広く契約の終了事由という意味での退職（3号）に関する事項の3点であるが，いずれも労働契約はこれなくして成り立たないというものばかりである。解雇事由を就業規則の記載事項であることを明確にするため，2003年改正時にそれまでの退職の文言に「（解雇の事由を含む）」が付け加えられた。

(b) **相対的記載事項** もし設けるのならば書いておかなければならないとされる相対的記載事項は，多くの事由に及んでいる。

①退職手当（3号の2），賞与を含む臨時の賃金（4号）は，今日の賃金体系の中で大きな比重を占めているが，必ず設けなければならない制度でないことは非正規従業員の場合をみれば明らかであろう。

②表彰および制裁（9号）も就業規則の誕生時からあったものであるが，予定するのなら，就業規則に定めておかなければならないことになる。

制裁として減給処分を定める場合には，1回について平均賃金の1日分の半額まで，処分が複数でもその総額は1賃金支払期の賃金の10分の1を超えてはならないとの上限が設定されている（91条）。過去の過酷な制裁の横行を念頭においてのものである。

その他，③食費やユニホームなどの作業用品費用の労働者負担（5号），④安全・衛生（6号），⑤職業訓練（7号），⑥労災および業務外傷病に対する補償と扶助（8号）に関する規定があげられている。

これに加えて，⑦「当該事業場の労働者のすべてに適用される定めをする場合」(10号) にこれに関する事項を定めておくこととされているのは，統一的労働条件の明確化を意図したものであり，実際に，試用期間，配転と出向，休職，あるいは兼業禁止，秘密保持，競業避止義務などの人事事項や福利厚生など，場合によっては詳細過ぎる程の規定が設けられている。

労基法に定められていない具体的労働条件の多くが，実際には就業規則

によってきまることになるわけであり，これらの事項についての訴訟は，就業規則の効力や解釈をめぐって展開されることが多い。

(c) 任意的記載事項　これらに当たらない事項についての定めは，任意的記載事項と呼ばれている。通常，就業規則の制定の趣旨や解釈の基準などに関する規定などがこれにあたる。(なお，東京都産業労働局が啓発活動のため作成した就業規則のモデル案をこの章の終りに掲載して参考に供することとしたい。)

(3) 意見聴取と周知義務

(a) 労働者代表の意見聴取義務　就業規則の作成または内容を変更するにあたっては，事業所の労働者の過半数を組織する労働組合か，そのような組合がなければ，労働者の過半数を代表する者の意見を聴き，それを就業規則の届出の際に書面で添えて提出しなければならない (90条1項・2項)。

意見を聴くことを義務づけてはいるが，協議や同意を得ることまで要求されているわけではない。このことから，使用者に就業規則を一方的に作成し変更する権限を与えたものと説明されることもあるが，むしろ，労働者の関与を契約交渉の基礎となる使用者側提案の作成段階にまで拡大した参加制度を意味していることは先に述べた。

(b) 周知義務　作成・変更された就業規則は，常時作業場の見やすい場所に掲示しまたは備えつける，労働者に書面で交付する，あるいは磁気テープやディスクに記録してパソコンで見られるようにしておくなどの方法によって労働者に周知させなければならない (106条1項)。

(4) 作成手続の違反

就業規則の作成・変更にあたって，意見聴取，届出，周知義務に違反した場合に罰則があるのはもちろんであるが (120条1号)，就業規則自体の効力はどうなるのかについては争いのあるところである。

就業規則の法的性質を法規とみると，一般の法令と同様すべてが満たされていなければならないことになるが，行政監督のための手段とみれば，手続違反と就業規則の効力は別個であり，ただ内容を知らないままに拘束されるはずはないとの理由から周知義務だけは効力要件とされている。もっとも，就業規則の変更によって労働者に新たに義務を課したりする労

働条件の切り下げが行われるような場合には，これらの手続を経ることが要求されるべきであろう。

3 就業規則の法的効力

(1) 就業規則の法的性質

(a) 労使の権利・義務の内容を決定するのは何故か　労働条件決定のメカニズム（37頁以下）で説明したように，労働契約は労基法に違反してはならないだけでなく，就業規則を下回るものであってもならない（93条）。しかし，就業規則も個別的交渉方式のひとつであることに違いはないから，労働組合との集団的交渉力を背景にした労働協約にはさらに優位的効力が与えられており，また，強行法規や公序良俗（結婚退職制のような）に反することがあってはならない（92条1項）。そして，これらに違反したまま就業規則が放置されることを防ぐために，労働基準監督署に変更命令の権限が与えられている（92条2項，罰則120条3号）。

就業規則はこのように，労働協約が存在すればその制限の受けながらも，労働条件を始め，職場で生起する問題に関する労働者の権利・義務の内容を事実上決定することになるが，それを法的にどう説明するかというのが就業規則の法的性質の問題である。

(b) 契約説から法規説まで　この点については，さまざまな説があるが，おおまかに言えば，契約説と法規範説とに大別される。前者は，近代的労使関係においては労働条件の内容は契約によって定まるのが原則であって，就業規則で定められた労働条件も労働者の合意をとおして契約の内容になっているというものである。これに対して後者は，契約によって定まるという市民法の一般原則で就業規則を説明するのは擬制に過ぎ労使関係の実態から遊離しているという現実認識を出発点に，就業規則は法規範的性質を有していると主張する。もっともこれは基本的思考がそうであるというだけであって，その後の具体的展開，とりわけ一方的不利益変更についてまで同じ結論になるわけではない。

契約説でも，①就業規則で規律されることに労働者は包括的同意を与えていると説明する「包括的契約説」や「事実たる慣習説」，あるいはそれに類似する「取引約款説」と，②白紙委任的な合意の推定は近代的契約の

名に値しないと批判する「厳格な契約説」とでは，まったくと言ってよいほど異なる解答が用意されている。

また法規範説は，就業規則が工場と職場を規律する社会的法規範としての実質をもっているとの認識から出発するとはいっても，③使用者に有機的な経営体の支配権能を意味する経営権を認め，それをもとに労基法も使用者に就業規則の一方的作成・変更権限を与えている（90条）とみる「経営権説」が主張される一方で，④そのままでは社会規範に過ぎず，法例2条の精神によって公序良俗に反するか否かを基準に裁判所を拘束する社会的自主法としての効力を承認すべきだという主張は，法源的認識を含め戦前から多くの支持を集めた。しかし，使用者が一方的に制定する就業規則は，法規範性を認めるために必要な構成員（企業社会の労働者）の法的確信に支えられているとはいえない上に，労基法93条が制定されたからには法例2条に求める必要もないとして批判を受けることになった。

これに代わって，法規範説の中心は，⑤労基法の規定（93条）が就業規則の基準に達しない労働契約を無効とし，就業規則に内容を補充する効力（強行的・直律的効力）を与えていることを根拠とする「保護法授権説」に移ることになる。

この他，⑥就業規則の内容に，指揮命令権の行使の準則に関するものと，賃金・労働時間などの狭義の労働条件に関する部分が含まれているのに着眼し，拘束力の根拠を，前者は指揮命令権に，後者は契約に求める「二分説」と言われる考え方も主張されている。

保護法授権説が，就業規則に保護法の遵守を監督する手段としての役割が期待されていることに着眼するものであることはいうまでもない。しかし使用者が一方的に作成する就業規則自体が法規範に転化するというのは，その趣旨に反する（せいぜい政策的効力の付与）。就業規則を下回る契約を無効にし，直接当事者を拘束する就業規則の規範的効力（93条）は，労基法を上回る部分を固有の対象にしていると見るべきで（労基法を下回る部分は13条による），労基法を上回る水準が普及し，契約の再生がいわれる今日，93条はむしろ就業規則のもつ労働ならびに就労条件を客観化・明確化する機能に着眼し，政策的に法的効力を付与したものと理解されるべきであろう。

(2) 就業規則と労働契約

もっとも就業規則と労働契約との関係は単純ではない。

①労基法は就業規則を下回る契約を無効にするだけで，就業規則を上回る契約まで禁止しているわけではない。一般的とはいえないが，契約は書面でなされなければならないわけではないから，就業規則を上回る契約は黙示の合意でもかまわないことになる。そして労使間に黙示の合意が存在しているかどうかは，採用時の事情や当該企業の人事慣行などを含めた合理的推論によることになる。現業部門から人事部への配転を人事慣行から契約の範囲を超えると判断した日野自動車事件判決[1]や，就業規則に配転を命じることができるとの定めがあるにもかかわらず，採用時の事情から勤務地限定の合意があったと認めた西村書店事件決定[2]は，いずれもそのようなケースである。

②就業規則に包括的な義務付け規定をおくことで広い裁量権を確保しておきたいという使用者の意図は，企業組織への労働力の組込みと管理を意味する人事条項となって現れている。配転・出向，時間外労働を義務付ける規定，兼業禁止・競業避止義務規定などに関する詳細過ぎる規定は，労働条件の明確化，客観化というより，組織管理の厳格化への要求からくるものである。

この種の規定がおかれていれば，文字どおり労働者を拘束するというのはいかにも不当であろう。最高裁は，指定された医師の受診命令に従わなかった労働者を処分できるかどうかが争われた電電公社帯広事件で[3]，就業規則の規定は合理的なものであれば労働契約の内容になると述べて，合理性の司法審査対象になることを認めている。合理性の基準について言及してはいないものの，漠然的かつ包括的過ぎるもの，片面的・一方的で労働者の権利ないし利益との均衡を欠いているものは，無効あるいは制限的効力のみが認められるべきであろう。

---

(1) 東京地判昭42・6・16労民集18巻3号648頁
(2) 新潟地決昭63・1・11労判519号103頁
(3) 最一小判昭61・3・13労判470号6頁

(3) 就業規則の一方的不利益変更

使用者は手続的には，労働者代表が反対の意見を表明しても，就業規則の内容を変更することができるし，もちろん不利益変更も可能である。しかし，明確に反対を表明している個別の労働者まで拘束されることになるのかどうかは，別個の問題である。

就業規則の法的性質についてのさまざまな理解も，この難問にどのような解答を用意するかを念頭において展開されてきたものであった。すなわち，前記①説と③説は，労働条件は就業規則による旨の同意は，変更されればそれに従うとの労働者の同意を含んでいるとみるか，もともと使用者の有する経営権の行使とみるかの違いはあっても，一方的不利益変更の効力を肯定する点では類似している。これに対して，②説と⑤説は，反対している個別労働者の契約内容が一方的に変わるはずがないと見るか，保護法による授権の趣旨から，有利変更はよいが一方的不利益変更に法的効力は認められないとするか，根拠は異なるものの結論は似てくることになる。⑥説の結論は，労務指揮に関する部分は一方的でもよいが，狭義の労働条件は効力をもたないというものである。

(4) 判例の合理的基準

(a) 秋北バス事件・大法廷判決　　しかし，判例とその後の実務は，秋北バス事件・最高裁大法廷判決によって打ち出された「使用者による就業規則の一方的不利益変更に合理的理由が認められる場合には，反対している労働者もこれに拘束される」という考え方に従って形成されることとなった。

Pause 17　秋北バス事件・最高裁大法廷判決

（昭43・12・25民集22巻13号3459頁）

就業規則の変更によって定年制を設け，これに反対している労働者に適用して解雇することが許されるかどうかが争われた事件である。

最高裁・大法廷判決の多数意見は，就業規則の性質について，内容的に合理的なものである限り，労使間では労働条件は，その就業規則によるという事実たる慣習が成立しているものとして，その法的規範性が認められ

るから，労働者がその存在や内容を知らなくとも，また個別的同意がなくとも当然にその適用を受けざるを得ないという。

そのうえで，就業規則の作成・変更によって既得の権利を奪い不利益な労働条件を一方的に課すことは原則として許されないが，労働条件の集合的処理，特に統一的・画一的決定を建前とする就業規則からいって，内容が合理的なものであれば，個々の労働者が同意しないことを理由に適用を拒否することは許されないとして，問題となった55歳定年制には合理性があるとして解雇の有効性を認めた。

この判決では，当時の最高裁長官であった横田正俊，著名な商法学者であった大隅健一郎，経営法曹出身の色川幸太郎の3裁判官が少数意見を書いている。横田・大隅連名の少数意見は，就業規則はそのままでは，これにもとづいて契約が締結されることを予定して使用者が作成した一種の社会的規範に過ぎず，労働者の合意によってはじめて法規範的効力をもつと指摘し，色川意見では，事実たる慣習が法的規範となるためには労使の法的確信によって支持されていなければならないが，使用者が一方的に定める就業規則は法的確信を欠いており，また労基法の規制によって就業規則の内容を合理的なものに変えられるわけでもなく，有名無実に近い監督的規制を理由に使用者に法的規範の設定権限が授権されているということもできないと鋭い批判がなされている。

この判決については，理論的整合性を欠いている（契約説なのか法規範説なのか，合理性があれば何故反対している労働者も拘束されるのかなど）との批判が強いものの，これ以後，不利益変更の理由と程度，代償措置，あるいは労使の協議の経過などを総合的に判断して「合理性」が認められるかどうかで判断するとの立場が踏襲されることとなった（例えば生理休暇手当の削減に関するタケダシステム事件・最二小判昭58・11・25労判418号21頁）。

その基礎にあるのは，あらかじめ使用者に白紙委任を与えるような包括的契約説は論外として，継続的雇用の維持を前提にすれば，経営者に経営環境の変化に対応する契約内容の変更の方法を認めるか，それとも拒否された場合の普通解雇権を認めるか，どちらかを選択せざるを得ない。そうであるなら，雇用の継続を図りながら合理性の認められる範囲内での不利益変更を承認すべきではないか，という事情であろう。

(b) 判例による合理性基準　何が合理的かについて明確な基準を見出すことは容易ではないが、その基準は裁判所による司法的判断ではあっても、権利の存否というより、将来に向けての新たな労働条件の形成（不利益変更）がどの範囲でなら許容されるべきかに関する調整的判断としての性格をもつことからくるものである。

　これまでの判決では、①不利益変更の必要性とその程度、②労働者の被る不利益と変更後の条件内容の相当性、③不利益に伴う代償措置や関連する労働条件の改善措置、④変更に際して労働者との十分な協議が行われたかどうかといった手続が重要視され、とくに賃金、退職金などの重要な労働条件については「不利益を労働者に法的に受忍させることが許容できるだけの高度必要性に基づいた合理的内容」であることが必要であるとされている[4]。銀行の定年制延長に伴う55歳以降の基本給の大幅引き下げに合理性を認めた第四銀行事件[5]、類似の事例で（もっとも定年延長は先行して行われていた）高齢者など一部労働者への不当なしわ寄せで合理性を欠くとしたみちのく銀行事件[6]など、実際の判断基準には微妙なものがある。

4　変更解約による労働条件の変更

(1)　変更解約告知

(a)　変更解約告知方式の登場　労働条件の変更を申し入れるにあたって、受け入れなければ契約を解約する旨を通告する、あるいは従来の労働契約を解約する旨を通告し、同時に変更された契約内容を申し出るといった方法は、変更解約告知（Änderungskündigung）の名で呼ばれ、ドイツ労働法（解雇制限法　Kündigungsschutzgesetz）にはそれに関する規定も設けられている。ドイツでは、職種や勤務場所が個別契約で特定されていて、それを変更するには新たな契約内容に変更せざるをえないという実態からくるものである。

　しかしわが国では、キャリアを積み上げていくために、むしろ職務や勤

---

[4]　農協の合併に伴う労働条件の統一に合理性を認めた大曲農協事件・最三小判昭63・2・16労判512号7頁

[5]　第四銀行事件・最二小判平9・2・28労判710号12頁

[6]　みちのく銀行事件・最一小判平12・9・7労判787号6頁

務地の変更が予定され，就業規則中にこの点に関する使用者の権限が明記されているのが普通であり，また労働条件の不利益変更も，もっぱら使用者による一方的変更の方法で行われ，変更解約告知が用いられることはなかったといってよい。しかし最近になって，利益調整的とはいえないようなドラスティックな労働条件の切り下げに際してこの方法が採用され，注目を集めるようになった。

(b) 変更解約の特色　　この方法の特色は，労働条件の変更に応じるかどうかの選択を労働者側に委ねる形をとりながら，実際には，もし応じなければ解雇されるという圧力の下での選択を強要される点にある。労働条件の変更が就業規則の変更によって行われる場合には，労働者は雇用を維持したまま合理性を争うことが出来るのに対して，変更解約では通告を拒否すればいきなり解雇されることを覚悟しなければならない。また変更解約の目的が解雇にアクセントをおいているとすれば，現在の厳しい整理解雇の要件に代えて，労働条件の変更の必要性や合理性が認められれば，その拒否を理由とする解雇は有効という，要件の緩和につながる基準が許容されることになりかねない。

(2) 変更解約告知の是非

(a) 判例の戸惑い　　このような変更解約告知を認めることの是非については争いがある。判例にも，思い切ったリストラ施策のため全員をいったん退職させ，それに応じた者の一部を大幅に切り下げられた労働条件で再雇用する旨を提案し，それを拒否した労働者の解雇を有効とするものがある一方で[7]，ドイツ労働法のように明文の規定のないわが国で，労働条件の変更に応じなかったことを理由とする解雇の有効性に，整理解雇と別個の基準を持ち込むのは相当でないとして，このような方法を否定するものもある[8]。

(b) 変更解約の法的規制　　変更解約告知によって，整理解雇あるいは解雇権濫用の基準を緩和することは認められるべきではない。経営上の業

---

[7] スカンジナビア航空事件・東京地決平7・4・13労判675号13頁

[8] 大阪労働衛生センター第一病院事件・大阪地判平10・8・31労判751号38頁

績悪化を理由とする解雇，あるいは労働者個人の事由にもとづく解雇の当否は，それ自体として判断されるべきであって，契約内容の変更提案に応じたかどうかで変わるべきものではない。

しかし，従来の契約内容が就業規則ではなく個別の合意によって確保されている場合や，期限の定めのない契約から期限付き契約に改めるといった本質的性格の変更を意味する場合のように，就業規則の変更によることの出来ない領域があることを否定するわけにはいかないであろう。そして，このような場合には，ドイツの解雇制限法と同様，労働者に雇用を維持したままで変更の相当性について裁判所で争うことの出来る留保つき承諾が認められるべきであろう[9]。裁判所では，変更の必要性に関し，従来の契約内容のままでは労働条件を維持することが出来ない事情の変更が認められ，かつ新たに提示された労働条件が労働者にとって受け入れ可能なものかどうかの判断が行われることになる。

第2節　職場規律と懲戒

1　使用者の懲戒権

(1)　組織権力としての懲戒

企業が一定の生産目的にむけて統合された組織体であり，労働者がこのような企業組織の一員として組み入れられ，労働も階層的な企業秩序のなかで遂行されることは誰も否定できないであろう。さしあたって法的性質を抜きにすれば，懲戒処分は，円滑な企業活動を維持確保するため，職場の規律を乱し円滑な企業活動を妨害する労働者の行為に対して科せられる私的制裁であり，使用者による組織的権力の行使としての性格をもつ。

先に述べたように，懲戒制度を設ける場合には就業規則にその旨の定め

---

[9]　日本ヒルトン事件・東京地判平13・8・31労判825号13頁が留保つき承諾を認めたのに対して，控訴審である東京高判平14・11・26労判843号20頁はこれを否定している。

がなければならない（労基89条9号）。そして減給（罰金）については一定の上限が設定されているが（同91条），この他にも，懲戒解雇，諭旨解雇，出勤停止，譴責，戒告などが予定されることが多い。

(2) 懲戒権の法的根拠

懲戒の対象とされる行為は，おおむね労働契約違反ないし信義則上の付随義務違反にあたる場合が多い。しかし契約の解除（普通解雇）ないし損害賠償という一般の責任追及手段とは別に，特殊な秩序罰がなぜ認められなければならないのか，組織権力的な懲戒権の承認は本来対等であるはずの労使関係と矛盾しないのか。懲戒権の法的性質ないし根拠は，これらの点をめぐって争われている。

懲戒権の根拠については，今日でも一致した見解があるわけではない。
①組織体としての企業に固有のものとみる「固有権説」，
②労使間の合意で根拠づける以外にないとする「契約説」，
③合意というのはいかにも実態から遊離しており，労基法によって，就業規則による客観的な作業秩序定立の法的承認がなされているとする見解（就業規則の「保護法授権説」），
④労使の共同決定が必要，
⑤法による減給の承認を別として，それを除けば「懲戒権否認説」，などさまざまな考え方が主張されている。

筆者は，⑥懲戒権とは使用者によって行使される職場規律保持のための制裁を総称する機能概念であり，包括的な特別の権利として論じるよりも，そのような機能をもった手段ごとにその性質と限界を論ずれば足りるのではとの考え方に親近感を覚えている。

Pause 18　企業秩序遵守義務

最高裁は，企業の円滑な運営のためには企業秩序の定立と維持が不可欠であり，労働者は労働契約の締結によって，企業に対し労務提供義務を負うとともにこれに付随して企業秩序遵守義務を負うとの考え方を示し，そこから企業秩序の定立とその維持のため，制裁としての懲戒処分の権限を導くという前記①に近い見解を示しながら（富士重工業事件・最三小判昭

52・12・13労判287号7頁、目黒電報電話局事件・最三小判同日労判同号26頁)、他方で、労働者を懲戒するには、あらかじめ就業規則にその種類と事由が定められ、かつ、その内容が適用を受ける事業所の労働者に周知させる手続が採られていることを要すると、前記②とも受け取れる見解に立つ(フジ興産事件・最二小判平15・10・10労判861号5頁)。

最高裁が企業秩序の観念を最初に示した2つの事件のうち、前者(富士重工業事件)は、会社内で原水爆禁止の署名運動やハンカチの販売によるカンパ活動が行われている事実を知った会社が、これに協力していた労働者にメンバーの氏名や運動の実情について質問をしたが協力を拒否されたため、調査協力義務違反を理由に譴責処分にしたケース、後者は、勤務時間中のベトナム戦争・基地拡張反対を訴えるプレート着用と、休憩時間中のビラ配布に対する戒告処分が争われた事件である。この同じ日に言い渡された判決で、最高裁は「企業秩序」を重視する考え方を示したが、後者については戒告処分を相当としたものの、前者については、企業秩序遵守義務は決して労働者の全人格的服従を意味するものではないとの観点から、労働者の監督を職責としない一般の労働者には労務提供義務を履行する上で必要かつ合理的であると認められない限り、この種の調査に応ずる義務はないとして、処分を無効としたものであった。

2 懲戒処分の対象

(1) 対象とされている行為の類型

(a) 3つの行為類型　通常、就業規則で懲戒の対象とされている行為の類型は、大まかにいえば、

①無断欠勤や配転・出向命令などの業務命令違反に代表される正常な労務の提供を確保するための服務規律違反、

②窃盗や横領、あるいは企業施設内での政治活動禁止といった会社財産や施設の保全・管理のための規律違反、

③企業の信用毀損や企業秘密の保持、兼業・競業避止義務違反のような従業員としての地位に伴う規律違反、

という3つのグループに分類することができる。

(b) 相当性の判断基準　①の服務規律違反の類型に属する行為が問題

となる場合の多くは，業務命令の範囲内かどうか，権利濫用に当たらないかといった業務命令の適法性・相当性の問題として争われる。

②の企業施設内での政治活動禁止の事例も，休憩時間中に行われる無許可の署名活動やビラの配布が休憩時間の自由利用の原則との関係で問題となることが多い。

そして③の類型は，労働者の私生活の自由への干渉を意味することがあるだけに，適用に際して合理的限定解釈が必要とされる場合が少なくない。

以下では，特に懲戒処分の可否について議論のあるいくつかのケースを取り上げるにとどめる。

(2) 問題点を含む懲戒処分

(a) 経歴詐称　　採用に当たって労働者が職歴や職業上の資格，病歴あるいは犯罪歴，学歴や学生運動への参加の有無といった広い意味での経歴詐称が懲戒理由とされる場合がある。労働力の評価は全人格と切り離せないこと，職場配置を誤らせ企業秩序を乱す虞があることを理由とするものであるが[10]，本来は，労働契約締結時の詐欺や錯誤あるいは契約解約の可否として処理すべき問題であろう。

(b) 私生活上の非行　　労働者の私生活上の非行によって企業の体面が損なわれたとして懲戒の対象にされることが多い。非行とされる行為の性質や労働者の地位にもよるが（破廉恥的行為かどうか，管理職かどうかなど），業務にかかわりのない一労働者の行為をとらえて企業の社会的評価が客観的に損なわれたというのは，余程の場合でなければならない。例えば，酒に酔って他人の住宅に侵入し，罰金刑になったことを理由とする懲戒解雇の効力が争われた横浜ゴム事件[11]では，一労働者の（管理職ではない）軽微な行為であることを理由に，懲戒解雇は無効とされている。また日本鋼管砂川事件[12]では，アメリカ軍基地に立ち入って逮捕・起訴されたことを理由とする懲戒解雇は認められないとされている。

(c) 所持品検査　　現金を扱うバス乗務員などに対してなされる所持品検査は，労働者に被疑者類似の取扱いがなされるなど不当な屈辱感を与え

---

[10]　大学中退を中卒と偽ったことなどを理由とする懲戒解雇を認めた日本鋼管鶴見造船所事件・東京高判昭56・11・25労判377号30頁

かねないだけに、慎重な配慮を必要とする。西日本鉄道事件[13]は、①検査を必要とする合理的理由、②制度としての画一的な実施、③就業規則などによる明示の根拠、④そして妥当な方法と程度という、4つの要件を満たさなければならないとしており、その後の判例では、かなり厳しい審査が行われている。

(3) 懲戒の手段と手続

(a) 懲戒処分の手段　懲戒手段には、通常、最も重い懲戒解雇から、退職金の減額などで若干穏やかな諭旨解雇、給与の減額（罰金）、一定期間の就労を禁じその期間の賃金を支払わない出勤停止、将来を戒める点では共通しているが始末書の提出を伴う譴責と、伴わない戒告などが用いられる。譴責、戒告はそれ自体として経済的不利益を伴うものではないが、人事考課上不利益に働くことによって一時金や昇給・昇進などへの悪影響と結びつくことが多い。

懲戒解雇の場合には、退職金の全部または一部を支給しないとされていることが多い。退職金が功労報奨的性格をもっているからと説明されているが、判例には、永年の功労を無にしてしまう重大な背信行為でない限り懲戒解雇は有効でも退職金の支払義務はなくならないとするものが多くなっている[14]。また、私的制裁である懲戒処分がとくに承認されているのは、雇用が確保されること（解雇制限）に代わる職場規律を維持する必要性からであって、そもそも懲戒手段としての解雇は認められないとの主張もなされている。

(b) 懲戒処分の手続　懲戒処分が制裁としての性格をもち、労働者に対する重大な不利益を意味することから、懲戒処分の発動に際しては、処分の対象となる労働者に弁解の機会を与えるなど適正な手続を経なければならないとされている。また就業規則や労働協約で労働者代表を入れた懲戒委員会の設置や労働組合との協議が必要とされている場合には、その手

---

[11]　最三小判昭45・7・28民集24巻7号1220頁

[12]　最三小判昭49・3・15労判198号23頁

[13]　最二小判昭43・8・2民集22巻8号1603頁

[14]　日本コンベンションサービス事件・大阪高判平10・5・29労判745号42頁

続を経なければならない。

(c) 裁判所による審査　もっとも懲戒委員会や組合が処分を承認したからといって、ことは労働者の人格的権利にかかわることであり、裁判所の事後的審査が排除されるわけではない。すなわち懲戒処分は、懲戒事由の存否ならびに処分事由があったとしても、他の同種のケースとの均衡を失していないか（平等取扱原則）、あるいは違反の程度に比べて処分が重過ぎはしないか（相当性の原則）といった観点から裁判所の審査に服する。

3　起訴休職

懲戒処分とは異なるとされていながら、事実として懲戒処分的機能をもっているのは、起訴休職処分である。もともとは、刑事被告人として起訴された場合に、その結果が出るまでの間は懲戒処分の是非を見送って、暫定的に休職扱いにする制度である。ところが一見、労働者のためになりそうなこの制度も、刑事裁判が終了するまで出勤停止処分にするのと同様の効果をもち、その間の賃金も減額・不支給となることが多いため、運用によっては労働者にとって酷な結果をもたらすことになりかねない。そのため、起訴休職処分が認められるためには、①起訴の対象となった行為が、職場から排除されてもやむを得ない相当の処分に値するものであるか、②その間身柄を拘束されたり、公判への出頭によって労務提供が期待できない場合に限るとされている[15]。

4　内部告発と公益通報者保護法

(1) 内部告発と懲戒処分

欠陥自動車のリコール隠し、食品の虚偽表示、薬剤の過剰投与、業界の談合の横行から建築物の構造検査の偽造による耐震強度不足など、企業による犯罪あるいは法令違反の不正行為が明らかになるたびに大きな社会的衝撃を与えている。これらの不正行為は業界の取引慣習であってはるか以前から行われてきたというものもあるが（さしずめ業界の談合はその典型）、

---

[15] アール・ケー・ビー毎日放送事件・福岡高判昭51・4・12労判253号73頁

90年代不況期の競争激化と規制緩和のもとで，企業が利益追求に走った結果生み出されたと考えられるものも少なくないであろう。

ところで，これら企業の不正行為は，企業内で働く労働者からの告発をきっかけとして明るみにでるケースが多い。内部にいる者だからこそ知り得る立場にあると言えるし，内心の葛藤を感じながら不正行為に手を染めていることに耐えられなくなっての行為という場合もあろう。他方，不正が明らかにされ社会から指弾を受けることになれば，企業の存続にかかわる場合もあるだけに，企業の側も「企業秘密の漏洩」や「名誉と社会的信用の毀損」などを理由に，告発に踏み切った労働者に懲戒処分をもって臨むケースが多くなる[16]。

企業の不正行為を前にした労働者は，労働契約によって企業に損害を与える行為を差し控える信義則上の義務を負う一方で，公共的利益に反する行為を放置できないという倫理感との板ばさみになったり，あるいは告発すれば処分を覚悟しなければならないといった悩みに直面することにならざるをえないであろう。公益通報者の保護は，企業の不正行為を正す行為のもつ公共的法益を評価し，労働者を懲戒処分の脅威や内心の葛藤から解放することを目的としている。

内部告発を理由とする懲戒処分を争う裁判例も，かなりの数に達している。これまでの事例の主たる争点は，①告発されている事実の真実性，②告発の基本的目的・動機が不正行為を正すという公益性にあったかどうか，③告発行為が手段・方法として相当性を備えているかどうかにあるということができる。①と②について，参考になるのは刑法の名誉毀損罪で定められている「公共の利害に関する事実」の特例（230条の2）であろう。専ら公益を図る目的でなされ，かつ真実であることが証明されれば，名誉毀損にはならないとしている。そして，これまでの裁判例によれば，真実性の証明までは必要でないが，少なくとも，そう信じるに値する相当な根拠がなければならないし，基本的目的が企業の不正行為を正すということ

---

[16] トナミ運輸事件は，談合を告発した労働者に対し，26年間もまともな仕事を与えず極端な差別的処遇をしたケースである。富山地判平17・2・23労判891号12頁

にあるのであれば，労働組合の交渉上の地位を有利にするためといった目的をもって行った場合であっても許される[17]。

③では，不正行為を外に向って告発する前に，企業内部での是正の努力をしなければならないかどうかが議論されている。しかし，トナミ運輸事件のように，かえって報復的処分を受ける可能性も少なくないなかで，内部努力を要件とするわけにはいかないであろう。違法・不当な手段による情報の入手が許されるかという問題もあるが，違法に秘匿された情報でアクセスの方法がない場合などには，一概には言えないであろう。企業も，コンプライアンス強化策のひとつとして，不正行為の外部機関への通報をあらかじめ制度化するところが現れている。

(2) 公益通報者保護法　相次ぐ企業の不正行為に対する消費者の不信感の増大を受けて，内部告発をその抑止力として積極的に評価する立場から，労働者の内部告発行為を使用者の解雇その他の不利益処分から保護するために制定されたのが公益通報者保護法である（2004年6月，施行は2006年4月）。

法律では，定義や救済の範囲などが，詳細かつ限定的に定められている。対象となるのは，①労働者が不正の利益を得る目的，他人に損害を加えるなど不正の目的ではなく，②労務提供先（勤務する企業），その役員，従業員等の「通報対象事実が生じ，または生じようとしている旨を」，③勤務する企業，もしくは企業があらかじめ定めた者（外部のコンプライアンス機関），所管する行政機関，その他，被害の発生・防止に必要であると認められる者に通報する場合である（2条）。

通報対象事実についても，個人の生命・身体，消費者の利益，環境の保全，公正な競争の確保などの保護にかかわる，法律で別表に掲げるものに違反する場合に限定されている。また公益通報者に対する解雇，その他の不利益処分，ならびに派遣労働者の場合には派遣先による派遣契約の解除が禁止されるのは，①勤務先の企業に通報する場合には「通報対象事実が生じ，または，まさに生じようとしていると思料する」場合で足りるが，②行政機関に通報する場合にはそれだけでは足らず「相当の理由がある」

---

[17] 日本計算器事件・京都地峰山支判昭46・3・10労民集22巻2号187頁

ことが必要で，③その他の者に対しては，通報によって不利益を受ける相当の理由がある，証拠隠滅などのおそれがある，企業から正当な理由がないのに外に持ち出さないよう要求された，企業に通報したが20日を経過しても調査が行われない，個人の生命・身体に危害が発生する虞れがあるなどの場合に限定されている（3条・4条・5条）。もっとも，この法律の制定によって，他の法令による保護，とりわけ解雇権濫用法理（労基18条の2）の適用を妨げるものではない旨の確認規定がおかれている（6条）。

　従来の判例法理に比べれば，そこで定められている要件は，対象とされている通報の事実の範囲，手段・方法の相当性など厳しくなっているということができよう。施行後5年をめどに必要な措置を講ずるとされているが（付則2条），それがなくても，従来の判例法理そのものがこの法律によって制約を受け，保護の範囲が縮小されることがあってはならないであろう。

Pause 19 就業規則のモデル

(東京都・産業労働局作成の就業規則モデル)

第1章 総 則

(目 的)

第1条 この就業規則 (以下「規則という。」は,○○会社 (以下「会社」という。) の従業員の労働条件,服務規律,その他の就業に関する事項を定めたものである。

2 この規則に定めのない事項については,労働基準法その他の法令の定めるところによる。

(適用範囲)

第2条 この規則は,第2章で定める手続きにより採用された従業員に適用する。ただし,パートタイム従業員,アルバイト及び嘱託従業員の就業に関し必要な事項については,別に定めるところによる。

(規則の遵守)

第3条 会社及び従業員は,ともにこの規則を守り,相協力して社業の発展に努めなければならない。

第2章 採用及び異動等

(採用手続き)

第4条 会社は,就職希望者のうちから選考して,従業員を採用する。

(採用時の提出書類)

第5条 従業員に採用された者は,次の書類を採用日から2週間以内に提出しなければならない。

① 履歴書
② 住民票記載事項の証明書
③ 健康診断書
④ 前職者にあっては,年金手帳及び雇用保険被保険者証
⑤ その他会社が指定するもの

2 前項の提出書類の記載事項に変更が生じたときは,速やかに書面でこれを届け出なければならない。

(採用期間)

第6条 新たに採用した者については,採用の日から○か月間を試用期間

とする。ただし，会社が適当と認めるときは，この期間を短縮し，又は設けないことがある。
2　試用期間中に従業員として不適格と認められた者は，解雇することがある。
3　試用期間は，勤続年数に通算する。

（労働条件の明示）
第7条　会社は，従業員の採用に際しては，採用時の賃金，就業場所，従事する業務，労働時間，休日その他の労働条件を明らかにするための書面の交付及びこの規則を周知して労働条件を明示するものとする。

（人事異動）
第8条　会社は，業務上必要がある場合は，従業員の就業する場所又は従事する業務の変更を命ずることがある。
2　会社は，業務上必要がある場合は，従業員を在籍のまま関係会社へ出向させることがある。

（休　職）
第9条　従業員が，次の場合に該当するときは，所定の期間休職とする。
①　私傷病による欠勤が○か月を超え，なお療養を継続する必要があるため勤務できないと認められたとき　　　　　　　　　　　○年以内
②　前号のほか，特別な事情があり休職させることが適当と認められるとき　　　　　　　　　　　　　　　　　　　　　　必要な期間
2　休職期間中に休職事由が消滅したときは，もとの職務に復帰させる。ただし，もとの職務に復帰させることが困難であるか，又は不適当な場合には，他の職務に就かせることがある。
3　第1項第1号により休職し，休職期間が満了してもなお傷病が治癒せず就業が困難な場合は，休職期間の満了をもって退職とする。

第3章　服務規律

（服　務）
第10条　従業員は，職務上の責任を自覚し，誠実に職務を遂行するとともに，会社の指示命令に従い，職場の秩序の維持に努めなければならない。

（遵守事項）
第11条　従業員は，次の事項を守らなければならない。
①　勤務中は職務に専念し，みだりに勤務の場所を離れないこと

② 許可なく職務以外の目的で会社の施設，物品等を使用しないこと
③ 会社の金品を私用に供し，他より不当に金品を借用し，又は職務に関連して自己の利益を図り，若しくは贈与を受けるなど不正な行為を行わないこと
④ 酒気をおびて就業するなど，従業員としてふさわしくない行為をしないこと
⑤ 会社，取引先等の機密を漏らさないこと
⑥ 許可なく他の会社等の業務に従事しないこと
⑦ その他会社の内外を問わず，会社の名誉又は信用を傷つける行為をしないこと

（セクシュアルハラスメントの禁止）
第12条 相手方の望まない性的言動により，他の従業員に不利益を与えたり，就業環境を害すると判断される行動等を行ってはならない。

（出退勤）
第13条 従業員は，出退勤に当たっては，出退勤時刻をタイムカードに自ら記録しなければならない。

（遅刻，早退，欠勤等）
第14条 従業員が，遅刻，早退，欠勤又は勤務時間中に私用外出するときは，事前に申し出て許可を受けなければならない。ただし，やむを得ない理由で事前に申し出ることができなかった場合は，事後速やかに届け出て承認を得なければならない。
2 傷病のため欠勤が引き続き○日以上に及ぶときは，医師の診断書を提出しなければならない。

第4章 労働時間，休憩及び休日

〔例1〕完全週休2日制を採用する場合の規定例
（労働時間及び休憩時間）
第15条 所定労働時間は，1週間については40時間，1日については8時間とする。
2 始業及び終業の時刻並びに休憩時間は，次のとおりとする。

	始業時刻	終業時刻	休憩時間
早番	午前7時30分	午後5時00分	午前10時30分から10時45分まで 正午から午後1時まで 午後3時から3時15分まで

中番	午前9時30分	午後7時00分	午後1時から2時まで 午後5時から5時30分まで
遅番	午前11時00分	午後8時30分	午後2時から3時まで 午後6時から6時30分まで

　3　前項の勤務番は，○か月ごとに決定し，あらかじめ通知する。
　4　前2項の規定にかかわらず，業務の都合その他やむを得ない事情により，始業及び終業の時刻並びに休憩時間を繰り上げ，又は繰り下げることがある。

a…［従業員を2班に分けた交替制の場合］
（休　日）
第16条　休日は，次のとおりとする。
　　第1班　火曜日及び水曜日
　　第2班　水曜日及び木曜日
　2　前項の班別は，○か月ごとに決定し，あらかじめ通知する。
　3　業務の都合により必要やむを得ない場合は，あらかじめ第1項の休日を他の日に振り替えることがある。

b…［各人ごとに休日を指定する場合］
（休　日）
第16条　休日は，平成○年○月○日を起算日とする1週間ごとに2日とし，各人ごとの休日は別に定める勤務割表により，起算日から4週間ごとの週間が始まる1か月前までに通知する。
　2　業務の都合により必要やむを得ない場合は，あらかじめ前項の休日を他の日に振り替えることがある。

〔例2〕　1か月単位の変形労働時間制の採用例
　　　（1日の所定労働時間を8時間，1か月の休日を原則9日とする場合の規定例）
（労働時間及び休憩時間）
第15条　毎月1日を起算日とする1か月単位の変形労働時間制を採用し，週の所定労働時間は，1か月を平均して40時間以内とする。
　2　1日の所定労働時間は，8時間とする。
　3　各日の始業・終業時刻及び休憩時間は，職種（職場）ごとに勤務時

間表（別表）で定める。ただし，業務の都合その他やむを得ない事情により，これらを繰り上げ，又は繰り下げることがある。
　4　勤務割表の作成は，原則として1か月ごとに行うものとする。
　5　各人ごとの各日の始業・終業時刻及び休憩時間は，勤務割表により起算日の7日前までに通知する。

（休　日）
第16条　休日は1か月（毎月1日から月末まで）を通じて9日（うるう年以外の2月は8日）とし，各人ごとに別に定める勤務割表により各1か月が始まる7日前までに通知する。
　2　前項の休日は，1週間（日曜日から土曜日まで）においては少なくとも1日以上とする。
　3　業務の都合により必要やむを得ない場合は，あらかじめ第1項の休日を他の日に取り替えることがある。

〔例3〕1か月単位の変形労働時間制の採用例
　　　（1日の所定労働時間を7時間20分，1か月の休日を7日とする場合の規定例）

（労働時間及び休憩時間）
第15条　毎月1日を起算日とする1か月単位の変形労働時間制を採用し，週の所定労働時間は，1か月を平均して40時間以内とする。
　2　1日の所定労働時間は，7時間20分とする。
　3　各日の始業・終業時刻及び休憩時間は，職種（職場）ごとに勤務時間表（別表）で定める。ただし，業務の都合その他やむを得ない事情により，これらを繰り上げ，又は繰り下げることがある。
　4　勤務割表の作成は，原則として1か月ごとに行うものとする。
　5　各人ごとの各日の始業・終業時刻及び休憩時間は，勤務割表により起算日の7日前までに通知する。

（休　日）
第16条　休日は1か月（毎月1日から月末まで）を通じて7日とし，各人ごとに別に定める勤務割表により各1か月が始まる7日前までに通知する。
　2　前項の休日は，1週間（日曜日から土曜日まで）においては少なくとも1日以上とする。
　3　業務の都合により必要やむを得ない場合は，あらかじめ第1項の休

日を他の日に振り替えることがある。

〔例4〕1年単位の変形労働時間制の採用例
　（1日の所定労働時間を8時間，1年間の休日を105日とする場合の規定例）
（労働時間及び休憩時間）
第15条　従業員代表と1年単位の変形労働時間制に関する労使協定が締結された場合には，当該協定の適用を受ける従業員の1週間の所定労働時間は，対象期間を平均して1週間当たり40時間以内とする。
　2　1日の所定労働時間は，8時間とする。
　3　各日の始業・終業時刻及び休憩時間は，次のとおりとする。ただし，業務の都合その他やむを得ない事情により，これらを繰り上げ，又は繰り下げることがある。

（休　日）
第16条　1年単位の変形労働時間制の適用を受ける従業員の休日は，1年単位の変形労働時間制に関する労使協定の定めるところにより，対象期間の初日を起算日とする1週間ごとに1日以上，1年間に105日以上となるように指定して，年間休日カレンダーに定め，対象期間の初日の〇日前までに各人に通知する。

始業・終業の時刻		休　憩　時　間
始　業	午前8時00分	正午から午後1時まで
終　業	午後5時00分	

（時間外及び休日労働等）
第17条　業務の都合により，第15条の所定労働時間を超え，又は第16条の所定休日に労働させることがある。法定の労働時間を超える労働又は法定の休日における労働については，あらかじめ会社は従業員の過半数を代表する者と書面による協定を締結し，これを所轄の労働基準監督署長に届け出るものとする。
　2　小学校就学前の子の養育又は家族の介護を行う従業員で時間外労働を短いものとすることを申し出た者の法定の労働時間を超える労働については，前項後段の協定において別に定めるものとする。
　3　妊娠中の女性及び産後1年を経過しない女性であって請求した者及び18歳未満の者については，第1項後段による時間外・休日又は深夜

(午後10時から午前5時まで)に労働させることはない。
4　前項の従業員のほか小学校就学前の子の養育又は家族の介護を行う一定範囲の従業員で会社に請求した者については，事業の正常な運営を妨げる場合を除き深夜に労働させることはない。
5　前項の深夜業の制限の手続等必要な事項については，「育児・介護休業，育児・介護短時間勤務に関する規程」で定める。

第5章　休暇等

（年次有給休暇）

第18条　各年次ごとに所定労働日の8割以上出勤した従業員に対しては，次の表のとおり勤続年数に応じた日数の年次有給休暇を与える。

勤続年数	6か月	1年6か月	2年6か月	3年6か月	4年6か月	5年6か月	6年6か月以上
付与日数	10日	11日	12日	14日	16日	18日	20日

2　前項の規定にかかわらず，週所定労働時間が30時間未満であって，週所定労働日数が4日以下又は年間所定労働日数が216日以下の者に対しては，次の表のとおり勤続年数に応じた日数の年次有給休暇を与える。

週所定労働時間	1年間の所定労働日数	勤続年数						
		6か月	1年6か月	2年6か月	3年6か月	4年6か月	5年6か月	6年6か月以上
4日	169日〜216日	7日	8日	9日	10日	12日	13日	15日
3日	121日〜168日	5日	6日	6日	8日	9日	10日	11日
2日	73日〜120日	3日	4日	4日	5日	6日	6日	7日
1日	48日〜72日	1日	2日	2日	2日	3日	3日	3日

3　従業員は，年次有給休暇を取得しようとするときは，あらかじめ時季を指定して請求するものとする。ただし，会社は事業の正常な運営に支障があるときは，従業員の指定した時季を変更することがある。
4　第1項及び第2項の出勤率の算定に当たっては，年次有給休暇を取得した期間，産前産後の休業期間，育児休業，介護休業等育児又は家族介護を行う労働者の福祉に関する法律（以下「育児・介護休業法」

という。）に基づく育児・介護休業期間及び業務上の傷病による休業期間は出勤したものとして取り扱う。

　5　第3項の規定にかかわらず，従業員の過半数を代表する者との書面による協定により，各従業員の有する年次有給休暇日数のうち5日を超える部分について，あらかじめ時季を指定して与えることがある。

　6　当該年度に新たに付与した年次有給休暇の全部又は一部を取得しなかった場合には，その残日数は翌年度に繰り越される。

（産前産後の休業等）

第19条　6週間（多胎妊娠の場合は14週間）以内に出産する予定の女性従業員から請求があったときは，休業させる。

　2　出産した女性従業員は，8週間は休業させる。ただし，産後6週間を経過した女性従業員から請求があったときは，医師が支障がないと認めた業務に就かせることができる。

（母性健康管理のための休暇等）

第20条　妊娠中又は出産後1年を経過しない女性従業員から，所定労働時間内に母子保健法に基づく健康診査又は保健指導を受けるため，通院に必要な時間について休暇の請求があったときは，通院休暇を与える。

　2　妊娠中又は出産後1年を経過しない女性従業員から，保健指導又は健康診査に基づき勤務時間等について医師等の指導を受けた旨申出があった場合，次の措置を講ずることとする。

　　①　妊娠中の通勤緩和
　　　　通勤時の混雑を避けるよう指導された場合は，原則として1時間の勤務時間の短縮又は1時間以内の時差通勤

　　②　妊娠中の休憩の特例
　　　　休憩時間について指導された場合は，適宜休憩時間の延長，休憩の回数の増加

　　③　妊娠中又は出産後の諸症状に対応する措置
　　　　妊娠又は出産に関する諸症状の発生又は発生のおそれがあるとして指導された場合は，その指導事項を守ることができるようにするため作業の軽減，勤務時間の短縮，休業等

（育児休業等）

第21条　1歳に満たない子を養育する従業員は，育児休業又は育児短時間勤務制度の適用を，1歳から3歳に満たない子を養育する従業員は，育児短時間勤務制度の適用を受けることができる。

2 育児休業をし，又は育児短時間勤務制度の適用を受けることができる従業員の範囲その他必要な事項については，「育児・介護休業及び育児・介護短時間勤務に関する規程」で定める。

（介護休業等）
第22条 従業員のうち必要のある者は，会社に申し出て介護休業し，又は介護短時間勤務制度の適用を受けることができる。
2 介護休業をし，又は介護短時間勤務制度の適用を受けることができる従業員の範囲その他必要な事項については，「育児・介護休業及び育児・介護短時間勤務に関する規程」で定める。

（育児時間等）
第23条 1歳に満たない子を養育する女性従業員から請求があったときは，休憩時間のほか1日について2回，1回について30分の育児時間を与える。
2 生理日の就業が著しく困難な女性従業員から請求があったときは，必要な期間休暇を与える。

（慶弔休暇）
第24条 従業員が次の事由により休暇を申請した場合は，次のとおり慶弔休暇を与える。
① 本人が結婚したとき　　　　　　　　　　　　　○日
② 妻が出産したとき　　　　　　　　　　　　　　○日
③ 配偶者，子又は父母が死亡したとき　　　　　　○日
④ 兄弟姉妹，祖父母，配偶者の父母又は兄弟姉妹が死亡したとき
　　　　　　　　　　　　　　　　　　　　　　　○日

第6章　賃　金
（賃金の構成）
第25条 賃金の構成は，次のとおりとする。

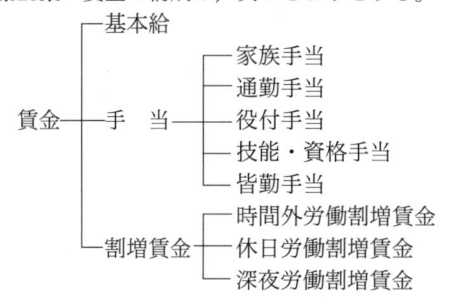

```
                    ┌─ 基本給
                    │         ┌─ 家族手当
                    │         ├─ 通勤手当
   賃金 ────────────┼─ 手 当 ─┼─ 役付手当
                    │         ├─ 技能・資格手当
                    │         └─ 皆勤手当
                    │         ┌─ 時間外労働割増賃金
                    └─ 割増賃金┼─ 休日労働割増賃金
                              └─ 深夜労働割増賃金
```

(基本給)
第26条　基本給は，本人の職務内容，経験，技能，勤務成績，年齢等を考慮して各人ごとに決定する。

(家族手当)
第27条　家族手当は，次の扶養家族を有する従業員に対し，支給する。
　　①　配偶者　　　　　　　　　　　　月額〇円
　　②　18歳未満の子1人から3人まで
　　　　　　　　　1人につき月額〇円
　　③　60歳以上の父母1人につき月額〇円

(通勤手当)
第28条　通勤手当は，月額〇円までの範囲内において，通勤に要する実費に相当する額を支給する。

(役付手当)
第29条　役付手当は，次の職位にある者に対し支給する。
　　①　店長　　　　　　　　　　　　　月額〇円
　　②　副店長　　　　　　　　　　　　月額〇円
　　③　課長　　　　　　　　　　　　　月額〇円
　　④　係長　　　　　　　　　　　　　月額〇円
　　⑤　主任　　　　　　　　　　　　　月額〇円

(技能・資格手当)
第30条　技能・資格手当は，次の資格を持ち，その職務に就く者に対し，支給する。
　　①　安全・衛生管理者（安全衛生推進者を含む。）　月額〇円
　　②　防火管理者　　　　　　　　　　月額〇円
　　③　建築物環境衛生管理技術者　　　月額〇円
　　④　ボイラー技師　　　　　　　　　月額〇円
　　⑤　電気主任技術者　　　　　　　　月額〇円
　　⑥　食品衛生責任者　　　　　　　　月額〇円
　　⑦　販売士　　　　　　　　　　　　月額〇円
　　⑧　調理師　　　　　　　　　　　　月額〇円
　　⑨　栄養士　　　　　　　　　　　　月額〇円

(皆勤手当)
第31条　皆勤手当は，当該賃金計算期間において無欠勤の場合に，月額〇円を支給する。

この場合において，年次有給休暇を取得したときは，出勤したものとみなす。

2　第1項の皆勤手当の計算に当たっては，遅刻又は早退3回をもって欠勤1日とみなす。

（割増賃金）

第32条　割増賃金は，次の算式により計算して支給する。

① 時間外労働割増賃金（所定労働時間を超えて労働させた場合）

$$\frac{基本給＋役付手当＋皆勤手当＋技能・資格手当}{1か月平均所定労働時間数}\times 1.25 \times 時間外労働時間数$$

② 休日労働割増賃金（所定の休日に労働させた場合）

$$\frac{基本給＋役付手当＋皆勤手当＋技能・資格手当}{1か月平均所定労働時間数}\times 1.35 \times 休日労働時間数$$

③ 深夜労働割増賃金（午後10時から午前5時までの間に労働させた場合）

$$\frac{基本給＋役付手当＋皆勤手当＋技能・資格手当}{1か月平均所定労働時間数}\times 0.25 \times 深夜労働時間数$$

2　前項の1か月平均所定労働時間数は，次の算式により計算する。

$$\frac{(365－年間所定休日日数)\times 1日の所定労働時間数}{12}$$

（休暇等の賃金）

第33条　年次有給休暇の期間は，所定労働時間労働したときに支払われる通常の賃金を支給する。

2　産前産後の休業期間，母性健康管理のための休暇，育児・介護休業法に基づく育児休業及び介護休業の期間，育児時間，生理日の休暇の期間は，無給とする。

3　慶弔休暇の期間は，第1項の賃金を支給する。

4　第9条に定める休職期間中は，原則として賃金を支給しない（〇か月までは〇割を支給する。）。

（欠勤等の扱い）

第34条　欠勤，遅刻，早退及び私用外出の時間については，1時間当たりの賃金額に欠勤，遅刻，早退及び私用外出の合計時間数を乗じた額を差し引くものとする。

（賃金の計算期間及び支払日）

第35条　賃金は，毎月末日に締切り，翌月〇日に支払う。ただし，支払日

が休日に当たるときは，その前日に繰り上げて支払う。
　2　計算期間の中途で採用され，又は退職した場合の賃金は，当該計算期間の所定労働日数を基準に日割計算して支払う。

（賃金の支払いと控除）

第36条　賃金は，従業員に対し，通貨で直接その全額を支払う。ただし，次に掲げるものは，賃金から控除するものとする。
　① 源泉所得税
　② 住民税
　③ 健康保険（介護保険を含む。）及び厚生年金保険の保険料の被保険者負担分
　④ 雇用保険の保険料の被保険者負担分
　⑤ 従業員代表との書面による協定により賃金から控除することとしたもの

（非常時払い）

第37条　従業員又はその収入によって生計を維持する者が，次のいずれかに該当し，その費用に当てるため，従業員から請求があったときは，その都度，そのときまでの労働に対する賃金を支払う。
　① 出産，疾病又は災害の場合
　② 結婚又は死亡の場合
　③ やむを得ない理由によって1週間以上帰郷する場合

（昇　給）

第38条　昇給は，毎年○月○日をもって，基本給について行うものとする。ただし，会社の業績の著しい低下その他やむを得ない事由がある場合には，この限りではない。
　2　昇給額は，従業員の勤務成績等を考慮して各人ごとに決定する。

（賞　与）

第39条　賞与は，原則として毎年○月○日及び○月○日に在籍する従業員に対し，会社の業績等を勘案して○月○日及び○月○日に支給する。ただし，会社の業績の著しい低下その他やむを得ない事由がある場合には，支給時期を延長し，又は支給しないことがある。
　2　前項の賞与の額は，会社の業績及び従業員の勤務成績等を考慮して各人ごとに決定する。

第7章　定年，退職及び解雇

（定年等）
第40条　従業員の定年は，満60歳とし，定年に達した日の属する月の末日をもって退職とする。
　2　前項の規定にかかわらず，会社が必要と認めた者については，定年後嘱託として再雇用することがある。

（退　職）
第41条　前条に定めるもののほか従業員が次のいずれかに該当するときは，退職とする。
　①　退職を願い出て会社から承認されたとき，又は退職願を提出して14日を経過したとき
　②　期間を定めて雇用されている場合，その期間を満了したとき
　③　第9条に定める休職期間が満了し，なお，休職事由が消滅しないとき
　④　死亡したとき

（解　雇）
第42条　従業員が次のいずれかに該当するときは，解雇することができる。
　①　勤務成績又は業務能率が著しく不良で，向上の見込みがなく，他の職務にも転換できない等，就業に適さないと認められたとき
　②　勤務状況が著しく不良で，改善の見込みがなく，従業員としての職責を果たし得ないと認められたとき
　③　業務上の負傷又は疾病による療養の開始後3年を経過しても当該負傷又は疾病がなおらない場合であって，従業員が傷病補償年金を受けているとき又は受けることとなったとき（会社が打切補償を支払ったときを含む。）
　④　精神又は身体の障害については，適正な雇用管理を行い，雇用の継続に配慮してもなおその障害により業務に耐えられないと認められたとき
　⑤　試用期間中又は試用期間満了時までに従業員として不適格であると認められたとき
　⑥　第56条に定める懲戒解雇事由に該当する事実があると認められたとき
　⑦　事業の運営上のやむを得ない事情又は天災事変その他これに準ずるやむを得ない事情により，事業の継続が困難となったとき

⑧　事業の運営上のやむを得ない事情又は天災事変その他これに準ずるやむを得ない事情により，事業の縮小・転換又は部門の閉鎖等を行う必要が生じ，他の職務に転換させることが困難なとき
⑨　その他前各号に準ずるやむを得ない事情があったとき
2　前項の規定により従業員を解雇する場合は，少なくとも30日前に予告をするか又は予告に代えて平均賃金の30日分以上の解雇予告手当を支払う。ただし，労働基準監督署長の認定を受けて第56条に定める懲戒解雇をする場合及び次の各号のいずれかに該当する従業員を解雇する場合は，この限りでない。
①　日々雇い入れられる従業員（1か月を超えて引き続き雇用される者を除く。）
②　2か月以内の期間を定めて使用する従業員（その期間を超えて引き続き雇用される者を除く。）
③　試用期間中の従業員（14日を超えて引き続き雇用される者を除く。）
3　第1項の規定による従業員の解雇に際し，当該従業員から請求のあった場合は，解雇の理由を記載した証明書を交付する。

第8章　退職金

（退職金の支給）

第43条　勤続〇年以上の従業員が退職し，又は解雇されたときは，この章に定めたところにより退職金を支給する。
　　　ただし，第56条により懲戒解雇された者には，退職金の全部又は一部を支給しないことがある。

（退職金の額）

第44条　退職金の額は，退職又は解雇時の基本給の額に，勤続年数に応じて定めた別表の支給率を乗じた金額とする。
　2　第9条により休職する期間は，会社の都合による場合を除き，前項の勤続年数に算入しない。

（退職金の支払方法及び支払時期）

第45条　退職金は，支給の事由の生じた日から〇か月以内に，退職した従業員（死亡による退職の場合はその遺族）に対して支払う。

第9章　安全衛生及び災害補償

（遵守義務）

第46条　会社は，従業員の安全衛生の確保及び改善を図り，快適な職場の形成のため必要な措置を講ずる。

　2　従業員は，安全衛生に関する法令及び会社の指示を守り，会社と協力して労働災害の防止に努めるとともに，特に安全，防災に関し，次の事項を守らなければならない。

　①　自衛消防隊を会社が組織する場合は，必ず加入すること
　②　消火栓，消化器等の機器並びに資材の設置場所及びその取扱方法を熟知しておくこと
　③　ガス，電気，危険物，有害物質等の取扱いは，所定の方法に従い特に慎重に行うこと
　④　通路，階段，非常口及び消火設備のある場所に物品等を置かないこと
　⑤　前各号のほか，安全，防災に関する管理者の指示に従うこと

（非常災害等の措置）

第47条　従業員は，災害その他非常災害の発生する危険を予知し，又は異常を発見したときは，直ちに所属長に通報し，臨機の措置をとらなければならない。

　2　従業員は，火災その他非常災害が発生した場合は，互いに協力してその被害を最小限にとどめるよう努力し，顧客等の避難誘導等適切な措置を講じなければならない。

（衛生に関する心得）

第48条　従業員は，健康の保持向上に努め，衛生管理者その他の関係者の指示に従い，会社の行う健康に関する施策の推進に協力し，かつ指示を励行しなければならない。

（健康診断）

第49条　従業員に対しては，採用の際及び毎年1回，深夜業その他特定有害業務に従事する者は6か月ごとに1回，定期に健康診断を行う。

　2　前項の健康診断の結果必要と認めるときは，労働時間の短縮，配置転換その他健康保持上必要な措置を命ずることがある。

（安全衛生教育）

第50条　従業員に対し，雇入れの際及び配置換え等により作業内容を変更した際に，その従事する業務に必要な安全衛生教育を行う。

(就業禁止等)
第51条　他人に伝染するおそれのある疾病にかかっている者，又は疾病のため他人に害を及ぼすおそれのある者，その他医師が就業不適当と認めた者は，就業させない。
　2　従業員は，同居の家族又は同居人が他人に伝染するおそれのある疾病にかかり，又はその疑いのある場合には，直ちに所属長に届け出て，必要な指示を受けなければならない。

(災害補償)
第52条　従業員が業務上の事由又は通勤により負傷し，疾病にかかり，又は死亡した場合は，労働基準法及び労働者災害補償保険法に定めるところにより災害補償を行う。

第10章　教育訓練
(教育訓練)
第53条　会社は，従業員に対し，業務に必要な知識，技能を高め，資質の向上を図るため，必要な教育訓練を行う。
　2　従業員は，会社から教育訓練を受講するよう指示された場合には，特段の事由がない限り指示された教育訓練を受けなければならない。

第11章　表彰及び懲戒
(表　彰)
第54条　会社は，従業員が次のいずれかに該当する場合は，表彰する。
　　①　業務上有益な創意工夫，改善を行い，会社の運営に貢献したとき
　　②　永年にわたって誠実に勤務し，その成績が優秀で他の模範となるとき
　　③　事故，災害等を未然に防ぎ，又は非常事態に際し適切に対応し，被害を最小限にとどめるなど特に功労があったとき
　　④　社会的功績があり，会社及び従業員の名誉となったとき
　　⑤　前各号に準ずる善行又は功労のあったとき
　2　表彰は，原則として会社の創立記念日に行う。

(懲戒の種類)
第55条　会社は，従業員が次条のいずれかに該当する場合は，その事由に応じ次の区分により懲戒を行う。
　　①　けん責　　始末書を提出させて将来を戒める。

② 減給　始末書を提出させて減給する。ただし，減給は1回の額が平均賃金の1日分の5割を超えることはなく，また，総額が1賃金支払い期間における賃金総額の1割を超えることはない。
③ 出勤停止　始末書を提出させるほか，○日間を限度として出勤を停止し，その間の賃金は支給しない。
④ 懲戒解雇　即時に解雇する。

（懲戒の事由）
第56条　従業員が次のいずれかに該当するときは，情状に応じ，けん責，減給又は出勤停止とする。
① 正当な理由なく無断欠勤○日以上に及ぶとき
② 正当な理由なくしばしば欠勤，遅刻，早退するなど勤務を怠ったとき
③ 過失により会社に損害を与えたとき
④ 素行不良で会社内の秩序又は風紀を乱したとき
⑤ 第11条及び第12条に違反したとき
⑥ その他この規則に違反し，又は前各号に準ずる不都合な行為があったとき

2　従業員が次のいずれかに該当するときは，懲戒解雇とする。この場合において，行政官庁の認定を受けたときは，労働基準法第20条に規定する予告手当は支給しない。ただし，平素の服務態度その他情状によっては，第42条に定める普通解雇又は減給若しくは出勤停止とすることがある。
① 重要な経歴を詐称して雇用されたとき
② 正当な理由なく無断欠勤○日以上に及び，出勤の督促に応じなかったとき
③ 正当な理由なく無断でしばしば遅刻，早退又は欠勤を繰り返し，○回にわたって注意を受けても改めなかったとき
④ 正当な理由なく，しばしば業務上の指示・命令に従わなかったとき
⑤ 故意又は重大な過失により会社に重大な損害を与えたとき
⑥ 会社内において刑法その他刑罰法規の各規定に違反する行為を行い，その犯罪事実が明らかとなったとき（当該行為が軽微な違反である場合を除く。）
⑦ 素行不良で著しく会社内の秩序又は風紀を乱したとき

⑧　数回にわたり懲戒を受けたにもかかわらず，なお，勤務態度等に関し，改善の見込みがないと認められたとき

⑨　相手方の望まない性的言動により，円滑な職務遂行を妨げたり，職場の環境を悪化させ，又はその性的言動に対する相手方の対応によって，一定の不利益を与えるような行為を行ったとき

⑩　許可なく職務以外の目的で会社の施設，物品等を使用したとき

⑪　職務上の地位を利用して私利を図り，又は取引先等より不当な金品を受け，若しくは求め，又は供応を受けたとき

⑫　私生活上の非違行為や会社に対する誹謗中傷等によって会社の名誉信用を傷つけ，業務に重大な悪影響を及ぼすような行為があったとき

⑬　会社の業務上重要な秘密を外部に漏洩して会社に損害を与え，又は業務の正常な運営を阻害したとき

⑭　その他前各号に準ずる程度の不適切な行為があったとき

3　第2項の規定による従業員の懲戒解雇に際し，当該従業員から請求のあった場合は，懲戒解雇の理由を記載した証明書を交付する。

（附　則）

　　この規則は，平成〇年〇月〇日から施行する。

　　別表（第44条第1項関係）　　（略）

第5章 賃　金

第1節　賃金規制の必要性

　賃金は労働者にとって唯一の生活の糧であり，労働者が健康で文化的な生活をするためには，第1に，賃金額がそれにふさわしい必要がある。しかし，賃金額の保障だけでは不十分である。古くから，使用者は賃金の支払いに関して，現金給付にかわって工場の製品あるいは商店の商品で支払う現物給付支給の慣行が少なくなく，労働者は工場製品や商品を第三者に売ることにより現金を得ようとすると，安く買いたたかれてしまい，賃金額の保障が無意味になってしまうことになる。また，労働者を足止めするために，賃金の一部のみを支払い，残りの賃金を半年後にまとめて支払うということや，賃金が使用者から第三者に支払われることもあった。このような場合には，いずれも労働者の生活は困難となる。このため，第2に，賃金額に関する最低基準設定にとどまらず，使用者による賃金支払いの方法に関する規制も不可欠である。
　こうして賃金に関する現行の法制は，賃金額の保障は最低賃金法にゆだねて，労働基準法は賃金の支払方法に対する規制を加えているのが特徴である。

第2節　賃金の意義

1　賃金概念の重要性

　労働法においては，「賃金」はきわめて重要な概念となっている。

第1に、使用者から労働者に支給される金員が「賃金」に該当すれば、後述するように、労基法24条の規定する通貨払い、直接払い、全額払いなどの原則の適用を受けるなどの法規制を受けることになる。

第2に、「賃金」は労働法上の「労働者」概念を確定するキーワードでもある。例えば憲法28条は、「勤労者」の団結権・団体交渉権および争議権(団体行動権)を保障しているが、この「勤労者」とは、公務員を含む賃金生活者と理解されている(労組3条参照)。したがって、労働基本権が保障される主体のキー概念として、集団的労働関係法においても「賃金」が重要な意義を担っていることとなるが、このことは、個々の労働条件を規制する個別労働関係法においても妥当する。その代表的法令である労基法において、「労働者」とは、職業の種類を問わず、事業に使用される者で、「賃金」を支払われる者と定義されている(同9条)。すなわち、「賃金」を支払われる者が、労基法の適用を受ける労働者となるのである。また、最低賃金法や労働安全衛生法などでも、労働者とは労基法と同一の定義となっている(最賃2条、労安2条2号)。このように、「賃金」は、賃金の支払方法の規制を受ける対象であるだけでなく、労働者を定義するための基本概念でもある。

2 賃金の定義

「賃金」とは、「賃金、給料、手当、賞与その他名称の如何を問わず、労働の対償として使用者が労働者に支払うすべてのものをいう」(労基11条)。

まず、賃金とは名称を問わない。使用者が「賃金」として支払うと、通貨払原則などの規制を受けるが、「謝礼」と命名するとこれらの規制の適用を免れるというのは不当であるから、これは当然であろう。また、賃金は「使用者が労働者に支払う」ものであるから、接客娯楽業等で顧客から労働者に支払われるチップは、賃金には該当しない。もっとも、温泉街の接客娯楽業に従事する労働者が無償もしくはきわめて低廉な価格で食事の供与を受け、または宿泊を許容されている場合、チップも賃金に該当する[1]。結局、「賃金」とは、「労働の対償」として、使用者から労働者に支

---

(1) 昭23・2・3基発164号

払われるものであり，恩恵的な給付や，福利厚生費，交際費，制服・作業着などの業務費などは賃金に該当しない。

　このように，一般的には，「労働の対酬」と「任意的・恩恵的」給付とは，対立する概念であるが，賞与や退職金のように，両方の性格を有するものがあることも否定できない。賞与や退職金は，本来は商業従事者のモチ代あるいはノレン分けが現金化したものであり，そのかぎりでは，使用者による恩恵的給付である。しかし同時に，賞与や退職金は，賃金の後払い的性格をも有するものである。この意味において，賞与や退職金は，この二分法だけでは処理できない側面があるため，より明確な基準が必要となる。このため，「賃金」の定義にあたっては，労働の対償的性格を中心としながら，「労働協約，就業規則あるいは労働契約などにより，あらかじめ支給条件が明確なもの」を労基法上の「賃金」と把握するのが一般的である[2]。これにより，賞与や退職金のほか，結婚祝金などの臨時の賃金ついても，その支給条件があらかじめ労働協約や就業規則などにより明確となっている場合には，労基法上の賃金に該当することになる[3]。

　なお，ストックオプションは，権利付与を受けた労働者が，権利行使をするか否か，また権利行使をする場合でも，その時期や株式売却期間をいつにするかを労働者自身が決定するものであり，この制度から得られる利益は，それが発生する時期および額とともに労働者の判断に概ね委ねられているため，労働の対償ではなく，労基法上の賃金には該当しない[4]。

3　平均賃金

　労基法では，平均賃金という用語が，解雇予告手当（20条1項・2項），休業手当（26条），年次有給休暇手当（39条6項），休業補償（76条），障害補償（77条），遺族補償（79条），葬祭料（80条），打切補償（81条），分割補

---

　[2]　昭22・9・13発基17号
　[3]　退職金を労基法上の賃金と認めたものとして，伊予相互金融事件・最三小判昭43・5・28労判176号63頁
　[4]　平9・6・1基発412号。ただし税法上は一時所得ではなく，給与所得とされる（荒川税務署長（日本アプライト・ストックオプション）事件・最三小判平17・1・25労判885号5頁）。

償（82条），減給処分の制限（91条）との関係で用いられている。これは，各月ごとの賃金額の差が大きい場合，支給される額に変動が生じることから，支払事由が発生した3ヵ月前の平均額を支給しようとするもので，技術的な賃金概念である（12条）。

平均賃金の原則的な算定方法は，手当の支給事由が発生した日以前の3ヵ月間に労働者に支払われた賃金総額を，その期間の総日数（暦日数）で除した金額である（同条1項本文）。3ヵ月の総労働日数で除するのではないことに，注意が必要である。なお，平均賃金の算定にあたって，労働者に不利とならないように，賃金支給がないか，あるいは低額となる，①業務上災害による疾病のために休業する期間，②産前産後休暇期間，③使用者の責に帰すべき休業期間，④育児介護休業期間，⑤試用期間については，賃金総額・日数ともに控除される（同条3項）。また，賃金総額から，①臨時の賃金，②賞与のように3ヵ月を超えて支給される賃金，③食事の給付のような通貨以外の現物給付は賃金総額に算入されない（同条4項）。

第3節　賃金額の保障——最低賃金法

1　最低賃金法の概観

最低賃金の定めに関しては，かつて労働基準法28〜31条において規定されていたが，1回も発動されることなく，1959年改正により，最低賃金法の定めるところによることとなった。

最低賃金法は，賃金の最低額を保障することにより，労働条件の改善を図り，もって労働者の生活の安定，労働力の質的向上および事業の公正な競争に資するとともに，国民経済の健全な発展に寄与することを目的としている（1条）。最低賃金は，時間・日・週または月単位（現行は時間額のみ）で定められる（4条）が，労働者の生計費，類似の労働者の賃金および通常の事業の賃金支払能力の3点を考慮して決定するものとされる（3条）。しかし，最低賃金額の決定につき，事業の支払能力を考慮するのは問題であろう。

また，最低賃金の決定方式については，労働協約に基づく地域的最低賃金（11条）と，最低賃金審議会の調査審議に基づく最低賃金（16条）との2種類がある。いわゆる11条方式・16条方式といわれるものである。まず11条方式は，一定の地域内の事業場で使用される同種の労働者およびその使用者の大部分が賃金の最低額に関する定めを含む1つの労働協約の適用を受ける場合，または賃金の最低額について，実質的に内容を同じくする規定を含む2つ以上の労働協約のいずれかの適用を受ける場合に，厚生労働大臣または各都道府県労働基準局長が，当該地域内の事業場で使用される同種の労働者およびその使用者の全部に適用する最低賃金を決定することができる方式である。この場合には，当該労働協約の当事者である労働組合または使用者・使用者団体の全部の合意による申請が要件とされる。しかし，職業別組合，産業別組合あるいは一般労組のように超企業的な労働組合の形態をとる欧米とは異なり，企業別組合が中心であるわが国では，労働協約所定の労働条件が企業を超えて地域レベルにまで拡大されることはきわめてまれであるから，11条方式による最低賃金決定はほとんどみられない。

このため，わが国では，16条方式による最低賃金決定方式が一般的である。16条方式は，厚生労働大臣または都道府県労働局長が，一定の事業，職業または地域について，賃金の低廉な労働者の労働条件の改善を図るための必要があると認めた場合，公益・労使代表委員の三者構成である最低賃金審議会の調査審議を求め，その意見を尊重して，最低賃金を決定する方式である。

2 最低賃金法の効力

以上の方式により最低賃金額が決定された場合，使用者は，最低賃金の適用を受ける労働者に対して，所定の最低賃金額以上の賃金を支払わなければならず（5条1項），これに違反して，最低賃金以下の賃金を支払う者は，1万円以下の罰金刑に処される（44条）。これが，最低賃金法の刑事的効力である。

また，最低賃金の適用を受ける労働者の労働契約において，最低賃金額に達しない賃金額を定めても無効であり（強行的効力），無効となった部

分は最低賃金と同様の定めをしたものとみなされる（直律的効力）という民事的効力が付与されている（5条2項）。

なお，当該最低賃金に別段の定めがある場合を除き，厚生労働省令で定めるところにより，使用者が都道府県労働局長の許可を受けたときは，以下の労働者については，最低賃金額の適用は除外される。具体的には，①精神または身体の障害により著しく労働能力の低い者，②試用期間中の者，③職業訓練中の者で厚生労働省令が定める者，④所定労働時間のとくに短い者，軽易な業務に従事する者その他厚生労働省令で定める者となっている（8条）。もっとも，①の除外の許可基準としては，精神または身体障害が当該業務の遂行に直接支障をきたすことが明白であること，当該労働者の労働能率が当該最低賃金の適用を受ける他の労働者の最下層の能力者の労働能率に達しないことが必要であり，この場合の最低賃金額は，最下層の能力者より労働能率が低い割合に対応する金額を減じた額を下回ってはならないとされているほか，②については，試用の実態があるもので，最長6ヵ月を限度とすることとされ，④については，所定労働時間が最低賃金の適用を受ける労働者の所定労働時間の3分の2程度以下の場合とされている(5)(6)。

第4節　賃金の支払方法

1　総論

前述したように，労働基準法は，最低賃金額の保障については最低賃金法にゆだね，もっぱら賃金の支払方法の規制をしているのが特徴であり，賃金の支払方法に関して，①通貨払いの原則，②直接払いの原則，③全額

---

(5)　昭34・10・28基発747号

(6)　最賃法をめぐっては，①地域別最低賃金額は，生活保護との整合性をも考慮すること，②労働協約方式による最低賃金方式を廃止すること，③派遣労働者の最低賃金額については，派遣先の地域（職種）における最低賃金を適用することなどが提案されている。

払いの原則，④毎月1回以上払いの原則，⑤定期日払いの原則，⑥非常時払いの原則という6つの原則を定めている。いずれも，労働者の唯一もしくは重要な収入源である賃金が確実に支給されるよう保障することを目的とするものである。

2 通貨払いの原則

(1) 原 則

まず，賃金は「通貨」で支払われなければならない（24条1項本文）。この原則は，まず，現物給付（truck-system）の禁止が目的となっているのは明確であるが，同時に，外国通貨，手形，小切手などの支払いも禁止している。地域によっては，外国通貨の邦貨との交換が困難であるし，手形・小切手は不渡りの危険性が否定できないからである。このため，現物給付，外国通貨，手形・小切手，株券，郵便為替などの支払いは，すべて禁止されることになる。このため賃金は，日本銀行券あるいは財務省造幣局発行の補助貨幣で支払われなければならない。

なお裁判例では，小切手による支払いが通貨払いの原則に違反するとするもの[7]，賞与として自社株式150万円分を支給することは，やはり同原則に抵触するものとされている[8]。

(2) 例 外

通貨払いが例外的に許容されるのは，①法令に別段の定めがある場合，②労働協約に別段の定めがある場合，あるいは③厚生労働省令で定める賃金で，確実な支払いの方法による賃金の場合である。

まず，①の通貨払いの例外を定める法令とは，法律，命令（政令，省令）といった国家法のほかに，地方自治法規である条例，規則が含まれる[9]ことに注意されるべきである。現在，現物給付を認める法令は存在しない。

---

[7] 財団法人日本国際連合会事件・東京地判昭40・5・17労民集15巻3号411頁
[8] ジャード事件・東京地判昭53・2・23労判293号52頁
[9] 昭33・2・13基発90号

例外②の労働協約とは、労働組合法14条の要件（書面作成と、両当事者の署名もしくは記名押印）を充足したものでなければならず、過半数労働者代表との書面協定は含まれないが、過半数組合の労働協約である必要はない。なお、労働協約で賃金以外のものを支払う場合、いくらの通貨に換算されるかを明確に定めておかなければならない（労基則2条2項）。

例外③は、労働者が指定する金融機関や証券会社の証券総合口座への振込みと、退職金の支払保証小切手などの支払いを合法化するものである。前者については、労働者の同意を得ること（労基則7条の2第1項）、当該労働者の指定する銀行の本人名義の口座に振り込むことが要件とされる。退職金については、労働者の同意を得ることを条件として、銀行その他の金融機関によって振り出された自己宛小切手、銀行その他の金融機関が支払保証した小切手、郵便為替を交付することが認められている（同条の2第2項）。

3　直接払いの原則

賃金は、労働者に直接支払われなければならず、第三者に支払うことは禁止される。これは、いわゆるピンハネを防止することを目的とするものであり、この原則には、例外がない。

ところで、使用者が未成年である労働者の賃金を、その親権者の銀行口座に振り込んだ場合には、労基法24条および59条に違反することとなる。賃金の受領に関する委任・代理行為は無効であるが、単に賃金受領の機械にすぎない「使者」に対する支払いは、直接払いの原則に違反しない[10]。

また、給与、賞与、退職金の4分の1を超えない範囲において、差押えすることが認められている（民執152条）が、この場合には、直接払いの原則に抵触しない。

では、労働者の賃金債権が第三者に有効に譲渡された場合であっても、使用者はなお、労働者本人に対する賃金の支払いが義務づけられるであろうか。

この問題に関し、最高裁は、国家公務員等退職手当法にもとづく退職金

---

[10]　昭63・3・14基発150号

が労基法24条1項の賃金ないしこれに準ずるものと解したうえで，直接払いの原則を適用し，使用者は，賃金債権が第三者に譲渡された場合であっても，退職金の譲受人はみずから使用者に対してその支払いを求めることはできないとしている[11]。

4 全額払いの原則

(1) 原 則

賃金は，その全額が支払われなければならない。この規定は，賃金の一部の支払留保による労働者の足止めを予防することにあるが，何よりも，賃金の全額の支払いを保障することにより，労働者の生活を安定させることを目的としている。全額払いの原則は，すでに発生している賃金の不払いが許されないという意味であるから，欠勤・遅刻・早退による労務不提供部分や，労働争議に参加したため，労務提供拒否に対応する賃金部分を控除することは，この原則に抵触するものではない。この場合には，そもそも賃金請求権が発生していないからである。

賃金の一部を非常時払い（労基25条）や前払いをした場合，残りの賃金を支払期日に支払うことは，前払分はすでに支払われていることとなるから，控除の問題とはならない。さらに，遅刻・早退の賃金計算について，労務提供がなかった限度を超えて控除する場合には，労基法91条が規定する減給の制裁として，かつその範囲内で行わなければならない[12]。

(2) 例 外

全額払いについては，①法令に別段の定めがある場合，②当該事業場の労働者の過半数を組織する労働組合，そのような労働組合がない場合には過半数従業員代表との書面協定が締結された場合には，使用者は賃金の一部を控除して支払うことができる（24条1項但書後段）。①については，所得税法・地方税法のような税金や，社会保険料の労働者負担部分などの控除が認められている（所税183条以下，地税321条の3以下，健保167条，厚年84条など）。

---

(11) 小倉電話局事件・最三小判昭43・3・12民集22巻3号562頁

(12) 昭63・3・14基発150号

②については，通貨払いの例外が労働組合の意思（労働協約の締結）を反映させているのに対し，全額払いの例外の要件としては，従業員の過半数の意思を反映させようとするものである（24条1項但書）。ただし，過半数従業員代表との書面協定により賃金の一部を控除する場合であっても，購買代金，住宅，寮その他の福利厚生施設の費用，社内預金，組合費などの事由明白なものに限られること[13]に留意されるべきである。

(3) 全額払いの原則に関する法律問題

全額払いの原則については，様々な問題がある。

(a) 使用者の有する損害賠償債権との一方的相殺　全額払いの原則との関係で，使用者が労働者に対して有する債権を自動債権として，労働者の賃金債権を受動債権として相殺することが，労基法24条1項によって禁止される「控除」に該当するかが問題となる。典型的には，労働者の不法行為あるいは債務不履行を理由とする損害賠償債権で，使用者が賃金と相殺する場合である。

この点に関し，使用者が不法行為に基づいて労働者に対して有する損害賠償債権を自動債権とし，労働者の賃金債権を受動債権として相殺することの可否が争われた日本勧業経済会事件・最高裁判決[14]は，「労働者の賃金は，労働者の生活を支える重要な財源で，日常必要とするものであるから，これを労働者に確実に受領させ，その生活に不安のないようにすることは，労働政策の上から極めて必要」であるとして，全額払いの原則は，「使用者が労働者に対して有する債権をもって相殺することを許さないとの趣旨を包含するものと解する」とした。この考え方は，債務不履行を理由として賃金債権と相殺したケースである関西精機事件[15]でも採用されている。確かに，使用者が労働者に対して有する損害賠償請求権をもって賃金債権と相殺することは妥当のように思われるが，そもそも損害額につき使用者・労働者間に争いがあることが多いのが通例であり，使用者の一方的相殺が許容されれば，実際に生じた損害額以上が相殺される危険があるし，そも

---

[13]　昭27・9・20基発675号など

[14]　最大判昭36・5・31民集15巻5号1482頁

[15]　最二小判昭31・11・2民集10巻11号1413頁

そも労働者は賃金を唯一の生活手段としているものであり，たとえ損害賠償であったとしても，賃金から一方的に相殺されれば，労働者の生活が困難となる以上，判例の立場は支持されよう。

　もっとも，使用者に対する労働者の明白かつ重大な不法行為が存し，労働者の生活の保護の必要性を最大限考慮しても，相殺を許さないことが社会通念上著しく不当と認められる特段の事情がある場合には，退職金と損害賠償請求権との相殺は許容される[16]ことがある。

　(b)　過払賃金の調整的相殺　　賃金の支払いについては，ある月の賃金が当月中に先払いされる慣行がひろく行われており，この場合，賃金支払い後に欠勤などにより賃金減額事由が生じることが少なくない。また賃金の締切り直前に欠勤が生じたり，賃金の過誤算などにより過払いとなることも少なくない。では，24条1項但書の協定が存在しない場合，使用者が次期以降の賃金から，このような過払賃金を相殺することは，禁止される控除に該当するであろうか。

　この点に関し判例[17]は，ストライキに伴う賃金過払いが問題となった事例で，調整的相殺にかぎって，過払賃金を相殺することが許容されるとしている（調整的相殺説）。すなわち，①過払いの時期と相殺との時期とが密接に接着していること，②あらかじめ予告をしておくこと，③控除額が多大でないこと，要するに労働者の経済生活に支障をきたさない控除については，全額払いの原則に違反しないとしている。問題は，控除額が多大でないことの意味である。下級審判決のなかには，賃金の差押限度額を定める旧民事訴訟法618条2項（現行民執152条）を類推適用して，賃金の4分の1までの控除を認めるとするもの[18]があるが，裁判上の差押限度額と，使用者が一方的に控除する額とを同視することはできないし，それ以上に，賃金の4分の1を控除することは，労働者の経済生活に支障をきたすものであろう。前記福島県教組事件・最高裁判決は全給与の4％程度の控除を適法としているが，群馬県教組事件・最高裁判決[19]では，最高23％の過払

---

　(16)　坂崎彫刻工業事件・東京地判昭60・4・17労判451号13頁
　(17)　福島県教組事件・最一小判昭44・12・18民集23巻12号2495頁
　(18)　水道機工事件・東京高判昭54・9・25労民集30巻5号929頁
　(19)　最二小判昭45・10・30民集24巻11号1693頁

いを5ヵ月後に控除したこと，また，福岡県教組事件[20]では，いわゆる一斉休暇闘争参加を理由とする3ヵ月後に控除したことがいずれも全額払いの原則に違反するとされている。

(c) 賃金債権の放棄　使用者が労働者の同意を得て，賃金債権を放棄させた場合，全額払いの原則に違反するであろうか。これを認めると，使用者の圧力により，労働者が不本意ながら賃金債権を放棄する可能性が大きいから，一般的には許容されないものであろう。最高裁は，シンガー・ソーイング・メシーン事件[21]において，賃金債権の放棄が労働者の真の自由な意思に基づく場合には，全額払いの原則に違反しないとしているが，同事件は，西日本地区の総責任者である労働者が，会計上の不正や競業避止義務違反の転職をしたことから，退職後，会社に対する債権を一切有しないという念書を労働者自身が差し入れて，のちにこれを否定して，退職金を請求したという特殊な事案であり，この論旨を一般化することはできない。

一般的には上記最高裁判決の立場に依拠するとしても，①労働者の地位，②放棄される賃金の種類，③放棄する理由などの事情を総合的に判断することにより，労働者の自由な意思の認定については，慎重な判断がなされるべきであろう。

(d) 合意による相殺　以上のように，使用者が労働者に対して有する債権を自動債権として，労働者の賃金債権と一方的に相殺することは許容されないが，労働者との合意により相殺することは，全額払いの原則に違反しないであろうか。

合意による賃金債権との相殺につき，最高裁[22]は，「労働者がその自由な意思に基づき右相殺に同意した場合においては，右同意が労働者の自由な意思に基づいてされたものであると認めるに足りる合理的な理由が客観的に存在するとき」は，右同意を得た相殺は全額払いの原則に反しないとしている。ただし，この事案は，自己破産した労働者が退職金を住宅ロー

---

[20] 最一小判昭50・3・6集民114号299頁

[21] 最二小判昭48・1・19民集27巻1号27頁

[22] 日新製鋼事件・最二小判平2・11・26民集44巻8号1085頁

ンの残債と相殺して欲しいと申し出，使用者が了承したところ，破産管財人の弁護士が，このような相殺が全額払いの原則に違反するとの主張をしたものである。合意による相殺についても，労働者の「自由意思」の認定には，きわめて慎重な判断が求められよう。

 (e) チェック・オフと全額払いの原則　　組合員の組合費をその賃金から控除することをチェック・オフというが，この場合にも24条1項但書所定の協定の締結が要件とされるであろうか。済生会中央病院事件・最高裁判決[23]は，これを肯定し，同協定を締結するには24条1項但書の要件を充足しなければならないとしている。しかし，この判決によれば，過半数組合のみがチェック・オフ協定を締結できることとなり，少数派組合は，多数派組合あるいは未組織労働者の協力がなければ，同協定を締結できないことになる。もっとも，運動方針に大きな差異がある企業内組合が併存するわが国の現実では，このようなことは現実には不可能であろう。このため，学説は上記判決に批判的である。わが国の労働法制の基本原則は，アメリカが採用する交渉単位制とは異なり，組合員の数を問わず，平等に団結権が保障されるという団結平等主義で採用されていること，チェック・オフ協定が財政的側面における団結権保障に基づくもので，その法的根拠が憲法28条にもとめられることから，24条1項但書の要件は不要と解すべきである。

 また，24条1項但書の協定の効力は，いわゆる免罰的効力のみを有するものであり，使用者がチェック・オフをするには，同協定を締結することのほか，使用者は，個々の組合員から，賃金から控除した組合費相当分を労働組合に支払うことにつき委任を得る必要がある[24]。

 (f) 争議行為と賃金請求権　　争議行為，とくに同盟罷業（ストライキ）は労務提供拒否を本質とするものであるから，賃金請求権が発生しないことは前述したとおりである。外勤・出張業務命令を拒否して，内勤業務に従事した事案につき，使用者はこの内勤業務についての労務提供を受領したものとはいえないとして，内勤時間に対する賃金の支払いを否定し

---

[23] 最二小判平1・12・11民集43巻12号1786頁
[24] エッソ石油事件・最一小判平5・3・25労判650号6頁

た水道機工事件[25]、自動車教習所の技能指導員が、教習1時間のうち15分の時限ストを行ったのに対し、1時間分の賃金カットをしたことが適法とされた府中自動車教習所事件[26]、あるいはハチ巻着用による就労は、債務の本旨にしたがった就労とはいえず、その履行を拒否した以上、賃金請求権は発生しないとした米軍沖縄駐労事件[27]などがある。

また部分ストによりスト不参加者の労務提供が不能となった場合、使用者が不当労働行為の意思などの不当な目的をもってストライキを行わせたなどの事情がないかぎり、ストライキは民法536条2項の「債権者の責に帰すべき事由」に該当せず、スト不参加者は賃金請求権を有しない[28]。これに対し、ストライキ不参加組合員の就労不能が使用者の責めに基づく場合には、使用者は、賃金支払義務を免れない[29]。賃金カットの範囲については、労働協約や労働慣行の趣旨により個別的に決定されるもので、争議参加者の家族手当カットの慣行が存在する場合には、これをカットすることができるとされている[30]。しかし、このような明文規定や労働慣行が存在しない場合には、ストライキ参加を理由としてカットできる賃金は、拘束された労働時間に対して支払われる固定的賃金であり、労働の対価ではなく、生活補助として支払われる家族手当などの賃金を控除することは許されないであろう[31]。

5 毎月1回以上払いの原則、定期日払いの原則

賃金は、毎月1回以上、一定の期日を定めて支払わなければならない(24条2項本文)。したがって、3ヵ月に1度、賃金をまとめて支払うという賃金支払方式は違法である。年単位で総賃金が決定される年俸制の場合

---

[25] 最一小判昭60・3・7労判449号49頁
[26] 東京地判昭53・11・16労判308号65頁
[27] 福岡地那覇支判昭53・4・13労民集29巻2号253頁
[28] ノースウェスト航空事件・最二小判昭62・7・17民集41巻5号1283頁
[29] 高知県ハイヤータクシー事件・高松高判昭51・11・10労民集27巻6号587頁
[30] 三菱重工長崎造船所事件・最二小判昭56・9・18民集35巻6号1028頁
[31] 明治生命事件・最二小判昭40・2・5民集19巻1号52頁

でも，12等分して毎月支払うことになる。

　定期日払いの原則に関しては，毎月の月末あるいは15日などと，賃金支払日を具体的に特定しておく必要があり，毎月第4金曜日とすることは許されない。なお，毎月1回以上払いの原則および定期日払いの原則は，退職金，私傷病手当，病気見舞金などの臨時に支払われる賃金，賞与その他これに準ずるもので命令で定める賃金については適用されない（同項但書）。具体的には，①1ヵ月を超える期間の出勤成績によって支給される精勤手当，②1ヵ月を超える一定期間の継続勤務に対して支払われる勤続手当，③1ヵ月を超える期間にわたる事由によって算定される奨励加給または能率手当である（労基則8条）。

6　非常時払いの原則

　賃金は，後払いが原則である（民624条）。しかし，労働者が突然の事故により緊急の出費を迫られることが少なくなく，この場合には給与の前借りが利用されるが，使用者はそれに応じる法的義務はない。そこで規定されたのが非常時払いの原則であり，使用者は，所定の事由につき労働者が請求した場合には，「既往の労働」に対する賃金を支払わなければならない。非常の事由とは，労働者および労働者の収入によって生計を維持する者の①出産，②疾病，③災害，④結婚，⑤死亡，⑥やむを得ない事由による1週間以上の帰省である（労基25条，労基則9条）。

7　出来高払いの保障

　使用者は，出来高払制その他，請負制で使用する労働者について，労働時間に応じた一定額の賃金保障をしなければならない（労基27条）。出来高給やコミッション料のみで賃金が支払われている場合，労働者が労務提供をしても，売上がない場合には賃金支給がなくなることもあるため，保障給の定めをすることを求めたものである。この場合，常に通常の実収賃金とあまりへだたりのない程度の収入を保障されるように，その額を定めるよう指導するものとされている[32]が，本条は，使用者に対し，労働契約

---

[32]　昭22・9・13発基17号，昭63・3・14基発150号

において，保障給を定める義務を課したものにすぎない。このため，労働契約において保障給の定めがない場合には，労働者は保障給の請求権を有するものではなく[33]，裁判所が相当額の保障給の支払いを定めて，その支払いを命じることは相当ではないものとされている[34]。

8　賃金債権の時効

　民法によれば，月またはこれより短期間を定めた雇人の給料は，1年の短期消滅時効にかかることになっている（174条）。しかし，労基法は，労働者の賃金を確保する趣旨から，賃金などの請求権の消滅時効を2年と定めた（115条）。これにより，賃金のみならず，休業手当などの手当，労災補償請求権などの時効は2年となる。

　ただし，退職金の消滅時効については5年とされている（同条）が，退職金の調達に時間がかかること，退職金の算定に紛争が生じやすいことなどが理由とされている。

9　死亡・退職時の賃金支払い

　労働者が退職した場合に賃金などが支払われないと，労働者の足止めとなるし，また，労働者が死亡した場合，遺族などの権利者に労働者の賃金が未払いとなると，遺族の生活が困窮することになりかねない。

　そこで，労基法は，労働者が死亡し，または退職した場合，遺族や労働者といった権利者（一般債権者は含まれない）[35]の請求があった日から，使用者は，7日以内に賃金を支払い，あるいは労働者の権利に属する金品を返還しなければならない（23条）と定めた。ここでの賃金とは，労基法11条の賃金を意味するが，退職金については，就業規則で定められた期日までに支払えばよい[36]。また，労働者の権利に属する金品とは，積立金，保証金，貯蓄金などの金銭のほか，労働者の衣類のような物品も含まれる。

---

　[33]　第三慈久丸事件・金沢地判昭36・7・14判時274号30頁
　[34]　三宝商事事件・東京地判昭43・1・19労民集19巻1号1頁
　[35]　昭22・9・13発基17号
　[36]　昭26・12・27基収5483号など

第5節　賞与・退職金

1　賞与・退職金の権利性

　日本企業の大半は，賞与・退職金制度を有しているのが通例である。しかし，このことから当然に，賞与や退職金につき使用者が法的に支払義務を負い，あるいは労働者に請求権が生じるものではない。労基法や最賃法に賞与や退職金の支給義務規定が存しない以上，法律上，労働者にこれらの賃金の請求権が生じるためには，労働協約・就業規則・労働契約に明確な支給規定が存するか，あるいは明確な労働慣行の存在が必要である。反面において，賞与・退職金の支給条件が労働協約・就業規則などで明確にされている場合には，賞与・退職金は労基法11条の「賃金」に該当する。
　しかし，賞与・退職金が月給などの通常の賃金と法的にまったく同一のものといえるかは疑問である。賞与，退職金は，通常の賃金とは異なり，その支給の有無あるいは金額が，所定の支給条件にしたがって支給時に具体的に決定されるという性格を有するのが特徴である。例えば，賞与3ヵ月分と規定されていても，査定によって支給金額が決定されると定められている場合には，査定を経てはじめて具体的金額が確定されることになるし，新入社員の夏季賞与の支給の有無・支給額についても，支給規定によって決定されることになる。退職金についても同様であり，後述のように，懲戒解雇の場合には支給されないとか，退職事由が自己都合か会社都合かにより，退職金の支給金額が異なることがある。したがって，問題はむしろ，これらの支給条件の合理性にかかっていることとなろう。

2　賞与・退職金の法律問題

(1)　賞与の支給日在籍条項の有効性

　賞与の支給をめぐって，もっとも問題となるのは，「賞与はその支給日に在籍する者のみに支給する」という支給日在籍条項である。例えば，夏季賞与を6月15日に支給すると定めている場合，その前日以前に退職した

労働者には賞与がまったく支給されないことになる。しかし、それ以前に退職した労働者も、夏季賞与の対象期間（12月から翌年5月まで）を勤務しており、退職金も賃金である以上、支給日在籍条項は全額払いの原則に違反しないかが問題となろう。最高裁は大和銀行事件[37]において、従来慣行として存在した支給日在籍条項を就業規則に規定した事案について、これを有効としている。その趣旨は、要するに、労働者は退職の自由（民627条1項）がある以上、退職日を自由に選択できるにもかかわらず、労働者がそれを知りながら退職した以上、賞与の請求権を否定されてもやむを得ないというものや、将来の勤務に対する期待[38]、あるいは継続勤務の確保[39]をあげるが、これらの事由も、賞与額を減額することはともかく、これを全額不支給とする根拠としては不十分であろう。もっとも労働者の退職の自由を根拠にしていると考えれば、たとえ支給日在籍条項が合理的としても、整理解雇の対象者や定年退職者のように、会社の都合により支給日前に退職する者には、賞与の支給日在籍条項は適用されるべきではないであろうし、途中死亡者についても同様であろう。さらに、6月の賞与支給が3ヵ月以上遅延した場合には、支給日に在籍できなかった労働者は、賞与の請求権を否定されるものではない[40]。

(2) 欠勤と賞与の不支給

一般的には、労働者の欠勤を考慮して、賞与の金額を査定することは許容される。しかし、産前産後休暇や育児休業などの労基法ないし育児介護休業法などに基づく休暇等を取得した場合、これを賞与の算定にあたり欠勤扱いすることは許容されるであろうか。

この点に関し、最高裁は、労基法などの権利行使を理由として、賃金などにつき不利益取扱いすることは、ただちに違法となるものではなく、それが保障された法律上の権利行使を実質的に抑制するような効果をもつものだけが公序良俗に違反して無効となるとの立場を採用する[41]。賞与に関

---

[37] 最一小判昭57・10・7労判399号11頁
[38] 大和銀行事件・東京高判昭56・3・20労判399号12頁
[39] 例えば神戸タクシー事件・神戸地判平1・3・27労判553号89頁
[40] ニプロ医工事件・最三小判昭60・3・12労判カード449号17頁
[41] 日本シェーリング事件・最一小判平1・12・14民集43巻12号1895頁では、

しては，その支給条件として査定期間の出勤率が90％以上あることとし，欠勤につき，産後休暇（労基65条2項），育介法上の勤務時間短縮措置（同23条）を欠勤扱いし，賞与を支給しなかった東朋学園事件判決[42]では，労基法や育介法の規定の趣旨から，労働者の責に帰すべきでない事由を欠勤扱いすべきでないとして，このような欠勤取扱条項が公序良俗に反するもので無効と判断している。

(3) 中途退職と賞与

「中途入職者の冬季賞与は，基礎額（月給）の4ヵ月分とするが，年内退職予定者については，4万円に在職月数を乗じた額とするという賞与支給規定が問題となったベネッセ・コーポレーション事件[43]では，将来の勤続への期待に応じて，退職予定者と非退職予定者の賞与額に差を設けることは不合理ではないが，過去の賃金と関係のない純粋な将来に対する期待的部分につき，非退職者との間に著しい格差を設けることは，労基法24条の趣旨に反し，公序違反として無効であるとして，本来の賞与額の80％の支給が命じられている。この事件は支給日在籍条項に関するものではないが，支給日在籍条項についても妥当するものであろう。

(4) 懲戒解雇と退職金の没収

退職金は懲戒解雇された労働者には減額ないし不支給とする退職金規定の効力が問題となる。この点につき，会社の承諾なしに退職した者には，退職金を支給しないとの定めが公序違反とされ[44]，また情状の軽い者に対する諭旨解雇についても退職金を不支給とする規定が著しく社会的相当性を欠くとして無効とされている[45]。このように退職金の全額を失わせるためには，労働者に永年の勤続の功を抹消するほどの不信行為による懲戒解雇の場合に限定されるべきであろう。

　　　賃上げ対象誌の基準として，出勤率が80％以上あることを要件として，労基法上の年次有給休暇や産前産後休暇を欠勤扱いする労働協約が公序良俗違反とされた。

[42] 最三小判平15・12・4労判862号14頁
[43] 東京地判平8・6・28労判696号17頁
[44] 東花園事件・東京地判昭52・12・21判時887号14頁
[45] 中島商事事件・名古屋地判昭49・5・31労経速857号19頁

(5) 競業避止義務違反と退職金の減額

労働者には職業選択の自由（憲22条1項）を保障されており（もっとも，同規定の私人間効力は問題の余地があろう），退職後，従来の勤続のなかで獲得した職業上のノウ・ハウや，顧客人脈を生かして，営業をおこなったり，同業他社に就職することが許容されるはずである。しかし反面において，高コストで開発したノウ・ハウや，開拓した顧客を他社に持っていかれる企業からすれば，営業上の損害を回避するため，同業他社への就職を阻止したいということも，それなりの合理性を有することとなろう。

三晃社事件[46]では，退職後，2年以内に同業他社に就職することを禁止し，もし違反すれば退職金の半分を減額するという就業規則の規定が，労基法16条，24条1項に違反しないとしている。同判決では，労働者の職業の自由等を不当に拘束するものとは認められないとされている。しかし，退職金不支給条項に基づいて退職金の不支給が許容されるのは，退職労働者の競業関係の存在だけでは足りず，労働の対償的性格を失わせる程度の会社に対する背信性がある場合に限られる[47]と考えられるべきである。

第6節　休業手当

1　「休業」

使用者の責に帰すべき事由により休業する場合，使用者は，休業期間中，平均賃金の60％以上の手当を支払わなければならない（労基26条）。これは，休業手当と呼ばれる。休業手当における「休業」とは，特定の工場・事業場においてある程度一般的に休業している場合を指し，特定の労働者の就労を拒否した場合には，民法の一般原則によって判断するとの裁判例[48]も存するが，特定の労働者のみが休業する場合や，1時間の休業も含

---

[46] 最二小判昭52・8・9労旬939号51頁
[47] 中部日本広告社事件・名古屋高判平2・8・31労民集41巻4号656頁
[48] 日本油脂事件・東京地決昭24・10・26労資7号325頁

まれると解すべきである。

2 民法の危険負担との関係

民法は，「債権者の責に帰すべき事由」により労務提供が不能である場合には，債務者は反対給付を失わない（536条2項）と規定しており，労働者は100％の賃金が保障されている（危険負担）から，民法上の危険負担と労基法上の休業手当との関係が問題となる。

第1に，民法の危険負担の規定は任意規定と解すれば（強行規定と解する説も有力に主張されている），当事者の意思により排除することができるのに対し，労基法の休業手当は強行規定であるから，当事者の意思によって排除することはできないほか，刑罰（労基120条）や附加金の支払い（同114条）によって担保されているという差異がある。第2に，危険負担法理は対等な債権者・債務者間の契約関係の履行に関する規定であるから，「債権者の責に帰すべき事由」とは，債権者の故意・過失ならびにこれと同視すべき事由という厳格な要件と解されるのが一般的である。このため，使用者の経営状況の悪化などを理由とする休業の場合，これが使用者（債権者）の責に帰すべき事由と解するのは困難である。これに対し，休業手当は，主として労働者の最低生活維持という社会政策的な観点から制定されたものであるから，その適用範囲が民法の危険負担よりも広いものとなろう。ノースウェスト航空事件・最高裁判決[49]も，休業手当制度を，取引における一般原則たる過失責任主義とは異なる観点をふまえた概念と把握している。

3 休業手当の支給要件

前述したように休業手当は，民法の危険負担の法理における一般原則としての過失責任主義とは異なる観点から，使用者に責任を課そうとするものであるから，労基法の「使用者の責に帰すべき事由」とは，民法の「債権者の責に帰すべき事由」よりも広く，使用者側に起因する経営・管理上の障害を含むものと解される（前掲ノースウェスト事件・最高裁判決）が，

---

[49] 最二小判昭62・7・17民集41巻5号1350頁

使用者の不可抗力は含まれない。「不可抗力」とは，①原因が事業の外部で発生したこと，および②使用者が経営者として最大限の努力をしても，なお回避できないものであることを意味する。

具体的には，経営上の失敗による休業のほか，金融難などの理由による休業[50]，企業倒産後の解雇予告期間中，事業廃止によって就労不能となった場合[51]のような一般的な休業のほか，懲戒事由に該当し，就労させても正当な労務の提供が期待できず，企業の信用を失墜するおそれがあるため，特定の個人に対する休職処分も，企業の職場秩序という企業的配慮によるものであるから，いずれも使用者の責に帰すべき事由に該当する[52]。

これに対し，停電日により，旋盤を使用できないために就業を拒否した場合には，使用者の責に帰すべき事由にあたらないとされている[53]。また，ストライキによる休業に関しては，全業務量の8割を占める得意先の争議による業務停止は，使用者の責に帰すべき事由に該当し[54]，ストライキ発生について使用者の責に帰すべき事由が認められ，かつストライキの結果として休業に至ることが予想される場合には，やはり休業手当の成立が認められる[55]が，部分ストの結果として，他の部門の労働が無価値となった場合の休業については，使用者の責に帰すべき事由に該当しない（前掲ノースウェスト航空事件・最高裁判決）。

このように，外部起因性・不可抗力のために，民法上では使用者の責に帰すべき事由とされない事由であっても，その原因が使用者の支配領域の近くにおいて発生している場合には，労基法26条にいう使用者の責に帰すべき事由に該当するものと解されている。

このほか，行政解釈では，親会社の経営難のための資金・資材の獲得困難[56]，原材料不足による休業[57]，自主的な操業短縮などについては，いず

---

[50] 国際産業事件・東京地判昭25・8・10労民集1巻4号666頁

[51] 東洋ホーム事件・東京地判昭51・12・14判時845号112頁

[52] 日通大阪支店事件・大阪地判昭47・10・13労判162号39頁

[53] 波部製作所事件・大阪地判昭28・6・12労民集4巻4号374頁

[54] 扇興運輸水俣支店事件・熊本地八代支決昭37・11・27労民集13巻6号1126頁

[55] ノーウェスト航空事件・東京高判昭57・7・19労判390号36頁

れも使用者の責に帰すべき事由に該当する[58]が，健康診断結果に基づく労働時間短縮による休業は，これに該当しないとされている[59]。

第7節　賃金債権の確保

1　賃確法の制定

前述したように，最低賃金法は最低賃金額を定め，また労基法は，賃金が確実に労働者に支払われるように，さまざま規定を置いている。もちろん民法や商法には，労働者の賃金についての先取特権が規定されているが，あまり十分なものではないため，企業の倒産などの事情が生じた場合には，賃金債権の確保が困難である。

そこで，昭和51年に「賃金の支払の確保等に関する法律」(賃確法) が制定され，景気変動，産業構造の変化などによる企業倒産，経営不振，あるいは労働者の退職時の賃金の支払いを確保するものであり，これにより，労働者の賃金確保が図られている。

2　賃確法の内容

賃確法は，貯蓄金・賃金の保全措置および未払賃金の立替払事業の2つを柱としている。

(1)　貯蓄金・賃金の保全措置

まず，事業主 (使用者) は，労基法18条2項に基づき，労働者の委託を受けて貯蓄金を管理する場合において，貯蓄金の管理が労働者の預金の受入れであるときは，貯蓄金の保全措置を講じなければならない (賃確3条)。労働基準監督署長は，保全措置を講じていない事業主に対して，期間を指定してその是正を求めることができる (同4条)。

---

[56]　昭23・6・11基収1998号
[57]　昭24・12・3基収3884号
[58]　昭27・5・6基収1731号など
[59]　昭23・3・17基発461号

(2) 退職手当の保全措置

　企業倒産などによる退職金の未払いを防止するため，一定の事業主は，労働契約，労働協約あるいは就業規則その他これに準ずるものにおいて，退職手当を支払うことを明らかにしたときは，そのうちの一定額につき，社内預金の保全措置に準ずる措置を講じるよう努力する義務を負う（賃確5条）。

　保全措置の対象となるのは，①労働者の全員が自己都合により退職するものと仮定した場合に，退職手当として支払う見積金額の4分の1，②当該事業主に継続使用されている月数を，労働者全員につき合算した額，③過半数組合もしくは過半数従業員代表との書面協定により協定した額以上の額である（賃確則5条）。

(3) 退職労働者の賃金に係る遅延利息

　事業主は，退職した労働者に係る賃金（退職手当を除く）の全部または一部を退職日までに支払わなかった場合には，退職の翌日からその支払いをなす日までの期間について，その日数に応じて，未払いとなっている賃金額に年14.6％の遅延利息を支払わなければならない（賃確6条1項，同施行令1条）。ただし，天災事変その他やむを得ない事由による場合など，その期間につき，遅延利息は不要とされる（賃確6条2項）が，労働者は，民法419条3項により，民法上の遅延利息を請求することを妨げるものではない。

(4) 未払賃金の立替払事業

　政府は，労災保険が適用される事業主が破産宣告を受け，その他政令で定める事由に該当する場合で，政令で定める期間内に退職した労働者の未払賃金があるときは，当該労働者の請求に基づき，事業主にかわって，その一部を弁済する（賃確7条）。破産宣告以外の支払事由は，①特別清算開始命令，②整理開始命令，③再生手続決定，④更生手続開始決定，⑤一定の中小企業事業主については，事業主が事業活動に著しい支障を生じたことにより，労働者に賃金を支払うことができない状態にあることである（同施行令2条1項）。また，立替払いの対象となる未払賃金（定期給与と退職金であり，賞与は含まれない）の範囲は退職日前6ヵ月を限度とし，退職労働者の年齢が30歳未満であれば110万円，30〜44歳で220万円，45歳以上

で370万円という上限額が定められており，その80％が支給される（同施行令4条）。

3　賃金債権の保護
(1)　先取特権
　民法によれば，「雇用関係」によって生じた給料等の債権を有する労働者は，債務者の総財産について一般先取特権を有する（308条，306条2号）。民法旧308条は，最後の6ヵ月間の給与について先取特権を認めていたのに対し，商法旧295条が全給料債権につき優先権を認めていたことから，この不統一を，後者に合わせたものである。これに伴い，今後は，「雇用関係」の範囲が問題となってこよう。
　農業および工業労働の特別先取特権は，各々，その労務に従事する労働者の最後の1年間もしくは3ヵ月間の賃金に関し，その労務によって生じた果実について生じる（民311条7号・8号，323条・324条）。先取特権を有する労働者は，使用者の総財産につき，競売や強制執行がなされた場合，優先弁済を受けることができるが，一般先取特権である共益費用や特別先取特権に劣位する（同329条・306条）など，先取特権による賃金保護は十分とはいえない。

(2)　賃金の差押えの限度
　民事執行法によれば，「給料，賃金，俸給，退職年金及び賞与並びにこれらの性質を有する給与に係る債権」については，その支払期における給付の4分の3に該当する部分（その額が標準的な世帯の必要生計費を勘案して政令で定める額〔支払期が毎月の場合は33万円〕を超える場合には，政令で定める額に相当する部分。民執施行令2条1項・2項）を差し押さえてはならない（民執152条1項）。また，「退職手当およびその性質を有する給与に係る債権」についても同様であるが，親族関係上の義務（扶助や子の監護など）の一部不履行により開始される継続的給付債権執行に関しては，2分の1まで許容される（同152条3項）。

4　使用者の破産と賃金
　使用者が破産した場合の賃金債権確保の方法については，清算処理型

（破産法）と再建処理型（会社更生法，民事再生法）とで異なる。

まず，清算処理を目的とする清算型では，賃金・退職金債権は，一般先取特権の成立する範囲で優先破産債権となり，その他は一般の破産債権となる。破産法は，破産手続開始前の3ヵ月分の賃金債権（賃金・退職金）を，破産債権に先立って弁済される財団債権としている（破149条・151条）。このほか，優先的破産債権である給料・退職手当の請求権について届出をした破産債権者が，これらの破産債権の弁済を受けなければ，その生活維持を図るのに困難を生じる恐れがある場合には，中間配当等の許可があるまでの間，破産管財人の申立てにより，または職権で，その全部または一部の弁済を許可することができる（破101条1項）。

次に，再建処理型においては，会社更正手続開始後に生じた賃金・退職金債権は，共益債権とされ，随時弁済される（会更127条2号）。手続開始決定前6ヵ月以内および手続開始後に生じた賃金は共益債権となり，それ以外の賃金債権は，更生債権となるが，一定の優先的取扱いを受ける（同168条1項2号）。また，民事再生においては，民商法上の一般の優先権が認められる賃金債権等は，再生手続で随時弁済が受けられ（民再122条），使用者に民事再生手続が開始される場合，給料債権，退職金債権は，全額一般優先債権として，再生手続によらず，随時，弁済される（同121条1項，122条1項・2項）。

また，会社更生法および民事再生法は，その手続に労働者の関与を認めているのが特徴である。すなわち，裁判所は，会社更正手続の申立て（会更17条）があった場合，当該申立てを棄却し，あるいは開始決定をすべきことが明らかである場合を除き，当該申立ての決定前に，開始前会社の従業員の過半数組合，それがなければ過半数従業員代表の意見を聴取し（同22条1項），更生計画の認可・不認可の決定があった旨を，労働組合等に通知しなければならない。同様に，民事再生法においても，裁判所は，再生手続開始後における営業または事業の譲渡を許可するには，労働組合等の意見を聴取しなければならない（同42条3項）としているほか，労働組合等は，財産状況報告集会において，意見を述べる機会が与えられている（同126条3項）。

第6章　労働時間・休憩・休日・休暇

第1節　わが国の労働時間の現状

　わが国の労働者1人あたりの総労働時間（2005年）は、年間1,802時間（うち、所定内労働時間が1,680時間）となっている。1990年代はじめの年間総労働時間は2,000時間をゆうに超していたが、2004年には1,839.6時間となっている[(1)]（しかし、労働時間統計に表れないサービス残業の実態からすれば、この数字をそのまま受け取れるかは疑問である）。また、1994年と比較すると、週35時間以上60時間未満が減少する一方、35時間未満と60時間以上がともに増加し、労働時間分布の長短二極化が進展している。

　次に、年次有給休暇の取得状況をみると、付与日数（繰越日数を除く）は労働者1人平均18.0日となっているが、その取得率は47.4%であり前年比0.7%の低下となっている。

　このような労働時間数の差異は、出勤日数の多さと年次有給休暇の取得日数の少なさにその要因を求めることができるから、所定内労働時間および時間外・休日労働の短縮のほかに、完全週休2日制や年休消化促進のための措置が不可欠であろう。

　なお、1992年には、国による労働時間短縮促進計画の策定、事業主（使用者）による労働時間短縮実施体制の整備、業種別労働時間短縮実施計画等により総労働時間の短縮（年間1,800時間）を促進することを目的として、いわゆる時短促進法（「労働時間の短縮の促進に関する臨時措置法」）が5年

---

(1)　平成18年版「労働経済白書」53頁。2003年の年間総労働時間の国際比較をみると、日本1,975時間、アメリカ1,929時間、イギリス1,888時間、フランス1,538時間、ドイツ1,525時間となっている（同書57-59頁）。

の時限立法として成立したが，目標を達成できず，2006年3月31日まで延長された。そして，2006年4月1日からは，法律名も「労働時間等の設定の改善に関する特別措置法」（労働時間設定改善法）と改称され，年間総実労働時間等の短縮の促進を図る法律から，各企業の実態に応じて，労働時間・休日などのあり方を労使で決定し，改善することを目的とするものに改められた。これを受けて，「労働時間等設定改善指針」（平成18年厚生労働省告示197号）が策定されている。

第2節　労働時間の原則と例外

1　法定労働時間

かつて8時間労働制といわれたように，労働時間を1日単位で規制するという考え方が長く支配的であった。これは，1919年の工業的企業における8時間労働条約（ILO第1号条約）以来の伝統であり，わが国の労基法もこれを受け継ぎ，1日8時間・1週48時間労働原則を採用してきた。しかし，このような固定的な労働時間制は，計画的生産が効率的である工業的事業には適合的なものであるが，経済のソフト化によるサービス産業が中心となってくると，より柔軟な労働時間制が要求されるようになる。すなわち，労働時間の規制単位を1週間単位に拡大していく傾向である。

わが国でも，このような動向をうけて，現在では，労働時間の規制単位は1日から1週間に拡大されている。すなわち，労基法は「使用者は，労働者に，休憩時間を除き1週間について40時間を超えて，労働させてはならない」(32条1項)と規定し，1週40時間労働を基本的な労働時間としながら，同条第2項は，「使用者は，1週間の各日については，労働者に，休憩時間を除き1日8時間を超えて労働させてはならない」と規定しているが，この1日8時間という労働時間は，1週間の総労働時間を各日で除したものにすぎないと理解されている。

なお，この法定労働時間を超える労働時間を内容とする労働契約は，その部分については無効となり，1週40時間・1日8時間が労働契約の内容

となる（13条）ほか，これを超えて労働者を労働させる使用者は，6ヵ月以下の懲役あるいは30万円以下の罰金刑に処せられる（119条1号）。

2　労働時間の定義

以上のように，使用者は労働者に対し，1週40時間・1日8時間を超えて労働させることは禁止されているが，では，労働時間とはどのようなものであろうか。労基法32条1項・2項の文言から，休憩時間が労働時間に含まれないことから，拘束時間から休憩時間を差し引いた実労働時間がこれに該当することは明らかである。

次に，自由利用が保障される休憩時間との差異を考慮すれば，労働時間とは，「使用者の指揮命令下にある時間」と定義することができ，これにより，実際に労働に従事している時間（実作業時間）のみならず，いわゆる手待時間も労働時間に含まれる[2]。また，仮眠室に待機を義務づけられ，かつ警報が鳴れば直ちに所定作業に従事することが要求されていた警備員の仮眠時間は場所的・時間的拘束性が高いとして，労働時間に算入されると判断されている[3]。

では，労働時間を以上のように定義した場合，準備時間や後片付け時間などの時間は，労働時間に含まれるのであろうか。この点に関しては，法令や使用者の業務命令により義務づけられている業務付随行為は労働時間に含まれるとするのが一般的である。たとえば，保護帽・保護衣の着用も法令や使用者の業務命令により義務づけられている場合には労働時間となる。三菱重工長崎造船所事件・最高裁判決[4]は，労基法32条の労働時間とは，使用者の指揮監督下に労務を提供している時間をいうが，本来の作業にあたらなくとも，法令・就業規則または職務命令等によって義務づけられた作業服・安全帽の着装などの準備行為も労働時間に含まれるとしている。就業前・後の清掃時間も業務に不可欠である場合には労働時間に該当するし，ミーティングや就業前の体操も，それに欠席すると賃金カットさ

---

[2]　すし処「杉」事件・大阪地判昭56・3・24労経速1091号3頁
[3]　大星ビル管理事件・最一小判平14・2・28民集56巻2号361頁
[4]　最一小判平12・3・9労判778号8頁

れるなど労働者の義務となっているとみられる場合，労働時間に算入される。さらに，労働者全般に行われる一般健康診断については，業務遂行との関連性が薄いので，受診時間は労働時間ではないが，特殊健康診断については，業務遂行と関連性が強く，所定労働時間内に行われるのを原則としているから，受診時間は労働時間と解されている(5)。

3 労働時間の算定

労働時間の算定に関して，労基法は詳細な規定を設けている。これには，(1)事業場間の通算，(2)事業場外労働，(3)裁量労働の3つがある。

(1) 事業場間の通算・坑内労働

労働時間は，事業場を異にする場合にも，労働時間に関する規定の適用について通算される（38条1項）。労基法は事業場単位で適用されることから，たとえば労働者が本社で5時間労働し，同日にさらに工場で4時間働いた場合のように，事業場を異にする労働時間が1日8時間を超えたとしても，使用者は32条2項に違反することとはならない。しかし，労基法上の労働時間の規制は，個々の労働者の健康を維持するための規定であるから，事業場を異にする場合，各々の労働時間は通算される（前記の例では，この労働者の労働時間は，通算されて9時間となる）のが，この規定の趣旨である。また，この場合の「事業場」とは，「異なった事業主のもとにある場合を含む」と解されている(6)から，使用者を異にする場合にも，労働時間は通算される。

なお，坑内労働については，労働者が坑口に入った時刻から坑口を出た時刻までの時間を，休憩時間を含めて労働時間とみなされる（38条2項本文）。

(2) 事業場外労働（38条の2）

使用者は労働者に対する労働時間管理の責任を負うが，労働者が事業場の外で労働する場合には労働時間の管理が困難となる。そこで労基法は，労働者が労働時間の全部または一部を事業場外で労働する場合で，労働時

---

(5) 昭47・9・18基発602号
(6) 昭23・5・14基発769号

間を算定し難いときには，所定労働時間を労働したものとみなすとの規定（38条の2第1項本文）を置いて解決を図っている。すなわち，事業場外労働が何時間であっても，所定労働時間が7時間であれば，当該労働者の労働時間は7時間とみなされるのである。

しかし，このみなし規定が適用されるのは，あくまで「労働時間を算定し難い場合」に限定される。したがって，①何人かのグループで事業外労働をする場合で，そのメンバーの中に労働時間管理をする者がいる場合，②事業場外労働に従事するが，無線やポケットベル等によって随時使用者の指示を受けながら労働している場合，③事業場において，訪問先・帰社時刻など当日の業務の具体的指示を受けたのち，事業場外で指示どおりの業務に従事し，その後事業場に戻る場合などのように，使用者の具体的な指揮命令が及んでいると考えられる場合には，労働時間の算定が困難とはいえないから，みなし規定は適用されない[7]。以上の行政解釈は少し古いものであるが，現在では，携帯電話などが普及していることから，労働時間を算定し難い場合に該当する例は，むしろ稀であろう。

また，労働者が当該業務を遂行するためには，通常所定労働時間を超えて労働することが必要となる場合においては，当該業務に関しては，厚生労働省令で定めるところにより，当該業務の遂行に通常必要とされる時間労働したものとみなされる（38条の2第1項但書）。この場合，当該業務に関し，当該事業場に，労働者の過半数組合があればその組合と，過半数組合が存在しない場合には，労働者の過半数従業員代表との書面協定を締結することにより，当該協定で定める時間を当該業務の遂行に通常必要とされる時間とすることができる（38条の2第2項）。この場合，労使協定を行政官庁に届け出ることが必要である（同条3項）。

(3) 裁量労働制

近年の専門職の増加にともない，使用者の個別的具体的な指揮命令を受けずに就労する労働者が増加している。これにともない，労基法は，2つの裁量労働制を採用している。第1が専門業務型裁量労働制であり，第2が企画業務型裁量労働制である。このような裁量労働制による労働者は，

---

[7] 昭63・1・1基発1号

賃金面では年俸制となることが多いであろう。

　(a)　**専門業務型裁量労働制**　　専門業務型裁量労働制は,「業務の性質上その遂行の方法を大幅に当該業務に従事する労働者の裁量にゆだねる必要があるため,当該業務の遂行の手段及び時間配分の決定等に関し使用者が具体的な指示をすることが困難なものとして厚生労働省令で定める」業務について認められるものである（労基38条の3）。現在,裁量労働が認められている業種は,①新商品もしくは新技術の研究開発業務または人文・自然科学の研究業務,②情報処理システムの分析または設計の業務,③新聞・出版もしくは放送番組製作のための記事の取材または編集の業務,④デザイナーの業務,⑤放送番組・映画制作事業のプロデューサーまたはディレクターの業務のほか,⑥広告・宣伝におけるコピーライター,公認会計士,弁護士,一級建築士,不動産鑑定士,弁理士,大学教員など,厚生労働大臣が指定する14の業務である（労基則24条の2の2第2項,労基則24条の2の2第2項第6号の規定に基づき厚生労働大臣の指定する業務〔平成15年10月23日厚労告354号〕）。

　裁量労働制を実施できる要件は,労使協定において,当該業務の遂行の手段および時間配分の決定等に関し,当該業務に従事する労働者に対し具体的な指示をしないこととする旨,およびその労働時間の算定については当該協定で定めるところによると定め,この労使協定を行政官庁に届けることである（労基38条の3第1項・2項）。この要件を充足した場合,裁量労働に従事する労働者の労働時間は,当該協定で定めた労働時間を労働したものとみなされる。したがって,「業務の性質上その遂行の方法を大幅に当該業務に従事する労働者の裁量にゆだねる」ことができない業務を労使協定で定めても,労働時間とみなすことは許されないし,①チーフの管理下に数人でプロジェクトチームを組んで開発業務をおこなうもの,②プロジェクト業務に付随する雑用,掃除などのみをおこなうものも,裁量労働制とすることはできない[8]。

　(b)　**企画業務型裁量労働制**　　企画業務型裁量労働制は,労使委員会（賃金,労働時間その他の当該事業場における労働条件に関する事項を調査審議

---

[8]　昭63・3・14基発150号など

し，事業主に対し，当該事項について意見を述べることを目的とする委員会）の委員の5分の4以上の多数による議決により決議事項を決議し，かつ，使用者がその決議を労働基準監督署長に届け出ることを要件として，対象労働者を対象業務に就かせたときに，決議で定められた労働時間とみなされるものである（労基38条の4第1項）。

また，労使委員会の半数を占める労働者委員は，過半数労働組合もしくは過半数従業員の代表者により，任期を定めて指名されなければならない（38条の4第2項1号）。

労使委員会で議決されるべき事項は，①対象業務（事業の運営に関する事項についての企画，立案，調査および分析の業務であって，当該業務の性質上これを適切に遂行するにはその遂行の方法を大幅に労働者の裁量にゆだねる必要があるため，当該業務の遂行の手段および時間配分の決定等に関し使用者が具体的な指示をしないこととする業務），②対象労働者の具体的な範囲，③労働時間として算定される時間，④対象労働者の労働時間に応じた健康および福祉を確保するための措置，⑤対象労働者からの苦情処理に関する措置，⑥適用対象となる労働者の同意を得ることおよびこれに同意しない対象労働者を不利益に取り扱わないことである（38条の4第1項）。④は，裁量労働制が適用される労働者に対する使用者の健康配慮措置であり，この制度の下で長時間労働となることを防止しようとするものである[9]。

なお，企画業務型裁量労働制に従事する労働者の適正な労働条件を確保するために，「指針」が作成されている（「労働基準法第38条の4第1項の規定により同項第1号の業務に従事する労働者の適正な労働条件の確保を図るための指針」平成15年10月22日労告353号）。

4 労働時間の弾力化

変形労働時間制は，産業の中心が製造業からサービス業に移行するにともない，労使が労働時間の短縮を自主的に工夫しつつ進めていくことが容

---

[9] 裁量労働制の下でのシステム・エンジニアの脳出血による死亡について，会社の健康（安全）配慮義務違反が認められたシステム・コンサルタント事件・最二小判平12・10・13労判791号6頁がある。

易となるような柔軟な枠組を設定することにより，労働者の生活設計を損わない範囲内で労働生活を弾力化し，週休2日制の普及，年間休日日数の増加，業務の繁閑に応じた労働時間の配分等を行うことによって労働時間を短縮することを目的としている[10]。また，個人の生活と仕事との両立を可能とするため，フレックスタイム制のような弾力的な労働時間制度が採用されている。

　変形労働時間制やフレックスタイム制は，一定期間内における労働時間が1週間を平均して原則的に40時間内であることを要件として，労働時間を弾力的に運用していこうとするものである。変形労働時間制には，(a) 1ヵ月単位の変形労働時間制，(b) 1年単位の変形労働時間制，(c) 1週間単位の非定型的労働時間制の3種類がある。

　(1)　1ヵ月単位の変形労働時間制（32条の2）

　使用者は，就業規則その他これに準じるものにより，または過半数組合，それがなければ過半数従業員代表との書面協定により，1ヵ月以内の一定期間を平均して1週間の労働時間が40時間（後述の猶予事業では44時間。以下，同じ）を超えない定めをした場合には，特定の週に40時間（44時間）を超え，また特定の日に8時間を超えて労働させることができる。 変形労働時間制を採用する要件は，①就業規則などや，過半数組合などとの協定により，あらかじめ定めをしておくこと（就業規則の作成義務を負わない使用者〔89条1項〕は，定めをすること），②あらかじめ特定の週もしくは日の労働時間を特定しておくこと，③変形期間の1週の平均労働時間が40時間（44時間）以内であること，換言すれば，例えば31日ある月には，40×31÷7≦177.1時間以内であることである。ただし，1ヵ月単位の変形労働時間制の場合には，1日・1週の労働時間の上限は設けられておらず，問題である。

　1ヵ月単位の変形労働時間制において，時間外労働となるのは，①1日については，8時間を超える時間を定めた日はその時間を，それ以外の日は8時間を超えて労働させた時間，②1週間については，40時間（44時間）を超える時間定めた週はその時間を，それ以外の週は40時間（44時

---

　[10]　昭63・1・1基発1号

間)を超えた時間(①で時間外労働となる時間を除く),③変形期間については,変形期間における法定労働時間の総枠を超えた時間(①,②で時間外労働となる時間を除く)である。

以上のように,1ヵ月単位の変形労働時間制においては,各日・各週の労働時間を特定する必要があるが,就業規則における変更条項は,労働者から見てどのような場合に変更がなされるかを予測することが可能な程度に変更事由を具体的に定めておくことが必要であり,包括的な変更条項は,労基法32条の2の「特定」の要件を欠くものとして,違法・無効となる[11]。

(2) 1年単位の変形労働時間制(32条の4)

使用者は,当該事業場の過半数組合,それがなければ過半数従業員代表との書面協定において,以下の事項を協定した場合,1ヵ月を超え,1年以内の対象期間において,1週間の労働時間が40時間を超えない範囲で,1週40時間・1日8時間を超えて労働させることができる。これが,1年単位の変形労働時間制と呼ばれるものであり,その上限の労働時間は40×365÷7＝2,085時間以内となる。

労使協定に定めなければならない事項は,①対象労働者,②対象期間(1ヵ月を超え,1年以内の期間)および起算日,③特定期間(対象期間中の特に業務が繁忙な期間)を設ける場合には,その期間,④対象期間における労働日および当該労働週ごとの労働時間,⑤労使協定の有効期間である。なお,厚生労働省令において,対象期間における労働日数,1日および1週間の労働時間の限度および対象期間・特定期間における連続労働できる日数の限度を定めることができる(32条の4第3項)。これによって,1日10時間,1週52時間が上限とされ,対象期間が3ヵ月を超える場合には,①週48時間を超える所定労働時間を設定するのは,連続3週とすること,②対象期間を初日から3ヵ月ごとに区切った各期間において,週48時間を超える所定労働時間を設定した週の初日の数が3以内であることが必要である。このほか,連続して労働できる日数は,最長6日であるが,特定期間(労使協定により対象期間のうち,特に繁忙な時期として定めた期間)につ

---

[11] JR東日本(横浜土木技術センター)事件・東京地判平12・4・27労判782号6頁

いては，1週1休日の休日を確保できる日数，すなわち最長12日まで延長することができる（労基則12条の4）。

なお，途中採用者や途中退職者のように，労働期間が対象期間より短い労働者については，当該労働期間を平均し，1週間当たり40時間を超えて労働させた場合には，その超えた時間の労働（33条，36条の規定による時間外，休日労働を除く）について，使用者は，労基法37条所定の割増賃金を支払わなければならない（32条の4の2）。

(3) 1週間単位の非定型的労働時間（32条の5）

1ヵ月および1年単位の変形労働時間制については業種の制限はないが，この変形労働時間制を採用できる事業は，日毎の業務に著しい繁閑の差が生じることが多く，かつ，これを予測したうえで就業規則その他これに準ずるものにより，各日の労働時間をあらかじめ特定することが困難であると認められる小売業，旅館，料理店あるいは飲食店で，常時使用する労働者の数が30人未満の事業に限定されている。この要件に該当する使用者は，当該事業場の過半数組合，それがない場合には過半数従業員代表との書面協定により，1週間の労働時間を40時間以内とし，その時間を超えて労働させたときは割増賃金を支払う定めをしたときは，1日について，10時間を限度として労働させることができる（労基則12条の5）。この制度が適用される事業の1週の法定労働時間は44時間である（労基40条，労基則25条の2）から，労働時間の短縮と引き換えに，弾力的労働時間制を採用できることとしたものである。

この場合，労働させることができる1週間の各日を特定しておく必要がないため，非定型的労働時間と呼ばれる。しかし，使用者は，1週間の各日の労働時間をあらかじめ労働者に書面で通知しなければならず，これを変更する場合にも同様である。また，労使協定は行政官庁に届けなければならない。

(4) 変形労働時間制適用者に対する配慮

変形労働時間制は，業務の繁閑の差が大きい事業の労働時間を弾力化することにより，事業を効率的に運営する制度である。しかし，この制度は，1週間単位の非定型的労働時間制を除き，あらかじめ各日の労働時間を特定するとはいえ，労働者の生活に影響するところが少なくなく，就業後に

教育を受けている者や，育児・介護などの家庭責任を負担している者には困難な点が多い。この点につき，労基法は，妊産婦が申し出たときには，変形労働時間制を適用する場合にも，法定労働時間を超えて労働させてはならないと規定している（66条1項）ほか，育児を行う者，老人などの介護を行う者，職業訓練または教育を受ける者その他「特別の配慮を要する者」については，これらの者が育児などに必要な時間を確保できる配慮をしなければならない（労基則12条の6）。しかし，労働時間は弾力化できても，育児・介護あるいは教育は弾力化できないものであるから，これらの用件を抱えた少子高齢化社会を支える労働者に対する，より積極的な措置が不可欠となっているといえよう。

(5) フレックスタイム制

以上のように変形労働時間制では，就業規則もしくは労使協定に基づき労働時間が決定されるのに対し，フレックスタイム制は，労働者が自己の労働時間を決定する点が特徴である。この点で，労働時間の弾力化制度のなかでも，変形労働時間制とフレックスタイム制とは，性格を異にするということができる。

使用者は，就業規則その他これに準ずるものにより，労働者に係る始業および終業の時刻をその労働者の決定にゆだねることとした労働者については，当該事業場の過半数組合，これがない場合には過半数従業員代表との書面協定において，以下の事項を定めたときは，その協定で定められた清算期間として定められた期間を平均して1週間あたりの労働時間が40時間（猶予事業では44時間）を超えない範囲において，1週間において40時間（44時間）または1日について8時間を超えて労働させることができる（労基32条の3）。

労使協定に定める事項は，以下のようなものである。①フレックスタイム制が適用される労働者の範囲，②清算期間（1ヵ月以内の期間に限る），③清算期間における総労働時間（1ヵ月単位の変形労働時間制と同一の計算による），④清算期間の起算日および労働者がその選択により労働することができる時間帯（フレキシビルタイム）を設ける場合には，その開始・終了の時刻を定めなければならない（労基則12条の3）。

なお，始業・終業の一方のみを労働者にゆだねたり，フレキシビルタイ

ムの時間帯が極端に短い場合は，フレキシビルタイムと認められない[12]。現在のフレックスタイム制の多くは，コアタイム（出勤すべき時間帯）の比重が高いのが特色である。

5 法定労働時間の例外

1週40時間・1日8時間という法定労働時間の原則には，以下のように多くの例外が設けられている。

(1) 臨時的必要による時間外・休日労働（33条）

(a) 非常災害による時間外労働　使用者は，災害その他避けることのできない事由によって，臨時の必要がある場合には，事前に行政官庁（労働基準監督署長）の許可を受けたときは，必要な限度において時間外労働をさせ，あるいは休日労働をさせることができる（33条1項）。ただし，事態急迫のために許可を受ける暇がない場合には，労働時間を延長した旨，あるいは休日労働をさせた旨を事後，遅滞なく届け出なければならず，この場合，その労働時間の延長または休日の労働を不適当と認めたときは，労働基準監督署長は，その後にその時間に該当する休業または休日を与えるべきことを命じることができる（同条2項）。

「災害その他避けることのできない場合」とは，災害，緊急，不可抗力その他客観的に避けることのできない場合で，通常予見される範囲を超えるものを言い，単なる業務の繁忙その他これに準じる経営上の必要は認められない[13]。なお，この場合には，所定の割増賃金の支払い（37条）が必要である

(b) 公務の必要による時間外労働　使用者は，公務のために臨時の必要がある場合には，国家公務員・地方公務員（非現業の公務員）について，労働時間を延長し，または休日労働をさせることができる（同条3項）。公務のために臨時の必要があるか否かの認定は，非常災害の場合とは異なり，使用者である当該行政庁が行う[14]が，天災事変その他やむを得ない事

---

[12] 昭63・1・1基発1号など
[13] 昭22・9・13発基17号など
[14] 昭23・9・20基収3352号

由である必要はない。この場合に，37条所定の割増賃金の支払いが必要であるのは，(a)の場合と同様である。しかし，国営企業等の現業職員については労基法が適用されるから，以下の三六協定によらなければならない。

(2) 労使協定による時間外・休日労働（36条）

(a) 時間外・休日労働協定（三六協定）の締結　(1)の時間外・休日労働はきわめて臨時的なものであり，企業運営上，通常予測される時間外・休日労働に対応できるものではない。そこで，労基法は，使用者は，当該事業場の過半数組合，それがない場合には過半数従業員代表と書面協定（いわゆる三六協定）を締結し，これを行政官庁に届け出た場合には，その協定の定めるところにより労働時間を延長し，または休日労働をさせることができると定めている（36条）。この場合，時間外労働とは，1日8時間，1週40時間の法定労働時間（32条）を超えて労働させること，休日労働とは，週1日の法定休日（35条）に働かせることである。

三六協定の当事者である過半数組合に問題はないが，過半数従業員代表については，管理監督者（41条2号）ではないこと，投票，挙手などの手続を経て選出されること，過半数代表であることなどを理由とする不利益取扱いをしないようにしなければならない（労基則6条の2）[15]。

三六協定は事業場を単位として締結され，過半数組合が協定当事者であるときは，三六協定は労働協約としての性質を有する[16]。三六協定の内容として，時間外・休日労働をさせる①具体的事由，②業務の種類，③労働者の数，④1日および1日を超える一定期間についての延長すべき時間または労働させるべき休日について協定することが必要であり（労基則16条1項），協定には有効期間を定める必要がある（同2項）。

なお，厚生労働大臣は，時間外労働を適正なものとするため，三六協定で定める時間外労働の限度その他の必要な事項について，「基準」を定めることができ（労基36条2項），以下のような「基準」（「労働基準法第36条

---

[15]　全員加入の会社親睦会代表参加過半数従業員代表として締結された三六協定は違法無効である（トーコロ事件・最二小判平13・6・22労判1808号11頁）。

[16]　昭27・9・20基発67号

第1項の協定で定める労働時間の延長の限度等に関する基準」平成15年10月22日厚労告355号）が作成されている。

期　間	限度時間	1年単位の変形労働時間制を採用する場合の限度時間
1週間	15時間	14時間
2週間	27時間	25時間
4週間	43時間	40時間
1ヵ月	45時間	42時間
2ヵ月	81時間	75時間
3ヵ月	120時間	110時間
1年間	360時間	320時間

　なお，限度時間超えて労働時間を延長させる特別の必要が生じた場合，三六協定の当事者は，一定の時間（特別延長時間）まで延長できる特別条項付き協定を締結することができる（同基準3条）ほか，以上の限度時間は，①工作物の建設などの業務，②自動車運転の業務，③新技術・新商品などの開発業務，④季節的要因などにより事業活動や業務量の変動が著しい業務には適用されない（同基準5条）。

　また，三六協定の当事者である使用者，過半数組合などは，三六協定を締結する際に，この「基準に適合したものとなるようにしなければならない」（労基36条3項）。これは，「適合しなければならない」とされていないから，「基準」の定める時間外労働を上回る時間外労働を定める三六協定が当然に私法上も無効となるわけではなく，労働基準監督署長が協定当事者に，必要な助言および指導する（同条4項）という行政指導の根拠規定にすぎない。

　なお，三六協定による場合であっても，坑内労働その他命令で定める健康上とくに有害な業務（労基則18条）については，1日2時間が限度とされる（労基36条1項但書）ほか，18歳未満の年少者については，時間外労働をさせることはできない（60条1項）。

　(b)　時間外労働の免除　　育介法は，男女を問わず，小学校入学前までの子を養育する労働者や，家族介護に従事する労働者が請求した場合，使用者は，1ヵ月24時間，1年150時間を超えて時間外労働をさせてはならないと規定している（17条）。

(c) 労働者の時間外労働義務　三六協定が締結されたときには，使用者は，時間外労働をさせ，あるいは休日労働させた場合でも，法定労働時間の原則（労基32条1項・2項）もしくは1週1休日の原則（35条1項）に違反せず，所定の刑罰を受けることはないという法的効果（免罰的効果）を有するのみであり，労働者に時間外・休日労働に応じる労働契約上の義務が当然に発生するものではない。

　労働者に時間外・休日労働の義務が発生するためには，三六協定の締結の他に，それを義務付ける何らかの契約上の根拠規定が必要である。この点については異論はないが，契約上の根拠規定とは何を意味するかで，見解は分かれている。第1の考え方が，労働協約あるいは就業規則に包括的な時間外・休日労働を義務づける規定があればよいとする見解であり，第2の見解は，労働契約において包括的な合意が存することが必要とする説，そして第3説が，使用者から具体的な日時・場所などを特定して時間外・休日労働をしてもらいたいという申出があり，労働者がこれに合意した場合にのみ，労働者にこれらの義務が発生するという見解である。第3説は，個別的合意説と称されるが，ここでは使用者の時間外・休日命令はその申込みに類似したものと考えられることになる。

　下級審判例では，第3説の見解を採用するものもある[17]が，日立製作所武蔵工場事件・最高裁判決[18]は，時間外・休日労働を義務づける就業規則の規定が「合理的」であれば，それは労働者を拘束するという独自の見解を採用している。しかし，就業規則には，「会社は必要な場合，時間外・休日労働を命じることがある。この場合，労働者は正当な理由がない限り，これを拒否してはならない」と規定されるのが通例であり，この規定が「不合理」であるということはできないから，わが国の企業では，ほとんどの場合に，労働者に時間外・休日労働義務が生じることとなろう（前掲日立製作所武蔵工場事件・最高裁判決は，当該事案における合理性の判断基準として，三六協定に定める時間外労働をさせる事由が明確であること，時間外労働の1ヵ月の上限が40時間であることをあげている）。

---

　　[17]　明治乳業事件・東京地判昭44・5・31労民集20巻3号477頁
　　[18]　最一小判平3・11・25民集45巻8号1270頁

前掲最高裁判決の問題点は，その論理構成そのものだけでなく，労働者の時間外労働拒否の理由をまったく考慮していない点にも存する。いかに業務上の必要性が肯定される場合であっても，労働者が就業時間終了後にどうしても処理しなければならない個人的用件があり得るはずである。したがって問題は，時間外・休日労働をさせる企業の必要性と，労働者がそれを拒否しなければならない個人的事由との調整関係の視点が，この判決には欠如していると指摘せざるを得ない。

(3) 割増賃金（37条）

割増賃金が発生するのは，①時間外労働，②休日労働，③深夜労働の3つのケースである。①の時間外労働とは，法定労働時間すなわち1日8時間あるいは1週40時間を超えた労働時間（32条1項・2項）を超えた時間，②の休日労働とは，1週1休日の法定休日（35条）の労働，③の深夜労働とは，午後10時から午前5時までの労働（労働大臣が必要と認める場合には，その定める地域または期間については午後11時から午前6時までの労働）を意味する（労基37条1項）。

割増率は，①および③が2割5分増し，②が3割5分増しである（労働基準法第37条第1項の時間外及び休日の割増賃金に係る率の最低限度を定める政令）。また，①から③は，各々別個の割増賃金発生事由であるから，時間外労働が深夜に及んだ場合（①プラス③のケース）は5割増し，休日労働が深夜に及んだ場合（②プラス③のケース）は6割増しとなるが（労基則20条），休日労働が時間外に及んだ場合（①プラス②のケース）には2割5分増しでよいとされている。

つぎに，割増賃金は，通常の労働時間または労働日の賃金に所定の割増率を乗じた額となるが，この割増賃金の基礎となる額から，家族手当，通勤手当や，別居手当，住宅手当，子女教育手当のように，労働との関連性が薄く，個人的色彩の強い賃金や，臨時に支払われた賃金や1ヵ月を超えて支払われた賃金は除外される（労基37条4項，労基則21条）が，どのような賃金が除外されるかは，賃金の名称ではなく，その実質に即して判断されるべきであるから，たとえば家族手当あるいは通勤手当との名称であっても，家族数や通勤距離に関係なく支給されている場合には，割増賃金の算定基礎に含まれることになる。また，労基法37条2項および労基則21条

が規定する割増賃金の算定基礎から除外される賃金は限定列挙であり，皆勤手当・乗車手当・役付手当を割増賃金の算定基礎から除外することは許されない[19]が，これらの賃金を割増賃金の基礎から除外しないことも，もちろん許される。

さらに，時間外労働に対する割増賃金を営業手当として毎月支払うことは，実際の時間外労働に対する割増賃金額が手当の範囲内であれば，37条違反とはならない。しかし，労働者が時間外・深夜労働を行った場合でも歩合給の額が増額されず，通常の労働時間の賃金にあたる部分と，時間外・深夜の割増賃金にあたる部分とも判別することができない場合，37条違反となる[20]。

なお，労基法33条，36条の要件を充足しない違法な時間外労働命令についても割増賃金の支払義務があるのは当然である[21]。

(4) 労働時間の特例措置

労働者が常時10人未満である商業（労基別表第1第8号），映画演劇・興業の事業（同10号），保健衛生業（同13号），接客娯楽業（同14条）のようなサービス業については，1週44時間・1日8時間労働が可能である（労基40条，労基則25条の2第10項）。この10人という労働者数は，企業単位ではなく，事業場単位で判断される。以上の事実については，就業規則あるいは過半数組合もしくは過半数従業員代表との書面協定により，1ヵ月以内の期間を平均し，1週間の労働時間が40時間を超えない定めをした場合には，1日8時間・1週44時間を超えて労働させることができる（同2項）。

(5) 労働時間の適用除外（41条）

労働者の従事する業務の性質などから，労働時間の原則を適用することが不適切である労働者については，労働時間・休憩・休日に関する規定が適用されないものとされている。労働時間の原則などが適用されない労働者は，①農水産牧畜業に使用される労働者（41条1号・別表第6号・7号），②事業の種類を問わず監督・管理の地位にある者および機密の事務を取り

---

[19] 小里機材事件・最一小判昭63・7・14労判523号6頁
[20] 高知県観光事件・最二小判平6・6・13労判653号12頁
[21] 小島撚糸事件・最一小判昭35・7・14刑集14巻9号1139頁

扱う者（41条2号），③監視・断続労働に従事する者で，行政官庁の許可を受けた者（41条3号）である。なお，適用除外となるのは，労働時間，休憩および休日であるから，これらの者については，深夜業の割増賃金（37条）および年次有給休暇（39条）などの適用があることに注意が必要である。

　(a)　農水産牧畜業に使用される者　このような労働者に対する労働時間などの適用が除外されたのは，その業務が季節や天候などの自然的条件に左右されること，動物などを相手とすることや，農閑期や悪天候時には適宜，休憩や休息がとれることが，労働時間・休憩などの原則の適用を除外する理由とされている。

　(b)　管理監督者　「監督・管理の地位にある者」とは，労働時間，休憩および休日に関する適用に関する労基法の規制を超えて活動しなければならない企業経営上の必要性が認められる場合を指すものであり，「一般的には，部長・工場長等労働条件の決定その他労務管理ついて経営者と一体的な立場にある者の意であるが，名称にとらわれず，実態に即して判断すべきである」[22]。このため，勤務実態として，管理職手当を支給されず，出退勤につき拘束を受けている駅助役は，本条の監督・管理の地位にある者には該当しない[23]し，指揮権限もなく，タイムカードによる出退勤管理されている広告会社のアート・ディレクター[24]などについても同様とされている[25]。

　また「機密の事務を取り扱う者」とは，秘書その他の者で，その職務が経営者あるいは監督・管理の地位にある者の活動と一体不可分である者をいう。

　(c)　監視・断続労働者　まず，「監視に従事する者」とは，守衛やメー

---

[22]　レストラン・ビュッフェ事件・大阪地判昭61・7・30労判481号51頁

[23]　国鉄荒尾駅事件・熊本地判昭36・11・25下刑集3巻11号1096頁

[24]　ケー・アンド・エル事件・東京地判昭59・5・29労判431号57頁

[25]　静岡銀行事件（静岡地判昭53・3・28労判297号39頁）では銀行の支店長代理が労基法41条2号の管理監督者には該当しないとされ，金融機関における同号の管理監督者の具体的な範囲の見直しを求める通達（昭52・2・28基発104号）が出されている。

ター監視作業のように，原則として一定部署で監視することを本来の業務とし，かつ，常態として身体的・精神的緊張の少ない者を意味し，犯罪人や交通関係の監視労働，あるいはプラント等における計器類を常態として監視する業務や危険・有害な場所における監視労働は除外されない[26]。また「断続的労働に従事する者」とは，休憩時間は少ないが，手待時間が多いなど，労働密度の小さい業務に従事する者をいい，学校用務員や寄宿舎管理人などがその例である。裁判例では，正規の勤務時間外の労働は監視断続労働にあたらない[27]が，学校管理員の職務は断続的労働に該当するとされている[28]。

　(d)　宿日直　　使用者は，行政官庁の許可を受けた場合，宿直または日直の勤務で断続的な業務に労働者を従事させることができる（労基則23条）。この規定については，宿日直を定めた法律の根拠規定が存しないから，勤務条件は法律で定めるとする憲法27条に違反するとの見解もあるが，断続労働を定める労基法41条3号に根拠が求められている。

　監督署長による許可基準として，①勤務態様，②手当支払い，③回数，④睡眠設備の設置の4点が示されている。すなわち，①定期的な構内巡視，文書・電話の授受または非常時の待機など，ほとんど労働の必要のない勤務であること，②1回の宿直手当（深夜割増賃金を含む）または1回の日直手当の額が，同種の労働者に支払われている賃金（労基法37条の割増賃金）の1人1日平均額の3分の1以上の額であること，③原則として，日直は月1回，宿直は週1回であること，④宿直については，相当の睡眠設備を設けることが条件とされている[29]。なお，宿日直の際に，医師，看護師などが急患の手当を担当した場合のように本来の業務に従事した時間は，時間外・休日労働として取り扱わなければならない。ただし，満18歳未満の年少者については，保護の観点から，宿日直は，原則として認められない[30]。

---

[26]　昭22・9・13基発17号，昭63・1・14基発150号
[27]　清瀬市水道施設職員事件・東京高判昭57・11・30労民集33巻6号1111頁
[28]　横浜市立学校管理員事件・横浜地判昭60・7・25労判473号84頁
[29]　昭22・9・13発基17号など
[30]　昭63・3・14基発150号など

第3節　休憩・休日

1　休　憩
(1) 休憩の意義
　休憩時間は，労働により蓄積された肉体的・精神的疲労を解消ないし減少させるものとして重要である。このため，労基法は，使用者に対し休憩時間の付与を義務づけているほか，休憩時間が実効的に確保できるように，一斉休憩の原則や自由利用の原則が定められている。休憩時間とは，使用者の指揮命令から解放されている時間ないし労働者が自由利用できる時間を意味するから，単に作業に従事していないにすぎない手待時間は休憩時間に該当しない[31]。

(2) 付与義務の原則
　使用者は，労働時間が6時間以上を超える労働者には45分以上，8時間を超える場合に1時間以上の休憩時間を付与しなければならない（労基34条1項）。このように，労基法は拘束時間の上限を定めていないことから，休憩時間の上限を設定すべきとの意見もある。
　この付与原則については，労働者が従事する業務の性質上，付与義務の例外が認められており（労基40条），これには，①運送事業または郵便事業に使用される労働者のうち，列車，気動車，電車，自動車，船舶または航空機に乗務する機関手らの乗務員，②屋内勤務者が30人未満の郵便局において郵便・電信・電話の業務に従事する者（労基則32条1項・2項）があげられる。また，前述の労働時間・休憩・休日の適用除外者（労基41条各号）についても，同様である。
　ところで，使用者が休憩をまったく付与しなかった場合や，手待時間となった場合，労働者は時間あたりの賃金を請求できるであろうか。この点につき，住友化学工業事件・最高裁判決[32]は，休憩付与義務違反が債務不

---

[31]　昭22・9・13発基150号
[32]　最三小判昭54・11・13判タ402号64頁

履行に該当し，労働者の肉体的・精神的苦痛に対する慰謝料請求を認めたが，時間あたり賃金請求権を否定している。

(3) 途中付与の原則

休憩時間の制度目的からすれば，休憩時間は労働時間の前後に付与されてはならず，労働時間の途中に付与されなければならない（労基34条1項）。

(4) 一斉付与の原則

休憩時間が交替で付与されると，休憩が実際にはとりにくくなることが少なくない。そこで，労基法は，休憩は一斉に付与されなければならないと規定している（労基34条2項）。しかし，この原則には，過半数組合，それがなければ過半数従業員代表との書面協定に定めた場合と，業務の性質から一斉休憩を付与することが困難な事業については，一斉に付与しなくてもよい。後者の事業とは，①坑内労働（労基38条2項但書），②運送業（労基別表第1第4号），商業（同8号），金融・保険業（同9号），映画製作・興業（同10号），保健衛生業（同13号），接客娯楽業（同14号）および官公署である（労基則31条）。

(5) 自由利用の原則

休憩時間は使用者の指揮命令から解放される時間であるから，使用者は，その時間を労働者が自由に利用できるように保障しなければならないのは当然である。労基法は，使用者は休憩時間を自由に利用させなければならないと明文で規定した（34条3項）のは，このことを確認したものである。本来，休憩とはそもそも労働者が自由に利用できることを本質とすることが明らかであるのに，改めて同条が自由利用原則を明文化している意義は重要であろう。

ただし，労基法は，業務の性質により，①警察官，消防吏員，常勤消防団員，救護院に勤務する職員で児童と起居をともにする者（労基則33条1号），②乳児院，児童養護施設，知的障害児施設，盲ろうあ児施設，肢体不自由児施設に勤務する職員で児童と起居をともにする者で，行政官庁の許可を受けた者については，自由利用原則は適用されない（労基則33条1項2号・2項）。

休憩時間の利用について，事業場の規律上必要な制限を加えることは，それが労働者の休憩の目的を損なわない限り許容されよう。この点で，休

憩時間中の外出を許可制とすることが自由利用原則に抵触するかが問題となる。休憩の実が失われなければ許可制も許されるという行政解釈[33]も存するが，外出により業務に支障をきたす場合には，事後的に遅刻として処理すればよいのであり，あえて許可制の措置をとる必要はないであろう。

　休憩時間の自由利用原則をめぐっては，組合活動や政治活動の自由との関係で問題となることが多い。組合活動に関しては，労働者は休憩時間に自由に組合活動をなし得るから，休憩時間中の組合ビラ配布を許可制とすることは許されない[34]し，休憩時間中の政治活動を禁止することは，休憩時間の自由利用原則に違反する疑いが大きい[35]。また，休憩時間中に政党機関紙を配布した組合委員長に対する懲戒解雇の効力が争点となった日本ナショナル金銭登録機事件[36]では，単に抽象的に企業秩序をびん乱する可能性があるとの理由で，休憩時間内の政治活動を制限することは許されず，他の労働者の休憩の自由を妨害し，あるいは政治的対立をもたらして作業能率を低下させる具体的危険がある場合にのみ，その制限が許容されるとしていた（具体的危険説）。

　このような下級審の動向に対し，最高裁は，「ベトナム戦争反対，米軍基地拡張阻止」と書いたプレートを胸に着用した労働者に対する戒告処分の可否が争点となった目黒電報電話局事件[37]において，休憩時間中の政治活動であっても，他の従業員の休憩時間の自由利用を妨げ，その後の作業能率を低下させ，また企業秩序の維持に支障をきたすおそれが強いから，休憩時間中の政治活動を禁止する規定は合理的であるが，企業内の秩序・風紀をみだすおそれのない「特別の事情」があれば，右禁止規定に違反するものではないとの判断を下した。同判決では懲戒処分が有効とされたが，同判決の枠組みに従いながら，就業規則の許可規定に違反する昼休み時間中の政党機関紙・法定選挙ビラの配布が工場の秩序を乱すおそれがない「特別の事情」に該当するとして，戒告処分を無効とした明治乳業事件[38]

---

　[33]　昭23・10・30基発1575号
　[34]　東洋工機製作所事件・名古屋地判昭42・4・21労判36号2頁
　[35]　東洋ガラス事件・横浜地川崎支判昭47・8・29労判170号59頁
　[36]　東京高判昭44・3・3労判715号9頁
　[37]　最三小判昭52・12・13労民集31巻7号974頁

がある。

2 休　　日
(1) 毎週1休日の原則
　休憩は労働による肉体的・精神的疲労を解消するものであるが、もともと短時間であり、この目的のためには、1日単位の休息を労働者に付与することが必要である。これが、休日制である。労基法は、使用者は、毎週少なくとも1回の休日を与えなければならないとして、1週1休日制を定めている（35条1項）。このため、国民の祝日および休日（国民の祝日に関する法律3条）は労基法上の休日（法定休日）ではなく、また週休2日制についても、2日目は法定休日ではない。「毎週」とは、日曜から土曜までの1週間を意味し、「休日」とは、午前0時から午後12時までの継続24時間、すなわち暦日を意味する[38]。

　休日の付与方法については、一斉付与や休日の特定は要求されていないため、1週1休日が確保されていれば何曜日でもよいが、就業規則中に具体的に一定の日を休日と定めるよう指導するものとされている[40]。

　なお、出張の際の休日旅行時間について、行政解釈は物品の監視などの特段の指示がある場合のほかは、休日労働と扱わなくともよいとするが、出張目的である業務遂行のために必要であれば休日労働とみるべきであろう[41]。

(2) 変形休日制
　この他、労基法は変形休日制を採用しており、4週間を通じて4日以上の休日を付与する場合には、1週1休日制は適用されない（35条2項）。これは、建設業の屋外作業などのように天候に左右されやすい業種などを配慮したものであるが、業種の制限がないばかりか、変形労働時間制のような要件も課されておらず、単に定めをすればよいことになっている。

　なお、4週間の意味については、特定4週間に4日の休日があればよく、

---

[38]　最三小判昭58・11・1労判417号21頁
[39]　昭23・5・5基発682号、昭63・3・14基発150号
[40]　昭23・3・17基発461号、昭33・2・13基発90号
[41]　島根県職員事件・松江地判昭46・4・10労判127号35頁

どの4週間を区切っても4日の休日が付与されなくてもよいと解されている[42]。

(3) 休日の振替えと代休

休日の振替えとは、休日があらかじめ特定されている場合に、その日を労働日として、他の労働日を休日とするものである。休日の振替えがなされると、もともとの休日は労働日となり、その日に労働させても休日労働とはならないから、割増賃金の支払いも不要である。休日の振替えがなされても、週休制の原則が守られているかぎり問題はないが、この場合でも1週40時間労働制の適用を受けるから、振替えにより週あたり法定労働時間を超えた時間は時間外労働となる。

休日の振替えをおこなうためには、就業規則などに休日の振替えを必要とする場合には振替えができることを規定し、あらかじめ振り替えられるべき日を特定することが必要である[43]。

これに対し、代休とは、休日労働をさせたのちに、その代償として、その後の労働日を休日とするものである。この場合には、休日労働の性質に変わりがあるものではないから、三六協定の締結および割増賃金の支払いが必要である。

第4節 年次有給休暇

1 年次有給休暇の意義

労基法は、休憩(34条)・休日(35条)あるいは産前産後休暇(65条)・育児時間(67条)・生理休暇(68条)などの休暇を定めているが、これらはすべて有給の保障があるわけではない。したがって、このような労働から解放された時間が増加すれば、時給・日給労働者は賃金の減少を免れないことになる。

---

[42] 昭23・9・20基発1384号など
[43] 昭和63・3・14基発150号など

これに対し，有給で労働から解放されることと，連続して休暇がとれる点に，年休の重要な意義がある。このような特殊性から，労基法制定当時は，使用者に有給で労働から解放させることを納得させるためにとられた考え方が労働力維持培養説である。すなわち，機械ですら連続して作動させれば，事故が発生するのであり，ましてや肉体をもつ労働者には，有給で休暇を与えて，蓄積した疲労を回復させることにより，労働災害の発生を防止できるだけでなく，作業能率を高めることになり，結局は年休の付与が使用者の利益につながるというものである。しかし，このことは反面において，労働力の維持培養につながらないような年休の使途（例えば有給のアルバイト）などは許容されないという考え方につながっていく。

　しかし，年休とはそもそも憲法27条の労働権保障の一環として，労働者の余暇権を保障しようとするもので，労働力の維持培養という視点で把握されるべきものではない。このことは，今日では，一般に承認されたものであり，最高裁も現在では，余暇権説の立場に立っていると考えられる。

　ところで，わが国の年休の実態をみると，まず消化率の低さが特徴的であり，消化率は約半分にとどまっている。これは，事業場の要員が十分でなく，年休を取得すると，同僚に迷惑をかけることを危惧することに求められる。また，欧米諸国では，年休期間は最低4週間から6週間であり，年休手当も先払いとなっている。これに対し，わが国の年休は，付与日数も最低10日であり，また余暇権の行使というよりも，病気休暇の代替や，日常の用事を処理するためのコマ切れ年休が一般的となっており，年休の「時季」という法律上の文言との乖離が大きいままである。

2　年休の付与義務

　使用者は，雇入れの日から起算して6ヵ月間継続勤務し，全労働日の80％以上出勤した労働者に対して，連続もしくは分割した10労働日以上の年休を付与する義務を負う（39条1項）ほか，1年6ヵ月以上継続勤務した労働者については，1労働日，3年6ヵ月からは2労働日を加算した年休（20日まで）を付与しなければならない（同条2項）。

6ヵ月経過日から起算した継続勤務年数	労 働 日
1年	1労働日
2年	2労働日
3年	4労働日
4年	6労働日
5年	8労働日
6年以上	10労働日

(1) 年休付与の要件

(a) 6ヵ月間の継続勤務　第1の要件は，労働者が雇入れの日から起算して6ヵ月間継続勤務することである。ここでいう6ヵ月の継続勤務の起算点は，個々の労働者ごとの雇入時であるが，年休付与の実務上の繁雑さを回避するため，便宜上4月から起算することも可能であるが，この場合には，労働者の不利益とならないように取り扱う必要がある。例えば，6月1日に雇い入れた労働者につき，起算点を4月1日採用者と同一としてもよいが，4～5月を継続勤務したものと取り扱うことになる。

次に，「継続勤務」とは，労働契約の形式が継続していることではなく，在職期間であることを意味する。したがって，定年退職者の嘱託再雇用，期間の定めのある労働者の契約更新，在籍出向者，長期療養中の休職など，実質的に労働関係が継続していると認められる場合には，継続勤務性が肯定される。

(b) 全労働日の8割以上の出勤　第2の要件は，労働者が6ヵ月間の全労働日の8割以上出勤することである。ここでいう全労働日とは，就業規則などにより出勤が義務付けられている日数であるから，休日労働した日は全労働日には算入されないため，祝日，土曜日，年末・年始休日を全労働日に含ませて日数を算定することは，労基法39条1項に違反する[44]。また，正当な争議行為により労務の提供がなされなかった日，使用者の責に帰すべき休業日は，全労働日に含まれない[45]が，生理休暇は欠勤として

---

[44] エス・ウント・エー事件・最三小判平4・2・18労判609号12頁
[45] 昭33・2・13基発90号，昭63・3・14基発150号

もよいとされている[46]。なお，労基法は，①労働者が業務上負傷し，または疾病にかかり，療養のために休業した期間，②産前産後の女性が労基法65条の規定により休業した期間，③育児介護休業法により育児介護休業を取得した期間は，出勤したものとみなされる（39条7項）と規定しているが，年休取得日も，出勤したものとして算入される[47]。

(2) 年休の付与日数

付与されるべき年休の日数は，6ヵ月勤務後に10日以上，1年6ヵ月を超えて継続勤務した者に対しては，勤続年数ごとに1日（3年6ヵ月からは2日）が加算される（39条2項）。なお，全労働日の8割以上出勤という要件は，次期に年休が付与されるためのものであるから，例えば，2年目の出勤率が8割未満であれば，3年目には年休を付与する必要はないが，3年目に8割以上出勤すれば，4年目の年休日数は14日である。また，年度途中退職予定者は，月割按分ではなく，一律20日の年休権を有することになる[48]。ところで，全労働日8割以上の出勤を要件とする場合，週あるいは年間の全労働日が著しく少ない労働者は，出勤日が少ないにもかかわらず，最低10日の年休を付与されることになる。そこで，労基法は，所定労働日数の少ない労働者については，按分比例して年休を付与するものとしている（39条3項，労基則24条の3第3項）。具体的には，以下のようになっている。

週所定労働日数	1年間の所定労働日数	雇入れの日から起算した継続勤務期間						
		6ヵ月	1年6ヵ月	2年6ヵ月	3年6ヵ月	4年6ヵ月	5年6ヵ月	6年6ヵ月以上
4日	169日から216日まで	7日	8日	9日	10日	12日	13日	15日
3日	121日から168日まで	5日	6日	6日	8日	9日	10日	11日
2日	73日から120日まで	3日	4日	4日	5日	6日	6日	7日
1日	48日から72日まで	1日	2日	2日	2日	3日	3日	3日

また，認定職業訓練（能開24条）を受ける未成年労働者の年休の付与日数は，12日である（労基72条）。

---

[46] 昭23・7・31基収2675号
[47] 昭和22・9・13発基17号
[48] 沖縄米軍基地事件・最一小判昭59・7・5労判カード434号11頁

年休は1日単位で保障されるものであり，使用者は，労働者が半日までは時間単位で年休を請求した場合でも，これに応ずる必要はない[49]と解されている。

3 年休権の法的性格

年休権の法的性格をめぐっては，これを請求権と解するものと，形成権と解する見解とが対立していた。しかし，これらの説は，労基法39条1項・2項による年休権の発生と，労働者の時季請求の権利（旧規定3項，現4項）とを混同するものであるとの，いわゆる二分説から強い批判をあびることとなった。

現在の通説的見解は，時季指定権説と呼ばれるものである。

最高裁[50]は，白石営林署長事件，国鉄郡山工場事件において，労基法39条1項・2項の要件を充足すれば，労働者は法律上当然に所定日数の年休権を取得するものであり，労働者による休暇の請求や，使用者による年休の承認というという概念を入れる余地はないこと，そして労働者が具体的な休暇の始期と終期とを特定して時季指定したときは，使用者による適法な時季変更権が行使されないかぎり，労働者の時季指定によって，当該労働日の労働義務が消滅すること，また，年休の利用目的は労基法が関知すべきことではないことを明らかにした（ただし，一斉休暇闘争は年休権行使に名をかりた争議行為であるとしている）。また，使用者は労働者の年休権行使を妨げてはならないという不作為義務だけでなく，労働者ができるだけ自己の指定した時季に年休を取得できるように，状況に応じた配慮をなす義務を負っている[51]。

4 使用者の時季変更権

前掲国鉄郡山工場事件・最高裁判決が指摘するように，使用者が労働者

---

[49] 昭63・3・14基発150号
[50] 最二小判昭48・3・2民集27巻2号210頁，最二小判昭48・3・2民集27巻2号191頁
[51] 弘前電報電話局事件・最二小判昭62・7・10民集41巻5号1229頁，横手統制電話中継所事件・最三小判昭62・9・22労判503号6頁

の時季指定による年休を阻止できるのは，適法な時季変更権を行使した場合である。使用者の時季変更権に関して，労基法は，「請求された時季に有給休暇を与えることが事業の正常な運営を妨げる場合」（39条4項）を要件としている。しかし，「事業の正常な運営を妨げる」との要件を広く解釈すれば，要員配置が不十分な企業が大半であるわが国では，労働者の年休権行使は極めて困難であろう。そこで，判例は「事業」を，当該労働者が担当する部署ではなく，その所属する事業場と解しており（前掲白石営林署長事件判決），これにより，時季変更権を行使できるのは，労働者の年休取得により事業場全体の業務に支障をきたす場合に限定されることになる。具体的には，事業の規模，年休請求者の職場における配置，担当業務の内容・性質，業務の繁閑，同時季に年休を請求する者の人数など，諸般の事情を考慮されることになり，単なる業務の繁忙や人手不足が時季変更権行使の要件とはならない[62]。

なお，時季変更権の効果は，労働者の時季指定より形成的に生じる効果を阻害する一種の抗弁権にすぎず，それによって使用者は他の年休時季を一方的に決定できるものではなく，労働者に他の時季を指定するように促すことにとどまる[63]のは，当然である。

また，使用者も時季変更権を行使できるのであるから，年休の申込みは休暇日の2日前までにするという就業規則の規定も，それが当日請求のものを認めるなど，柔軟な運用がなされている限り，労働者の時季指定権を侵害するものではないであろう[64]。さらに，使用者の時季変更権行使は年休開始前になされるべきは当然であるが，労働者の時季指定が年休開始後などになされたため，事前に時季変更権を行使する余裕がない場合には，それが休暇の途中や事後になされたとしても，適法とされる余地があろう（前掲電電公社此花電話局事件）。

ところで，従来の年休請求はコマ切れ年休方式が一般的であるが，今後は連続した長期的年休の取得が拡大していくことが予測される。この点で，

---

[62] 東亜紡織事件・大阪地判昭33・4・10労民集9巻2号207頁
[63] 新潟鉄道郵便局事件・新潟地判昭52・5・17労判280号37頁
[64] 電電公社此花電話局事件・最一小判昭57・3・18民集36巻3号366頁

夏休み期間中の1ヵ月にわたる長期年休に対する時季変更権の行為が争点となった時事通信社事件[55]では、労働者が長期的かつ連続の年休を取得しようとする場合には、使用者の業務計画、他の労働者の休暇予定などとの事前調整の必要が存するから、労働者がこのような調整を経ることなく年休の時季指定をしたときは、これに対する使用者の時季変更権行使については、使用者に一定の裁量権が認められるとして、24日間（休日を含めると1ヵ月）の連続した時季指定に対し、後半の2週間についてなされた時季変更権の行使が適法とされている。しかし、この事件は、代替要員の確保が困難な通信社の科学技術庁担当記者による長期年休請求という、やや特殊な事例における判断と考えられるべきであろう。

5　年休の利用目的

前掲白石営林署長事件・最高裁判決は、年休の利用目的は労基法の関知しない事項であると判断しているが、いわゆる一斉休暇闘争は、その目的が使用者の時季変更権を全面的あるいは部分的に無視することにより業務の正常な運営を阻害しようとするものであり、使用者の適法な時季変更権の行使によって事業の正常な運営の確保を可能とする年休制度の趣旨の前提を欠くもので、年休権行使に名をかりた同盟罷業と判断されている。しかし、これは年休取得労働者が所属する事業場で一斉休暇闘争が行われる場合であり、他の事業場における争議に年休をとって参加する場合には、これに該当しない。また、成田空港反対現地集会への参加であることを理由として、勤務割の変更をしなかったため、最低人員を欠くとして年休を付与しなかったことは、適法な時季変更権行使にあたらないとされている（前掲弘前電報電話局事件・最高裁判決）。

6　計画年休

年休権は労働者が自由に時季指定できるものであるが、労基法には、年休の消化を促進することを目的として、計画年休制度が導入されている。すなわち、当該事業場の過半数組合、それがなければ過半数従業員代表と

---

[55]　最三小判平4・6・23民集46巻4号306頁

の書面協定（以下，計画年休協定）により，年休を与える時季に関する定めをした場合には，これらの規定による休暇日数のうち5日を超える部分については，計画年休とすることができる（39条5項）。5日は，個人的理由による取得の余地を残しておくものである。

計画年休には，①事業場全体の一斉付与，②交代制，③個人単位の3つの付与方式が考えられるが，労使協定において，①では具体的な年休の付与日，②では班別の具体的な付与日，③では計画表を作成する時季・手続などを定めるものとされている。

この場合，特別の事情により，計画年休による付与がふさわしくない労働者については，協定の対象から除外するなどの配慮が必要であるし，年休付与日数の少ない労働者については，年休日数を増加させるなどの措置が求められよう。また，入社6ヵ月以内で年休がない労働者に一斉休業もしくは交替制の計画年休を取得させる場合には，休業手当（26条）の支払いが必要である。

問題は，計画年休協定が個々の労働者を拘束するか否かである。時間外・休日労働に関する三六協定などの労使協定の効力は免罰的効力のみを有するもので，当然には個々の労働者の義務を生じないものである以上，計画年休協定も基本的には，計画年休に基づき使用者が年休を付与させても労基法違反とはならないという効果にとどまるものである。しかし，行政解釈[56]および判例[57]は，労基法が計画年休制度を新設したことにより，いったん計画年休協定により年休の取得時季が集団的・統一的に特定されると，その日数については，個々の労働者の時季指定権および使用者の時季変更権ともに，当然に排除され，当該協定により適用対象とされた事業場の全労働者にその効力が及ぶとしている。

7　年休手当

年休期間に支払われるべき手当は，①平均賃金（労基12条）または②通常の賃金（労基則25条）であるが，どれを支払うかをあらかじめ就業規則

---

[56]　昭63・3・14基発150号

[57]　三菱重工長崎造船所事件・福岡高判平6・3・24労判819号78頁

その他に定めておく必要がある（労基39条6項本文）。もっとも、当該事業場の過半数組合もしくは過半数従業員代表との書面協定を締結した場合には、健康保険法40条1項の定める標準報酬日額に相当する賃金を支払うこととなる（同39条6項但書）。その支払いは、年休取得前が望ましいが、少なくとも、年休取得直後の賃金支払時でなければならない。

また、年休手当が未払いの場合、労働者は、裁判所に付加金の支払いを請求することができる（労基114条）。

8 年休の繰越し・買上げ

年休の繰越しとは、当該年次に消化されなかった年休を翌年に取得できるようにすることである。本来、年休は当該年次中に消化されることが本質である以上、年休の繰越しは違法であるとする判例[58]もあるが、年休が完全に消化できる基盤がない現状では、年休の繰越しが肯定されるべきであり、行政解釈[59]もこれを肯定している。この場合、労基法115条の時効（2年）の規定が援用され（厳密には、年休権は請求権ではないが）、1年に限って繰越しができることとなろう。年休権の時効中断の請求については、裁判上の請求でなければならないとされている[60]。

年休の買上げとは、未消化の年休期間に対し賃金を支払うことである。これは年休の制度趣旨に反するもので違法と解される[61]が、労基法所定の年休を上回る日数を買い上げること、すでに時効消滅した年休を買い上げることは違法ではない。

9 年休取得を理由とする不利益取扱い

労基法は、年休を取得した労働者に対し、賃金の減額その他不利益な取扱いをしないようにしなければならないと規定する（136条）。

裁判例をみても、当日指定の年休取得を無断欠勤として取り扱い、これを理由としてなされた解雇は無効であり[62]、稼働率が80％以下の労働者は

---

[58] 国鉄浜松機関区事件・静岡地判昭48・3・23労民集24巻1・2号96頁
[59] 昭22・12・15基発501号
[60] 昭23・4・28基収1497号、昭23・5・5基発686号
[61] 昭30・11・30基収4718号

賃上げをしないと定める労働協約において，その不就労日に年休取得日数を含めることは年休制度の趣旨に反する[63]，あるいは，賞与の算定にあたり，年休取得日を欠勤扱いとすることは許されない[64]とされる。

　しかし一方で，年休取得を理由とする皆勤手当の減額・不支給は，それが年休を取得する権利を抑制し，ひいては労基法が労働者に年休権を保障した趣旨を実質的に失わせるものと認められないかぎり，公序違反として無効とならないとした判例がある。この判例[65]では，年休取得を理由とする不利益取扱いをしないよう求める労基法136条が，努力義務にすぎないことが判断のひとつになっているが，ここでは，精皆勤手当が給与の3％程度であり，不利益が小さいこと，収入が運転手の水揚げに依拠しており，輪番制の運転手が欠勤すると企業収入への影響が少なくないというタクシー業界の特殊性が判断されたものであり，この結論を一般化することはできないであろう。

---

[62]　三和運送事件・新潟地判昭59・9・3労判445号50頁
[63]　日本シェーリング事件・大阪高判昭58・8・31労判417号35頁
[64]　エス・ウント・エー事件・最三小判平4・2・18労判609号13頁
[65]　沼津交通事件・最二小判平5・6・25労判636号11頁

第7章　女性・年少者の労働時間・休暇

第1節　女性保護と母性保護

　従来，労基法には，18歳以上の女性については，妊娠・出産に関する母性保護規定と，労働時間規制などの一般的女性保護規定が存在していた。例えば，母性保護規定として，産前・産後休暇（65条），妊産婦の危険有害業務禁止および労働時間・深夜労働の禁止・制限（66条2項・3項，64条の3），育児時間（67条），生理休暇（68条）があり，一般的女性保護規定として，時間外・休日労働の制限（旧64条の2），深夜労働の制限（旧64条の3），坑内労働の禁止（64条の2）が存在した。しかし，1997年の労基法改正により，一般的女性保護規定のうち，時間外・休日労働の制限および深夜労働の禁止が撤廃された。これは，男女雇用機会均等法上の募集・採用，配置・昇進が事業主（使用者）の努力義務規定から禁止規定に変更されたことに対応するものであるとともに，妊娠出産に関する保護は拡大する一方で，一般的女性保護規定は，縮小ないし廃止すべしと規定する国連女性差別撤廃条約の趣旨に沿うのでもある。

　しかし，理念としては，男女が平等に育児や介護などの家族的責任を果たすべきといえるが，現実には，家族的責任の大半が女性に担われているという現実を無視することもできないであろう。今後は，家族的責任が男女が平等に負担できるような法システムを構築していくことが不可欠である。

第2節　女性の労働時間・休暇

1　深夜業解禁に伴う措置

　女性労働者に深夜業が解禁されたことにより，その安全や健康に対するあらたな措置が必要となった。このため，事業主は，女性労働者の職業生活の充実を図るため，当分の間，女性労働者を深夜業に従事させる場合には，通勤および業務の遂行の際における当該女性労働者の安全の確保に必要な措置を講ずるように努める努力義務を課している（雇均則13条）。
　さらに，「深夜業に従事する女性労働者の就業環境等の整備に関する指針」（平10・3・13労告21号）が作成された。「指針」では，①送迎バスの運行，バスなどの運行時間を配慮した勤務時間設定，駐車場の防犯灯の整備，防犯ベルの貸与などの通勤における安全の確保，深夜作業における女性の単独配置の回避などの業務遂行における安全の確保，②子の養育または家族介護などの事情に関する配慮，③仮眠室，休養室などの整備，④深夜業に従事する女性労働者の雇入れ，配転の際の健康診断および6ヵ月ごとの健康診断の実施，健康診断の結果に基づく就業転換や勤務時間の短縮などが定められている。

2　母性保護
(1)　産前・産後休暇

　母性保護規定としては，まず，産前・産後休暇がある。使用者は，6週間（多胎妊娠の場合には14週間）以内に出産する予定の女性が休業を請求した場合には，その者を就業させてはならず（労基65条1項），また使用者は，産後8週間を経過しない女性を就業させてはならないが，産後6週間を経過した女性が請求し，かつ医師が支障がないと認めた業務に就かせることは差し支えないとされている（同条2項）。これが産前・産後休暇であり，女性労働者は，産前6週間（多胎妊娠の場合には14週間），産後8週間（強制6週間）の休暇が保障される。ただ，産後休暇の権利が出産という客観的事実により当然に発生するものであるのに対し，産前休暇については，

女性の「請求」が要件である点に注意が必要であるが，これは口頭のもので足りる。

なお，出産とは妊娠4ヵ月（1ヵ月は28日で計算）以上の出産・死産・流産・人工妊娠中絶による分娩をいい[1]，出産日は産前休暇に含まれる[2]が，出産日がずれても産後休暇の日数には影響しない。

また，産前産後休暇期間については，使用者が女性を休業させなければならないというだけで，有給を保障することまで法は義務づけていない。このため，この期間を有給とするか否かは，労働協約・就業規則あるいは労働契約の定めによることになる。しかし，これでは産前・産後期間の生計維持が困難であり，また，日本が批准した女性差別撤廃条約が賃金またはこれに準ずる社会的給付を伴う母性保護制度の導入を求めている（11条）ことにも抵触するため，35万円の出産育児一時金が支給されるほか，産前休業期間の42日間（多胎妊娠の場合は98日間），産後休業期間の56日間につき，標準報酬日額の60％の出産手当金が支給される（健保101条・102条）。

さらに，産前産後休業期間プラス30日間は解雇が禁止される（労基19条1項）ほか，産前産後期間中の休業期間は年次有給休暇の出勤率の算定にあたって，出勤したものとみなされる（同39条7項）。

(2) 妊産婦への保護

妊産婦とは妊娠中もしくは産後1年未満の女性である（労基64条の3第1項）が，その就業についてはさまざまな制限が課されている。

第1に，使用者は，重量物取扱業務，有毒ガスを発散する場所における業務，その他妊産婦の妊娠・出産・哺育等に係る機能に有害な業務に妊産婦を就労させることは禁止される（労基64条の3第1項）。具体的には，24の業務が定められている（女性則2条）。

第2に，使用者は，妊産婦に対し，1ヵ月単位の変形労働時間制（労基32条の2第1項），1年単位の変形労働時間制（同32条の4第1項）および1週間単位の非定型的労働時間制（同32条の5）を適用することができる

---

(1) 昭23・12・23基発1885号
(2) 昭25・3・31基収4057号

が，妊産婦が請求した場合には，1日8時間，1週40時間を超えて労働させることはできない（同66条1項）。

　第3に，使用者は，災害その他避けることのできない事由により臨時の必要がある場合の時間外・休日労働（労基33条1項），公務により臨時の必要がある時間外・休日労働（同33条3項），あるいは時間外・休日労働協定による時間外・休日労働（同36条1項）に妊産婦を従事させることができるが，妊産婦が請求した場合には，時間外・休日労働は禁止される（同66条2項）。

　第4に，使用者は，女性を深夜業（原則として，午後10時から午前5時まで）に従事させることができるが，妊産婦が請求した場合には，深夜業に従事させることは禁止される（同66条3項）。

(3) 妊娠中・出産後の健康管理措置

　母子保健法は，市町村に対し妊娠，出産または育児に関し必要な保健指導や健康診査を行うよう定めている（10条）が，働いている女性は勤務との関係があり，このような時間を確保することは困難である。そこで，男女雇用機会均等法は，働く女性労働者がこのような時間を確保するための措置を定めている。

(イ) 第1が，事業主（使用者）は，その雇用する女性労働者が母子保健法に基づく保健指導や健康診査を受けるために必要な時間を確保することができるようにしなければならない（雇均12条）。

　具体的基準は，均等法施行規則に定められている。

① 女性労働者が妊娠中である場合には，以下の期間内ごとに1回，必要な時間を確保することができること（医師または助産婦がこれと異なる指示をしたときは，その指示に従い，必要な時間を確保することが求められる（雇均則2条の3第1号））。

妊娠週数	期間
23週まで	4週
24週〜35週まで	2週
36週から出産まで	1週

② 女性労働者が出産後1年以内については，医師または助産婦が保健

指導または健康診査を受けるように指示した時間を確保することが求められる（雇均則2条の3第2項）。

　(ロ)　第2が，事業主は，その雇用する女性労働者が保健指導または健康診査に基づく指導事項を守ることができるようにするため，勤務時間の変更，勤務時間の軽減等必要な措置を講じなければならない（雇均13条1項）ことである。「勤務時間の変更，勤務の軽減等」には，通勤緩和（時差出勤，勤務時間の短縮など），休憩（休憩時間の延長，休憩回数の増加など）および休業が含まれる[3]。また，事業主が医師などによる指導事項の内容の的確な伝達をするために，「母性健康管理指導連絡カード」を活用することが求められるほか，妊娠・出産に関するプライバシー保護が求められている。なお，厚生労働大臣は，適切かつ有効な実施を図るため，「指針」[4]が定められている（同条2項）。

(4)　一般的女性保護規定

　一般的女性保護規定としては，坑内労働の禁止，生理休暇がある。

　(a)　坑内労働の禁止　　使用者は，妊産婦（妊娠中および産後1年を経過しない女性）が申し出た場合および坑内で行われる業務のうち人力により行われる掘削の業務その他18歳以上の女性に有害な業務として厚生労働省に定めるものについては，女性を就業させてはならない（労基64条の2本文）。後者における具体的な業務は，①人力により行われる土石，岩石もしくは鉱物の掘削または掘採の業務，②動力により行われる鉱物等の掘削または掘採の業務（遠隔操作により行うものを除く），③発破による鉱物等の掘削または掘採の業務，④ずり，資材等の運搬もしくは覆工のコンクリートの打設等鉱物等の掘削または掘採の付随業務である（女性則1条）。

　(b)　生理休暇　　使用者は，生理日の就業が著しく困難な女子が休暇を請求したときは，その者を生理日に就業させてはならない（労基68条）。従来の条文の見出しでは「生理休暇」とされていたが，男女雇用機会均等法の施行にともなう1985年の労基法改正により，「生理日の就業が著しく

---

　(3)　平9・11・4基発695号，女発36号
　(4)　「妊娠中及び出産後の女性労働者が保健指導又は健康診査に基づく指導事項を守ることができるようにするために事業主が講ずべき措置に関する指針」（平9・9・25労告105号）

困難な女性に対する措置」とされたほか,「生理に有害な業務に従事すること」という要件が撤廃されている。

　このように,生理休暇は,生理であることのみを理由として請求できるものではなく,現実に生理日の就業が困難である場合に付与されるものである[5]。生理日の就業が著しく困難であるかの判断について,使用者は医師の証明を求めるなどの措置をとることはできず,同僚の証言程度の簡易な証明があればよいとされている[6]。また,年次有給休暇とは異なり,暦日単位である必要はなく,半日ないし時間単位の取得も可能である[7]。しかし,生理日を月2日とするなど,生理休暇の日数を限定することは違法となる。もっとも,労基法は生理休暇を有給としていないから,有給の生理休暇日数を限定することは適法である。

　なお,生理休暇は労働義務からの解放であるから,手当の支給の有無は労働協約・就業規則などの定めに従うことになる。

　生理休暇をめぐっては,精皆勤手当の支給にあたって,生理休暇取得日数を出勤日数に算入しないことが労基法68条に違反しないかが争われたエヌビーシー工業事件[8]では,「その趣旨,目的,労働者が失う経済的利益の程度,生理休暇の取得に対する事実上の抑止力の強弱等諸般の事情を総合して,生理休暇の取得を著しく困難とし同法が女子労働者の保護を目的とした生理休暇について特に規定を設けた趣旨を失わせるものと認められる」か否かを判断基準にあげながら,当該事案では同条違反ではないとしている。

　生理休暇の規定を有する国は,ほんのわずかであり,その廃止論も少なくない。しかし,女性の生理機能のために就労が困難であるのは,生理が終わった中高年女性も同様であるとの指摘もあり,男女を含めた病気休暇法制として再検討されるべきであろう。

　(c)　育児時間　　生後1年未満の生児を成育する女性は,労基法34条の

---

　[5]　昭61・3・20基発151号
　[6]　昭23・5・5基発682号など
　[7]　昭60・3・20基発151号
　[8]　最三小判昭60・7・16労民集39巻5号1023頁

休憩のほかに，1日2回各々30分の育児時間が保障され，使用者は，育児時間に労働者を就業させてはならない（67条）。この制度は，職住接近が一般的であった時代に，授乳の時間として設定されたものであるが，現在のように，通勤の距離・時間が長くなった勤務形態においては，むしろ保育園の送り迎えの時間として活用されるのが通例である。

なお，労基法は，育児時間につき賃金保障を定めていないから，育児時間を有給とするかは，労働協約あるいは就業規則などの定めにより決定されることとなる。

また，女性労働者が育児時間の権利を行使することを予測して，労働者の実質的労働能力が低下することを理由とする配転命令が有効とされた東洋鋼鈑事件判決[9]があるが，このような配転命令は労基法上の権利行使を理由とする不利益取扱いとして，使用者の配転命令権の濫用と評価されるべきであろう。

前述したように，育児時間が保育園の送り迎えの時間として機能しており，育児が男女共通の仕事であることからすれば，育児介護休業法上の勤務時間短縮措置に拡張・統合して，男女共通の権利として再構成される必要があろう。

第3節 年少者・未成年者

1 年少者・未成年者の保護

憲法27条3項が「児童は，これを酷使してはならない」と規定するように，肉体的にも精神的にも発達が不十分な児童を労働させることには問題が多いし，またより年長の労働者であっても，通常の労働者とは異なった保護をする必要がある。

そこで，労基法は，使用者が労働させることのできる労働者の最低年齢を定めるほか，年少者（満18歳未満の者）や，未成年者（満20歳未満の者）

---

(9) 東京高判昭49・10・28労民集25巻4・5号429頁

に対して，労働時間などに関するさまざまな保護を与えている。

2 労働者の最低年齢

使用者は，児童が満15歳以上に達した日以降の最初の3月31日が終了するまで，これを使用してはならない（労基56条1項）。すなわち，中学校を卒業するまで，使用者は児童を働かせることは禁止されているのである。この原則には，2つの例外がある。第1に，工業的事業（労基別表第1第1～5号）以外の事業において，児童の健康および福祉に有害でなく，かつその労働が軽易なものについては，労働基準監督署長の許可を得て，満13歳以上の児童を修学時間外に使用することである（同条2項1文）。ここでは，修学時間以外の労働が許容されることから，修学していない児童については，許可されない[10]。修学時間とは，当該日の授業開始時刻から終了時刻までの時間から，休憩時間（昼食時間を含む）を除いた時間をいう[11]。第2に，映画の製作または演劇の事業については，13歳未満の児童を修学時間外に労働させることができる（同条2項2文）。この場合，使用者は，児童が修学に差し支えないことを証明する学校長の証明書および親権者もしくは後見人の同意書を事業場に備え付けなければならない（57条2項）。

また，18歳未満の年少者を使用する使用者は，その年齢を証明する戸籍証明書を事業場に備え付けなければならない（57条1項）。

3 未成年者の保護

(1) 未成年者の労働契約

民法上，未成年者は行為能力を有せず，労働契約を締結する場合には，親権者もしくは後見人の同意を要し，同意を欠いた場合には，親権者もしくは後見人は，これを取り消すことができる（民4条）。しかし，戦前のわが国では，未成年者の労働契約の締結について，親権などの濫用となるような事例も少なくなかった。そこで，親権者または後見人のような法定

---

[10] 昭24・2・5基収4142号

[11] 昭25・4・14基収28号など

代理人が，未成年者に代わって労働契約を締結することを禁止している（労基58条1項）。この規定の趣旨に関しては，同条が労働契約についての行為能力を未成年者に認めたものではなく，単に親権者・後見人の代理契約を禁止したものと解される。このため，未成年者は，親権者または後見人の同意を得て，自分で労働契約を締結することになろう（民823条）。

このほか，親権者，後見人もしくは労働基準監督署長は，労働契約が未成年者にとって不利と認める場合，将来に向かって契約を解除することができる（労基58条2項）。親権者らのほかに，行政官庁に労働契約の解除権を認めたのは，不当な親権者らから未成年者を保護するためである。

(2) 未成年者の賃金請求

未成年者は，独立して賃金を請求することができ，親権者または後見人は，未成年者の賃金を代わって受け取ってはならない（労基59条）。いずれも，子供を食い物にする親権者や後見人から，子供を保護するための規定である。親権者が未成年者の賃金を代わって受け取る場合には，労基法24条の賃金の直接払いの原則にも違反する。

労基法59条は，親権者や後見人のような法定代理人の賃金受領を禁止しているが，同条の趣旨からすれば，任意代理人の受領も禁止しているものと解することができよう。

4 年少者の保護

(1) 年少者の労働時間

労基法は，年少者の心身の健康状態などを配慮して，労働時間にさまざまな制限を加えている。

第1に，年少者については，変形労働時間制，フレックス・タイム制，36条による時間外・休日労働，および40条の労働時間特例は適用されない（60条1項）。

第2に，満13歳以上の児童を例外的に使用する場合（56条2項）に，使用者は，児童を修学時間を通算して，1週間につき40時間，1日につき7時間を超えて労働させてはならない（60条2項）。この場合，同項の範囲内で修学時間のない日曜日に児童を労働させることは，別の修学日に法定の休日が付与されていればよいとされている[12]。

第3に，使用者は，満15歳以上の年少者については，満18歳に達するまでの年少者で，1週間の労働時間が40時間を超えない範囲であれば，1週間のうち1日の労働時間を4時間以内に短縮する場合には，他の日の労働時間を10時間まで延長することができる（60条3項1号）ほか，1週間について48時間，1日につき8時間を超えない範囲であれば，1ヵ月単位および1年単位の変形労働時間制にもとづき使用することができる（同項2号，労基則34条の2）。

第4に，使用者は，「災害その他避けることのできない事由によって，臨時の必要がある場合」，および「公務のために臨時の必要がある場合」は，年少者についても，時間外・休日労働をさせることができる（61条4項参照）。

(2) 年少者の深夜業

使用者は，年少者を午後10から午前5時までの深夜業に従事させてはならない（61条1項本文・2項）。ただし，交替制によって使用する満16歳以上の男性については深夜業が可能である（同条1項但書）。ここでの交替制とは，同一労働者が一定期日ごとに昼間勤務と夜間勤務とに交替につく勤務の形態である[13]。また，交替制によって労働させる事業では，使用者は，行政官庁の許可を受けて，午後10時半まで，もしくは午前5時半から年少者を労働させることができる（同条3項）が，災害などによる臨時の必要に基づく時間外・休日労働をさせる場合（33条1項），農林・水産・牧畜業・保険衛生業および電話の事業については許容されない（同条4項）。

(3) 危険有害業務の就業制限

使用者は，一定の危険業務や重量物を取り扱う業務，毒劇薬・爆発性の原材料を取り扱う業務，有害ガス・有害放射線を発散する場所または高温もしくは高圧の場所における業務その他安全・衛生または福祉に有害な場所における業務に，年少者を就業させてはならない（62条）が，その具体的な範囲は，年少者労働基準規則に定められている。また，使用者は，年少者を坑内労働に従事させてはならない（63条）。

---

[12] 昭23・7・15基収179号

[13] 昭23・7・5基発971号など

(4) 帰郷旅費

使用者は，18歳未満の年少者が解雇の日から14日以内に帰郷する場合，必要な旅費を負担しなければならない（64条本文）。これは，解雇された年少者の非行化を防止するための規定であるから，年少者の責に帰すべき事由にもとづき解雇され，行政官庁の除外認定を受けた場合には，帰郷旅費を支払う必要がない（同条但書）。

なお，帰郷とは，本人の住所地に限らず，父母親族の保護を受ける場合は，その住所を含み[14]，必要な旅費とは，労働者本人のみならず，就業のために移転した家族の旅費も含む[15]。

---

[14] 昭23・7・20基収2483号
[15] 昭22・9・13発基17号

第8章　雇用における男女平等

第1節　男女平等原則

　憲法14条1項は，人種，信条，社会的身分とならんで，性別による差別を禁止している。この憲法規定を雇用の場において実現するために，労基法は，使用者が労働者の国籍，信条，社会的身分を理由として，賃金，労働時間その他の労働条件に関する差別をしてはならないと規定し（3条），さらに，労働者が女性であることを理由とする賃金差別を禁止している（4条）。

　ここで注目されるのは，憲法14条の禁止事由である「性別」という文言が労基法3条には存しないことである。このため，これらの規定を総合すれば，使用者は性別を理由とする賃金差別を禁止されるが，それ以外の差別を禁止されないことになりそうである。しかし，このような解釈は，法的に正しくない。法原則としては，合理性のない差別が禁止されるものであり，労基法3条が「性別」との文言を入れなかったのは，同法じたいが産前産後休暇のような規定をおいている関係にすぎず，このため，賃金以外の事項であっても，合理性を欠く男女差別は法的に許容されない。憲法14条1項の定める男女平等原則は公序を構成し，これに反する法律行為は無効となり（民90条），事実行為は不法行為（同709条）を構成する。例えば，労働条件に関する合理的理由のない男女差別を受けないことは公序として確立されており，合理的な理由なしに男女を昇格につき差別することは，公序違反として違法の評価を免れず，男女が平等に取り扱われるという期待ないし利益は，不法行為における被侵害利益として法的保護に値するものとされている[1]。

　ここで問題となるのは，男女間における賃金差別，昇格・昇進などの労

働条件，セクシュアル・ハラスメントである。

第2節　男女同一賃金

1　男女同一賃金の一般原則

　労基法4条は女性であることを理由とする賃金差別を禁止しているが，この規定は，男性であることを理由として賃金差別をすることも禁止するものである。賃金は労働の対償であり（11条），男性だから高いとか，女性だから低いとはいえないからである。このため，女性が一般的に能力が劣るとか，女性が一般的に勤続年数が短いという理由で，男女に賃金差別をすることは同条に違反する[2]。

　労基法4条は，労働者が女性であることを理由とする賃金差別を禁止しているが，これに男女間における同一労働同一賃金原則が含まれる。しかし，欧米諸国では，同一価値労働同一賃金原則が一般的である。これは，男性の職・女性の職というように男女の職域分離（job segregation）が進んでおり，男女の従事する労働に差異があることから，同一労働同一賃金原則だけでは，男女間の賃金格差の是正が困難であるとの認識にもとづくものである。わが国も，同一価値労働同一賃金原則を規定するＩＬＯ100号条約を批准していることから，労基法4条には，同一労働同一賃金だけでなく，同一価値労働同一賃金原則を含むものと解される。また，同条は「女性であることを理由とする」賃金差別を禁止するものであるから，家族手当のように，女性は家計補助的労働であることを理由とする賃金差別も禁止している。

　なお，同条は「女性であること」を理由とする賃金差別を明文で禁止しているが，両面的効力を有するから，「男性であること」を理由として女

---

[1]　社会保険診療報酬支払基金事件・東京地判平2・7・4労民集41巻4号63頁

[2]　昭22・9・13発基17号

性よりも賃金を低くすることも，同条に違反するものと考えられている[2]が，例えば，産前産後休暇期間に賃金を支払うことは，合理的な理由が存するものとして，同条に違反しないものと考えられよう。

2　裁判例の動向

まず，女性であることを理由として，基本給の中心である本人給を，扶養家族のある者とない者との２本立てとし，男性労働者には扶養家族の有無に関係なく高い賃金表を適用しながら，女性労働者には低い賃金表を適用することは労基法４条に違反する[3]。しかし，このような単純な男女差別賃金事件は現在では例外的になっており，コース別採用や，世帯主条項あるいは勤務地限定制度のように，一見すると男女に平等な基準となっているが，実際には男女に大きな賃金差別が生じるケースがむしろ問題となっている。

現在では，コース別雇用管理が問題となっているが，男性は大卒，女性は高卒を採用し，前者を基幹的職務，後者を補助的職務に配置するという典型的な男女別コースの効力が争われたものに日本鉄鋼連盟事件[4]がある。判決は，採用手続・採用方法・担当業務内容等に照らし，男女別コース制は憲法14条１項の趣旨に合致しないが公序良俗違反とはいえず，同期入社・同学歴の男子職員と賃金・処遇を同一とすべきとする訴えは認められないが，基本給上昇率と一時金の支給係数を男女別とする賃金協定が公序良俗違反にあたるとしている（なお，同判決が労基法４条違反としなかったのは，疑問である）。また，組合間差別の是正のための一律昇格措置から女性が排除され，女性が昇格できなかったことから，男女間の賃金格差を生じさせたことが違法と判断された前掲社会保険診療報酬支払基金事件判決もある。

次に，入社時の職務内容などに差がある以上，入社時に賃金格差を設けることは合理的であるが，「年齢・職務内容・責任・勤続年数」が男性と同一である女性労働者の「労働の質と量」が同一となった時点において，基

---

(3)　秋田相互銀行事件・秋田地判昭50・4・10労民集26巻2号388頁

(4)　東京地判昭61・12・4判時1215号3頁

本給の適切な是正措置を講じることなしに賃金差別を生じさせたことは，女子であることを理由とする差別であり，男女同一賃金原則に違反し，不法行為に該当するとの判決[5]がある。同判決では，女性は家計補助的な労働に従事しているという使用者の抗弁が合理性のないものとして否定されている。

さらに，世帯主・非世帯主という基準を設け，非世帯主および独身の世帯主に対しては，25歳または26歳相当の本人給に据え置くという賃金制度は，実際には，男子従業員については，非世帯主または独身の世帯主であっても，実年齢に応じた本人給を支給していたという事実があり，上記基準を適用すれば，女子従業員は，独身であれば非世帯主あるいは独身の世帯主，結婚すれば非世帯主とされ，結局のところ，本人給が25～26歳に据え置かれることになるから，女子従業員に一方的に著しい不利益をもたらすことを知りながら，右基準を採用したもので，労基法4条に違反するとされている。また，勤務地限定・無限定の基準が，真に広域配転の可能性があるがゆえに，実年齢による本人給を支給する趣旨で設けられたものではなく，女子従業員の本人給が男子従業員よりも一方的に低くおさえられる結果が生じることを予見して制定・運用されたものであり，右基準は，本人給が25～26歳相当の本人給に据え置かれる女子従業員に対し，女子であることを理由として賃金差別したものであり，労基法4条に違反して無効とされている[6]。

これらの判決により，男女別コースや昇格差別から生じる賃金差別，女性が家計補助的労働に従事していることを理由とする男女差別だけでなく，世帯主・非世帯主条項や勤務地限定・勤務地非限定という性に中立的な基準であっても，その運用実態によっては労基法4条ないし公序良俗違反と評価されることが，裁判上においても確認されている。

このほか，管理職の男性と事務職の女性の労働を，①知識・技能，②責任，③精神的な負担と疲労度において同一と判断された京ガス事件判決[7]

---

(5) 日ソ図書事件・東京地判平4・8・27労判611号10頁
(6) 三陽物産事件・東京地判平6・6・16労判651号15頁
(7) 京都地判平13・9・20労判813号87頁

が注目される。

　また，家族手当に関しては，それが労基法上の賃金に該当するものである以上，男性のみに家族手当を支給するという規程あるいは運用が労基法4条に違反することは明らかである。では，住民基本台帳法の「世帯主」のみに家族手当を支給すると定めることは，どうなるであろうか。当該世帯の生計を維持する者という意味での「世帯主」たる男性行員に対しては，その妻に所得税法上の扶養対象限度額を超える所得があっても，家族手当を支給しながら，女性行員については，右にいう「世帯主」に該当しても，その夫に右限度額を超える所得がある場合には，家族手当を支給しないとする取扱いは，もっぱら男女の性別を理由とする賃金差別であり，労基法4条に違反し，あるいは公序良俗違反として無効である[8]。しかし，家族手当支給額が扶養家族ひとりにつき均一額ではなく，扶養家族の人数によって異なる方式を採用しているため，共働き夫婦による分割申請を認めず，家族手当の支給対象者を夫または妻のいずれかに絞る必要がある場合には，「家族手当は，親族を実際に扶養している世帯主である従業員に支給する」とし，「世帯主」とは，住民票上の世帯主ではなく，収入の多い者，すなわち実質的世帯主に家族手当を支給するという規程および運用は，労基法4条違反にあたらないとされている[9]。

　次に，労基法4条違反とされた場合の差額賃金の請求に関しては，13条説（前掲秋田相互銀行事件，前掲日本鉄鋼連盟事件判決）と，一般に，賃金は使用者の具体的な意思表示により，その支給額が決定もしくは変更されるものであるから，労基法4条違反の賃金差別を受けていた女子労働者は，当然に男子労働者の賃金額基準に基づいて算出された賃金との差額に関する請求権を有しないが，不法行為にもとづき，賃金差別と相当因果関係に立つ損害の賠償を請求できるとする民法709条説（前掲日ソ図書事件判決）とがある。これに対し，労基法4条・13条の趣旨から，給与規程によって発生するとするものもある（前掲三陽物産事件判決）。

---

　[8]　岩手銀行事件・盛岡地判昭60・3・28労民集36巻2号173頁，同事件・仙台高判平4・1・10労民集43巻1号1頁
　[9]　日産自動車事件・東京地判平1・1・26労民集40巻1号1頁

第3節　賃金以外の労働条件差別
　　　　——男女雇用機会均等法

1　男女雇用機会均等法の内容

　労基法は，男女間の労働条件差別について，賃金以外の差別を禁止していないため，それまでは，公序良俗違反という一般法理により処理されてきた。その後，募集・採用から配置・昇進，教育訓練・福利厚生，解雇・退職・定年という雇用の全ステージにおいて，事業主の男女均等取扱義務を定める「雇用の分野における男女の均等な機会及び待遇の確保等に関する法律」（以下，均等法）が1985年に制定され，とりわけ1999年から募集・採用および配置・昇進に関する規定が禁止規定とされたことは，雇用における男女平等に与える影響は少なくない。

　2006年の改正均等法（2007年4月1日施行）は，同法の第3ステージであり，男女双方に対する差別の禁止，間接差別の導入および妊娠・出産に対する保護の拡大などを中心とする改正である。

　第1に，従来の均等法では，女性に対する差別のみを禁止していたが，改正法では，男女双方に対する差別が禁止されることとなった（5条以下）。これにより，均等法は性差別禁止法に近づいたものと評価することができる。募集・採用・配置・昇進などの具体的内容は，厚生労働大臣による「指針」[10]が策定されている。

　第2に，改正均等法では，差別を禁止される事由が拡大され，あらたに，降格，職種・雇用形態の変更，退職勧奨，労働契約の更新を加えたほか，従来からの配置に業務配分および権限付与が加えられた（6条）。さらに，間接差別の規定があらたに導入された（7条，**Pause 20** 参照）。

---

　　[10]　「労働者に対する性別を理由とする差別の禁止等に関する規定に定める事項に関し，事業主が適切に対処するための指針」（平成18・10・11厚労告614号）

改正均等法の第3の改正点は、女性労働者の妊娠・出産に関する保護を拡大したことである。まず、従来の均等法では、妊娠・出産、産前産後休業取得を理由とする解雇を禁止するものにとどまっていた。これに対し、改正均等法は、妊娠・出産に起因する事由（厚生労働省令で規定）が加えられ、また、以上の事由を理由とする解雇以外の不利益取扱い（退職勧奨、雇止め、パートタイマーへの変更等）も禁止されることとなった（9条3項）。具体的にどのような不利益が禁止されるかは、厚生労働大臣の定める指針に定められているが、基本的には、「育児介護休業法指針」と同一の内容となっている。

次に、妊産婦（妊娠中および産後1年を経過しない女性）に対する解雇については、事業主が妊娠・出産・産前産後休業取得を理由とするものでないことを証明できない限り、当該解雇は無効とされることとなった（9条4項）。このように、禁止規定ではなく、私法上の効力を規定したのは、均等法上異例であるが、これにより、立証責任の軽減が図られているものと指摘できよう。

このほか、セクシュアル・ハラスメント（職場における性的な言動）に関しては、事業主の雇用管理上の配慮義務から、措置義務となったこと、その対象が女性から男女双方となったこと、および上記措置義務を講じようとせず、かつ厚生労働大臣の是正指導に応じない場合には、あらたに企業名公表のサンクションが課されることとなった（11条・30条）。

このほか、均等法は、過去の蓄積する差別や、男性優位的な企業の雇用管理の存在から、一定程度女性を優遇するポジティブ・アクション（事業主による積極的な差別是正措置）を認めている（8条・14条）ことにも注目すべきである。

2 均等法の具体的内容

(1) 募集・採用

事業主は、労働者の募集および採用について、その性別にかかわりなく均等な機会を与えなければならない（雇均5条）。具体的には前記「指針」に定められており、①募集・採用に際し、その対象から男女のいずれかを排除すること、②募集・採用にあたっての条件を男女で異なるものとする

こと，③採用選考において，能力および資質の有無等を判断する場合に，その方法や基準について男女で異なる取扱いをすること，④募集・採用にあたって男女のいずれかを優先することが禁止される。

なお，女性であることを理由とする採用差別が違法と評価された場合に，その救済方法については論議がある。採用強制を肯定する見解もあるが，損害賠償にとどまるという見解が一般的である。契約締結の自由に依拠する裁判所の見解からすれば，採用強制を認めることは困難であろう。このため，機会平等委員会（アメリカのＥＥＯＣや，イギリスのＥＯＣ）のような効果的な行政機関による救済を検討すべきであろう。

ところで，雇用における平等において，最も困難であるのが採用差別である。裁判例においても，募集・採用が労基法3条にいう「労働条件」に該当しないこと，労働者の採用については，使用者の採用の自由が認められることなどから，大卒男性職員と高卒女性職員とで職務内容・処遇に差異を設けることは憲法14条1項の趣旨に合致するものではないが，従来から，採用については使用者の幅広い裁量権が肯定されていること，少なくとも原告ら女性職員が採用された1969年ないし72年当時（均等法成立以前）においては，使用者が募集・採用について男女従業員を均等に取リ扱わなかったとしても，公序良俗違反といえないとしている[11]。

同様に，高卒男性従業員を本社採用の基幹職，女性高卒従業員を事業所採用の補助職員として採用し，昇格や賃金に格差が生じた住友電工事件[12]では，採用当時（昭和41年）に支配的であった，男性が家計を支え，女性は結婚して家庭に入って育児や家事を負担するという当時の社会的意識や，女性の一般的な勤続年数などを前提にして，最も効率のよい労務管理を行わざるを得ないのであるから，女性従業員を定型的・補助的な業務のみに従事するものとして位置付けたことは，公序良俗に違反しないと判断されている。この判決は，いわゆる「統計的差別」を肯定したものとみることができる。

これに対し，会社は，高卒社員につき，職種の差異ではなく，男女の性

---

[11] 日本鉄鋼連盟事件・東京地判昭61・12・4労民集37巻6号512頁

[12] 大阪地判平12・7・31労判792号48頁

別による違いを前提に男女コースを採用し，男性社員に主に処理の困難度の高い業務を担当させ，勤務地も限定しない一方で，女性社員については，主に処理の困難度が低い業務に従事させ，勤務地を限定したことが争点とになった野村證券事件[13]では，このような男女別コース制による処遇は，性別に基づくものであって，少なくとも改正均等法が施行された平成11年4月以降は同法違反であると同時に，公序良俗に反して違法と判断されている。しかし，この判決においては，募集・採用および配置に関する男女間の均等取扱いが努力義務であった時点においては，本件の男女コース制は違法ではないとされている。

(2) 配置等の労働条件および退職等（雇均6条1号～3号）

事業主は，労働者の性別を理由として，労働者の配置（業務の配分および権限の付与を含む），昇進，昇格，教育訓練，福利厚生，職種の変更および雇用形態の変更，退職勧奨，定年，解雇，労働契約の更新について差別してはならない（雇均6条）。2006年改正によって，あらたに降格，職種・雇用形態の変更および退職勧奨，労働契約の更新についての差別が加えられたものである。

(a) 配置・昇進・降格・教育訓練（雇均6条1号）　配置とは，労働者を一定の職務に就けること，または就いている状態をいい，従事すべき職務における業務の内容および就業の場所を主要な要素とするものであるが，2006年改正で，業務の配分及び権限の付与も含まれることとなった。また，昇進とは，企業内での労働者の位置付けについて，下位の職階から上位の職階への移動を意味するが，これには，職制上の地位の上方移動を伴わない昇格も含まれる。降格とは，企業内での労働者の位置付けについて，上位の職階から下位の職階への移動を意味しているが，昇進・昇格の反対の概念である。

以上の事由について，①その対象から男女のいずれかを排除すること，②その条件を男女で異なるものとすること，③能力及び資質の有無等を判断する場合に，その方法や基準について男女で異なる取扱いをすること，④男女のいずれかを優先すること，⑤権限の付与に当たって，男女で異な

---

[13] 東京地判平14・2・20労判822号13頁

る取扱いをすることが含まれる（同指針）。

教育訓練については，業務遂行過程で行われるオン・ザ・ジョブ・トレイニング（以下，ＯＪＴ）を含む，すべてが均等法の対象となる。良好なＯＪＴを日常的に受ける者は，これにより職務能力を高めることができ，昇格・昇給のチャンスが拡大するのに対し，その機会を付与されない者には，このようなチャンスがないことになる。前者が男性，後者が女性であるのが一般的であるだけに，ＯＪＴに関する教育訓練が均等取扱いの対象とされていることの意味は小さくないであろう。

昇格に関する裁判例としては，まず昇格請求を否定した前掲社会保険診療報酬支払基金事件をあげることができる。同判決は，組合間差別を是正するために男性職員にのみ勤続年数を基準とした選考抜き一律昇格を行いながら，昇格基準に一致する女性職員に対し，何らの昇格措置を講じなかったことは，合理性が認められないかぎり不法行為を構成するが，昇格を命じることは使用者の裁量行為であるとして，男性職員と同一の昇格を求めることはできないとした。確かに，昇格は使用者の人事権行使に基づくものであることは否定できないが，それもオールマイティではありえず，本件のように，昇格が個々の労働者の能力評価ではなく，勤続年数・年齢によって一律に決定されている場合には，昇格請求を認めるべきであろう。

同期同年齢の男性が年功的に昇格し，係長や副参事に昇進しながら，女性職員は昇格・昇進を差別された芝信用金庫事件[14]では，使用者の男女差別意図を認定するのは困難としながら，昇格試験を中心とする年功加味的な人事制度が実施されており，同期同年齢の男性従業員全員が昇格しているにもかかわらず，女性従業員が昇格していないという事実から，人事考課に差別があったと認定し，慰謝料のほかに昇格請求を認めた。本判決は，労働者の人格尊重という観点から，賃金などの差別を禁止する労基法3条および4条を根拠として昇格請求を認めた点に特徴がある。本判決では，昇格が賃金に連動していたという事情が結論に大いに影響しているが，身分・地位の異動を伴う昇進請求が認められるかが，今後の焦点となろう。

(b) 福利厚生（雇均6条2号）　福利厚生について，性別を理由とする

---

[14] 東京高判平12・12・22労判796号5頁

差別は禁止されるが，その対象となるのは，①住宅資金の貸付（雇均6条2号），②生活資金，教育資金その他労働者の福祉の増進のために行われる金銭の給付（雇均則1条1号），③労働者の福祉の増進のために定期的に行われる金銭の給付（同条2号），④労働者の資産形成のために行われる金銭の給付（同条3号），⑤住宅の貸与（同条4号）である。

(c) 職種・雇用形態の変更（雇均6条3項）　職種の変更とは，「営業職」・「技術職」の別や，「総合職」・「一般職」の別のように，職務や職責の類似性に着目して分類されるものであり，雇用形態の変更とは，労働契約の期間の定めの有無，所定労働時間の長さ等により分類されるものであり，「正社員」，「パートタイム労働者」，「契約社員」などがある。

このほか，退職勧奨，定年，解雇，労働契約の更新に関する男女差別も禁止される（雇均6条4号）。

(d) 例外　①芸術・芸能の分野における表現の真実性等の要請から，男女のいずれかのみに従事させることが必要である職務，②守衛，警備員等のうち，防犯上の要請から男性に従事させることが必要である職務，③以上のほか，風紀上，スポーツにおける競技の性質上その他の業務の性質上，男女のいずれかのみに従事させることについてこれらと同程度の必要性があると認められる職務，④労働基準法の規定（61条1項，64条の2，64条の3）により，女性を就業させることができず，または保健師助産婦看護師法3条の規定により，男性を就業させることができない業務，⑤風俗，風習等の相違により，男女のいずれかが能力を発揮し難い海外での勤務が必要な業務については，男女のいずれを優遇しても，均等法違反とはならない（同指針）。

(3) 婚姻・妊娠・出産等を理由とする不利益取扱いの禁止等

事業主は，女性労働者が婚姻・妊娠・出産したことを退職理由として予定する定めをしてはならず（雇均9条1項），また，女性労働者が婚姻したことを理由として，解雇してはならない（同2項）。このほか，事業主は，その雇用する女性労働者が，妊娠・出産したこと，産前産後休業したこと，その他の妊娠または出産に関する事由であって厚生労働省令で定めるものを理由として，解雇その他の不利益取扱いは禁止される（同3項）。厚生労働省令で定めるものとは，①妊娠したこと，②出産したこと，③母性管

理措置（12条・13条）を求めたり，措置を受けたこと，などである。また，妊産婦（妊娠中および出産後1年を経過しない女性）に対する解雇は無効とされる（同4項）ことは前述したとおりである。これらの規定は，従来の裁判例で確立されてきた男女別定年制，結婚・出産退職制などが無効であることを立法的に確認するものであり，また，産前産後休暇の取得を理由とする解雇の禁止規定は，労基法19条1項の解雇禁止期間に関する規定を拡張するものである。

なお，この規定は，女性従業員に対する結婚退職制[15]や出産退職制[16]，男性は55歳，女性は30歳を定年年齢とする女子若年定年制[17]，5歳差の男女別定年制[18]などが，すべて女性であることを理由とする不合理な差別であり，公序良俗違反で無効とした裁判例を立法的に確認したものである。また，均等法成立後の事案では，一律定年制にするための是正期間中の男女別定年制も公序良俗違反と判断されている[19]。

退職勧奨や整理解雇基準に関する裁判例をみると，まず，男女別の退職勧奨年齢を設定し，これに基づく退職勧奨を実施し，退職手当などにつき優遇措置を講じなかったことが，男女差別に該当して不法行為にあたるとしたうえで，同判決は，主たる生計の維持者である男性教員とは異なり，既婚の女性教員は早期に退職しても生活に困らないという教育委員会の主張を否定している[20]。

また，整理解雇が有効であるための要件として，解雇基準の合理性があげられるが，「有夫の女性」，「27歳以上の女性」という整理解雇基準は，性別による差別待遇に該当し，無効とされる[21]一方で，既婚女性を優先的に整理解雇するとの基準は公序良俗違反にはあたらないとされている[22]。

---

[15]　住友セメント事件・東京地判昭41・12・20労民集17巻6号1407頁
[16]　三井造船事件・大阪地判昭46・12・10労民集22巻6号1163頁
[17]　東急機関工業事件・東京地判昭44・7・1労民集20巻4号715頁
[18]　日産自動車事件・最一小判昭56・3・24民集35巻2号300頁
[19]　放射線影響研究所事件・鳥取地判昭62・6・15労判498号6頁
[20]　鳥取県教育委員会事件・鳥取地判昭61・12・4労判486号53頁
[21]　米沢製作所事件・山形地米沢支判昭51・9・24労判264号57頁
[22]　古河鉱業事件・最一小判昭52・12・15労経速968号9頁

しかし，後者の基準についても，現在では，均等法8条1項違反と評価されることとなろう。

(4) ポジティブ・アクション

男女の役割分担意識などの社会通念は，企業の管理職層にも根強く存在していることから，使用者による自主的かつ積極的な男女差別是正措置が求められる。これがポジティブ・アクション（英米法ではアファマティブ・アクション）である。均等法は，ポジティブ・アクションに関して，2つの規定をおいている。第1が，これを実施する事業主に対する国の援助を定めている14条の規定である。第2が，「事業主が，雇用の分野における男女の均等な機会及び待遇の確保の妨げとなっている事情を改善することを目的として女性労働者に関して行う措置を講ずることを妨げるものではない」と規定する同法8条の規定である。前者は，ポジティブ・アクションに対する行政上の援助措置というマイルドな規定であるが，後者は，ポジティブ・アクションの私法的効力を認めるものとして注目されよう。

ところで，行政解釈によれば，労働人口に占める女性の比率が約4割であることから，女性が4割を下回っている部門において，女性を採用ないし昇進させることを求めている。しかし，男女平等法理は，男性に対する差別も禁止するものであるから，無条件・自動的な女性の採用・昇格は公序違反の評価を受ける可能性は残されていよう。

なお，2003年度において，ポジティブ・アクションに取り組んでいる企業は29.5%にすぎず，今後取り組むという企業（8.6%）と合わせても，全体の3分の1の企業にとどまっている[23]。

3 均等法における救済手続

事業主は，募集・採用を除き，労働者から苦情の申出を受けたときは，事業主を代表する者および当該事業場の労働者代表から構成される苦情処理機関に対し，苦情処理を委ねるなど，その自主的な解決を図るように努めなければならない。これが，苦情の自主的解決（雇均15条）である。労働者と事業主との紛争については，個別労働関係紛争解決促進法は適用さ

---

[23] 厚生労働省雇用均等児童家庭局編「女性労働の分析2005年版」184頁

れず，均等法の定める紛争解決手続が適用される（雇均16条）。

　また，都道府県労働局長は，当事者の一方または双方から，その解決につき援助を求められた場合，当事者に対し，必要な助言，指導または勧告をすることができる（雇均17条1項）。この場合，事業主は，労働者が援助を求めたことを理由として，解雇その他の不利益な取扱いをしてはならない（雇均17条2項）。

　都道府県労働局長は，当事者の双方または一方から調停申請があった場合，紛争解決のために必要があると認められる場合には，紛争調整委員会（個別労働紛争6条1項）に調停を行わせることができる（雇均18条）。同委員会は，調停案を作成し，当事者に受諾を勧告することができる（同22条）。

　この他，厚生労働大臣は，必要と認める場合には，法違反の事業主に対して，報告を求め，また助言，指導もしくは勧告をすることができる（同29条）が，勧告に従わない事業主の企業名などの公表をすることができる（同30条）[24]。

第4節　セクシュアル・ハラスメント

1　セクシュアル・ハラスメントの類型

　セクシュアル・ハラスメントとは，一般に，被害者（相手方）の意に反する性的な行為と定義される。これには，性的要求を拒否したことを理由として，解雇・配転ないしは賃金カットなどの不利益処分を課す対価（報復）型ハラスメントと，労働条件が対価とはされないが，労働者の労働環境を悪化させる環境型ハラスメントとに二分される。後者はまた，不必要に身体に接触する身体的ハラスメント，わいせつな言葉を投げ掛ける言語

---

[24]　都道府県労働局雇用均等室における男女雇用機会均等法の相談件数（2004年度）のうち多いのは，①セクシュアル・ハラスメント（7,894件），②母性管理（4,573件），③募集・採用（1,755件），④定年・退職・解雇（1,495件）の順となっている（平成18年版「厚生労働白書」491頁）。

的ハラスメント，ポルノビデオを見せたり，ヌード写真を職場に掲示する視覚的ハラスメントなどに分類することができる。

　セクシュアル・ハラスメントは性的自由の侵害と評価できるが，通勤途上の痴漢であれば，電車や通勤経路を変更すれば回避可能であるし，なによりも駅員や警察に通報することができる。これに対し，職場の上司によりセクシュアル・ハラスメントがなされる場合には，このような対応をとることが不可能ないし困難である。このため，被害者は精神的屈辱感を抱いて労働に従事することにならざるを得ない，しかも，これが職場というきわめて限定された人間関係のなかで行われるため，それが解決されないかぎり，逃れるのは退職という手段しかないことになる。このような事態は，職場において男女が対等な労働者として扱われておらず，女性が性的好奇心の対象として見られている職場に生じやすいものと指摘できる。

　この意味において，セクシュアル・ハラスメントは，労働者の性的自由や人格権を侵害するだけでなく，労働する権利を侵害するものである。このため，セクシュアル・ハラスメントは，男女差別に該当するだけでなく，誰と性的関係をもつかに関する性的自己決定権としての性的プライバシー侵害にも該当するものである。

2　セクシュアル・ハラスメントの定義

　前述したように，セクシュアル・ハラスメントは，被害者の意に反する性的な行為と定義される。日常的にこれが問題となる場合には，この定義で構わない（社会的定義）。性的感受性は個人ごとに異なるものであり，従来では，不快に感じるのはおかしいとか，変わっていると評価されてきたが，セクシュアル・ハラスメントという概念は，このような性的感受性を尊重しようとするものである。

　しかし，加害者が懲戒責任を問われたり，不法行為として損害賠償を請求されるなどの法的場面では，これに「違法性」という要件が加味されることに注意が必要である。セクシュアル・ハラスメントには多様な行為があり，すべてのものが違法とまで評価される訳ではないからである。なお，均等法では「職場における性的言動」と定義されている（11条）。

3 セクシュアル・ハラスメントの法的処理

セクシュアル・ハラスメントに該当する行為が違法と評価される場合には、加害行為者に懲戒責任のほか、不法行為責任（民709条）が問われる。例えば、加害行為の内容・態様、被告が職場の上司であるという地位を利用して本件機会を作ったこと、被告の一連の行動は、女性を単なる快楽、遊びの対象としてか見ていないことのあらわれであるとして100万円の慰謝料が認められたニューフジヤホテル事件[25]がある。

また、会長や代表取締役などの行為は法人自身の不法行為責任（民44条1項）を負い（金沢セクシュアル・ハラスメント事件[26]）、さらに、従業員の行為についても、それが「事業の執行」という要件を充足すれば、使用者責任（民715条）を負担することがある[27]。

このほか、使用者は、労働契約上の付随義務として「職場環境配慮義務」を負っており、使用者がこの義務を怠った場合には、債務不履行責任が発生するとする裁判例[28]もある。

4 均等法による事業主の雇用管理上講ずべき措置

均等法は、事業主（使用者）がその雇用する労働者に対するセクシュアル・ハラスメントに関する雇用管理上の措置をすることを求めており（11条1項）、その具体的内容は、厚生労働大臣による「指針」[29]に定められている（同条2項）。このように、均等法は、欧米諸国のように、セクシュアル・ハラスメントに該当する行為を禁止するものではなく、事業主の雇用管理上の措置を求めていること、その雇用管理の保護対象も女性労働者のみであるという片面的性格を有していたが、2006年の法改正で男性を含

---

[25] 静岡地沼津支判平2・12・20労判580号17頁
[26] 名古屋高金沢支判平8・10・30労判707号37頁
[27] 兵庫（国立A病院）事件・神戸地判平9・7・29労判726号100頁
[28] 三重（厚生農協連合会）事件・津地判平9・11・5労判729号54頁、仙台（自動車販売会社）セクシュアル・ハラスメント事件・仙台地判平13・3・26労判808号13頁
[29] 「事業主が職場における性的な言動に起因する問題に関して雇用管理上講ずべき措置についての指針」（平18・10・11厚労告615号）

む労働者に改められた。

　「指針」によれば，セクシュアル・ハラスメントとは，「職場における性的な言動」と定義されている。このため，性的な事実関係を尋ねること，性的な内容の情報を意図的に流布するなど，性的内容の発言や，性的な関係を強要すること，必要なく身体に触れる，わいせつな図画を配布するなどの性的な行動がこれに該当するが，お茶酌みは女性従業員が担当するといった，男女の社会的な役割分担意識に基づく行為（ジェンダー・ハラスメント）は，均等法の対象から除外されている。また，「指針」では，セクシュアル・ハラスメントの定義との関係から，事業主の配慮の場所的単位を「職場」に限定している。さらに，「指針」は，事業主が雇用管理上講ずべき措置として，①事業主の方針の明確化およびその周知・啓発，②相談・苦情に応じ，適切に対応するために必要な体制の整備，③事後の迅速かつ適切な対応，④プライバシー保護および申立人等に対する不利益取扱いの禁止の４点があげられている。「指針」は，事業主に対し配慮を求めるもので，被害を受けた労働者が「指針」を根拠に裁判に訴えることはできない（私法上の効力なし）が，まったく法的意味がない訳ではない。「指針」の定める４つの措置は，前述した「職場環境配慮義務」の最低限の内容を構成するものと解されるから，この４つの義務を履行したからといって配慮義務を尽くしたことにはならないが，使用者がこれらの義務を尽くさず，セクシュアル・ハラスメントが発生した場合には，使用者に「職場環境配慮義務違反」が成立することとなろう。

　ところで，セクシュアル・ハラスメントについては，すでに刑法や民法が存在しているにもかかわらず，均等法がこれに関する事業主の雇用管理義務を定めた意味は何であろうか。労働者は，不法行為に該当するとまではいえないが，職場で日常的に性的に不快な思いをしていること少なくない。このような行為のすべてが不法行為となるわけではない。そこで，均等法は，日常的に職場において，労働者が性的に不快に感じている様々な行為をなくし，労働者が安心して労務提供ができるよう，事業主が配慮をすることを求めたものと解することができよう。

Pause 20 「間接差別」

　2006年改正均等法の特徴のひとつとして，間接差別を禁止する規定が導入されたことをあげることができよう。

　「女性であること」を理由とする差別は，直接差別と言われるのに対し，間接差別とは，性中立的な基準ではあるが，その基準を適用すると，一方の性に属するグループに不利益を与えるもので，使用者が当該基準の合理性を証明できないもの，と一般的には定義される。直接差別の場合には，差別されたと主張する者が，賃金その他の労働条件等に格差が存在すること，かつ，それが「女性であること」を理由とするものであることの双方を証明しなければならない。これに対し，間接差別においては，特定の基準が一方の性に不利益に機能することを統計的に証明すればよく，あとは使用者が当該基準を採用することの合理性を証明しなければならない。この意味において，間接差別においては，立証責任の転換が図られているものと指摘することができよう。

　このため，2006年均等法改正において，間接差別の規定が導入されたことの意味は大きいが，いまだに大きな問題点が残されている。

　まず，間接差別は，「労働者の性別以外の事由を要件とするもののうち，措置の要件を満たす男性及び女性の比率その他の事情を勘案して実質的に性別を理由とする差別となるおそれがある措置」と，複雑な定義がなされている（7条）。

　また，改正均等法は，間接差別に該当する事項を省令に委任しており，それによれば，①募集・採用における身長・体重・体力要件，②いわゆる総合職の募集・採用における転勤要件，③昇進における全国転勤経験要件に限定されている（施行規則2条）。しかし，間接差別は，この3つの類型に限定されるべきものではない。たとえば，世帯主を支給対象者とする家族手当条項なども問題となるし，男女間における間接差別の概念は，何よりも男性中心に形成されてきた職場の制度や慣行を，女性の視点から見直していくことを目的とするものである。当時は当然とされていた制度や慣行が，現在の男女平等の視点からみると，合理性を失っているものも少なくないのである。

　現に，間接差別を限定した国は，日本を除いて存在しないのである。均等法は，施行5年後に見直しが予定されているが，間接差別に関しては，

> 現行規定の定義を簡略化すること，および省令の限定条項を削除することが求められよう。

第9章　家族的責任との両立策

第1節　育児・介護・看護休業制度

　女性の社会進出や高齢社会の進展に伴い，労働者が安心して，仕事と育児・介護のような家族的責任との両立を図ることが重大な課題となっている。1992年に育児休業法が制定されて，生後1年未満の生児を育てるための休業が男女労働者に保障されることとなったが，1995年に介護休業制度が創設されたのにともない，育児休業，介護休業制度が単一法化された（「育児休業，介護休業等育児又は家族介護を行う労働者の福祉に関する法律」以下，育介法）。また，2003年には，子供の看護休暇制度の設置が義務化されている。

　しかし，2005年度に育児休業を取得した労働者の男女比をみると，女性が98.0％，男性が2.0％であり，また出産した女性労働者に占める育児休業取得者の割合は72.3％であるのに対し，配偶者が出産した男性労働者に占める育児休業取得者は0.50％にとどまっている。

　これに対し，2005年度に介護休業を取得した労働者の男女比をみると，女性が73.5％，男性が26.5％と，育児休業に比して男性の比率が高くなっている[1]。

第2節　育児に関する措置

　子を養育しながら，就労するのは困難である。このため育介法は，育児

---

(1)　平成18年版「厚生労働白書」493頁

休業や，子の看護休暇などの制度を設けている。

1　育児休業等に関する規定

　育介法は，原則として1歳未満の子（養子を含む）を養育する必要のある労働者（日々雇用の者を除く）が育児休業を事業主に申し出ることができ（5条1項），事業主は，労働者の申出を拒否することができない（6条1項本文）と規定する。

　育児休業を取得できるのは男女労働者であるが，期間を定めて雇用される労働者については，①当該事業主に引き続き雇用された期間が1年以上であること，②子が1歳に達する日を超えて引き続き雇用されることが見込まれること（子が1歳に達する日から1年を経過する日までに労働契約の期間が満了し，かつ，契約の更新がないことが明らかである場合を除く）が必要である（5条1項但書）。

　このほか，使用者と事業場の過半数組合，それがなければ過半数従業員代表との書面協定（以下，労使協定）により，①当該事業主に引き続き雇用された期間が1年未満の労働者，②常態として子を養育できる配偶者[(2)]がある労働者，③1年（1歳6ヵ月までの育児休業の場合は，6ヵ月）以内に雇用関係が終了する労働者，④1週の所定労働日数が2日以下の労働者，⑤配偶者でない親が子を養育できる状態にある労働者につき，育児休業の対象から除外することができる（育介6条1項但書，育介則6条・7条）。

　育児休業の期間は，子が1歳に達するまでの連続した期間（保育所入所を希望しているが，入所できない場合，および子の養育を行っている配偶者・親であって1歳以降子を養育する予定であった者が死亡・負傷・疾病等により子を養育することが困難となった場合は，1年6ヵ月まで。5条3項，育介則4条の2）であり，回数は，原則として，子1人につき1回である。育児休業

---

(2)　①職業についていない者（育児休業その他の休業により就業していない者，および1週間の就業日数が2日以下である者を含む），②負傷・疾病または身体もしくは精神上の障害により子の養育が困難でない者，③6週間（多胎妊娠の場合は14週間）以内に出産の予定がなく，または産後8週間を経過しない者でない者，④育児休業の対象となる子と同居している者，のいずれにも該当する配偶者がこれに該当する（育介則6条）。

の期間は，労働者が申し出た休業終了予定日をもって満了するが，①子を養育しないこととなった場合（子の死亡，子が他人の養子となった場合など），②子が1歳に達した場合，③育児休業取得者が産前産後休業，介護休業または新たな育児休業が始まった場合には，労働者の意思にかかわらず，当該育児休業期間は当然満了する（育介9条2項，育介則19条・20条）。

育児休業を取得しようとする労働者は，休業開始予定日，休業終了予定日などを明らかにして，事業主に「申出」をする。この場合，事業主は，労働者に対し，妊娠・出生等育児休業申出書の記載事項を証明できる書類の提出を要求することができる（育介則5条2項）。

育介法は，育児休業期間中の所得保障を規定していない。このため雇用保険法により，育児休業基本給付金として，休業開始時の賃金の30％が毎月支給される（雇保61条の4）ほか，育児休業者職場復帰給付金として，復帰時に一時金として10％（2007年10月1日からは20％）が支給される（雇保61条の5）。

育児休業基本給付金が支給されるのは，雇用保険の被保険者で，育児休業開始前2年間に，賃金支払基礎日数が11日以上ある月が12ヵ月以上ある者である。育児休業者職場復帰給付金が支給されるのは，育児休業基本給付金の支給を受けた雇用保険被保険者が，育児休業を終了した後，被保険者として，引き続き6ヵ月間雇用された場合に支給される。また，育児休業期間中は，免除を申し出れば，厚生年金の保険料および健康保険料の保険料は，子が3歳に到達するまで，労使ともに免除される（厚保81条の2，健保159条）。

2　勤務時間短縮措置など

事業主は，1歳（もしくは1歳6ヵ月）に満たない子を養育する労働者（日々雇用の者を除く）が育児休業しない場合，勤務時間短縮等の措置を講じなければならない（育介23条1項）。具体的には，①短時間勤務制度，②フレックスタイム制，③時差出勤制度，④所定外労働をさせない制度，⑤託児施設の設置その他これに準じる便宜供与のいずれかの方法による措置を講じなければならない（育介則34条1項）。

また，事業主は1歳から3歳に達するまでの子を養育する労働者につい

ては，育児休業制度に準じる措置または勤務時間の短縮等の措置を講じなければならない（育介23条1項）し，さらに3歳から小学校就学の始期に達するまでの子を養育する労働者に対して，同様の措置を講ずる努力義務を負っている（育介24条1項）。

なお，育児介護を行う労働者が職業生活と家庭生活との両立を図ることができるように，「指針」[3]が作成されている。

3 子の看護休暇

小学校修学の始期に達するまでの子を養育する労働者は，事業主に申し出ることにより，1年内に5日を限度として子の看護休暇を取得することができる（育介16条の2）。これは，負傷しまたは疾病にかかった子の世話をするものである。

第3節　家族介護のための措置

1　介　護　休　業

寝たきりなどの要介護老齢者は200万人を数え，2025年には520万人に急増すると推計されている。介護者の80％が女性であるが，家族介護のために退職する労働者の大半は女性である。このため，1995年に介護休業制度が創設され，1999年から育児休業制度と統一された。

2　介護休業制度の内容

介護休業制度は，労働者（日々雇用の者を除く）が要介護状態にある対象家族を介護するために休業するものである（育介2条2号）。「要介護状

---

[3]　「子の養育又は家族の介護を行い，又は行うことになる労働者の職業生活と家庭生活との両立が図られるようにするために事業主が講ずべき措置に関する指針」（育介指針）（平16・12・28厚労告460号）

態」とは，負傷，疾病または身体上もしくは精神上の障害により，2週間以上の期間にわたり，常時介護を必要とする状態をいい（同条3号，育介則1条），「対象家族」とは，①配偶者（内縁関係も含む），②父母，③子，④同居し，かつ扶養している祖父母，兄弟姉妹，孫，⑤配偶者の父母を意味する（育介2条4号・5号，育介則2条・3条）。事業主は，労働者の介護休業の申出を拒否することはできない（育介12条1項）。

　介護休業を取得できる有期雇用労働者は，①同一の事業主に引き続き雇用された期間が1年以上であること，②介護休業開始予定日から起算して93日を経過する日を超えて雇用が継続することが見込まれること（93日経過日から1年を経過する日までに労働契約期間が満了し，かつ，契約の更新がないことが明らかである場合を除く）に該当する労働者である。このほか，労使協定において，①雇入れ1年未満の労働者，②93日以内に雇用関係が終了する労働者，③週所定労働日数が2日以下の労働者を対象外とすることができる（育介12条2項・6条1項但書）。

　介護休業は，対象家族1人につき，常時介護を必要とする状態に至るごとに1回の介護休業ができ，期間は通算して93日まで（勤務時間短縮措置がとられている場合は，それとあわせて93日）である。介護休業の請求の手続は，育児休業と同一である。

　事業主は，要介護状態にある対象家族を介護する労働者（日々雇用を除く）に対し，合算して93日（休業期間があればそれとあわせて93日）以上の期間における勤務時間短縮その他の措置を講じなければならない（育介23条2項）。具体的には，①短時間勤務制度，②フレックスタイム制あるいは時差出勤制度，③介護サービス費用の助成その他これに準じる制度である（育介則34条2項）。さらに，事業主は家族介護をする労働者に関して，介護休業制度または勤務時間短縮措置に準じて，介護を必要とする期間，回数などに配慮した必要な措置を講じる努力義務が課されている（育介24条2項）。

　介護休業期間は，労働者が申し出た休業終了日に満了するが，介護期間中に，①対象家族を介護しないようになった場合，②労働者が産前産後休業，育児休業もしくはあらたな介護休業が開始された場合も同様である（育介15条3項）。

育介法は，介護休業期間につき，賃金を保障していない。このため，雇用保険法により，介護休業給付金として，休業前の賃金の40％が支給される（雇保61条の7）。なお，介護給付金の資格者は，育児休業基本給付金と同一である。

なお，育児休業取得者とは異なり，介護休業取得者は，厚生年金保険や健康保険の保険料を免除されない。

第4節　育児・介護休業に共通する措置

1　不利益取扱いの禁止

事業主は，労働者が育児休業もしくは介護休業を申し出たり，これを取得したことを理由として，当該労働者を解雇することを禁止されるが，2001年の法改正により，解雇以外の不利益取扱いもあらたに禁止されることとなった（育介10条・16条）。具体的には，厚生労働大臣の定める前掲「育介指針」に定められ，禁止される不利益取扱いには，解雇のほか，有期雇用の雇止め，正社員からパートタイム労働者への身分変更を強制すること，自宅待機命令，降格，減給，賞与の減額，不利益な配置変更，就業環境を害することなどが例示されている。

2　深夜業の制限

育介法は，小学校就学の始期に達するまでの子を養育する労働者，要介護状態にある対象家族を介護する労働者が請求する場合，事業主は深夜業（午後10時から午前5時まで）に従事させてはならない（19条1項本文）と規定して，深夜業の拒否権を認めている。

ただし，①日々雇用される者，②勤務1年未満の労働者，③1週間の所定労働日数が2日以下の労働者，④所定労働時間の全部が深夜（午後10時から午前5時まで）にある労働者，⑤保育ができる16歳以上の同居の家族や，介護ができる16歳以上の同居の親族[4]を有する労働者（育児休業の場合）には，深夜業の拒否権が認められない（19条1項1～3号，育介則31条

の11・12）。

　また，深夜業を拒否すると「事業の正常な運営を妨げる場合」には，使用者は，この請求を拒否することができる（育介19条1項但書）。この文言は，使用者の時季変更権行使の要件を定める労基法39条4項と同一のものであり，行政解釈[5]によれば，「当該労働者の所属する事業所を基準として，当該労働者の担当する作業の内容，作業の繁閑，代行者の配置の難易等諸般の事情を考慮して客観的に判断すべき」であり，「事業主は，労働者が深夜業の制限を請求した場合においては，当該労働者が深夜業の制限を受けることができるように，通常考えられる相当の努力をすべきものであること」として，使用者の時季変更権行使のための要件と同一の基準を採用している。しかし，深夜業に従事すると，育児や介護などの家族的責任との両立ができない事情が存するのであるから，この要件は，使用者の時季変更権行使のそれより厳格に解される必要があろう。

　深夜業の拒否の請求は，1回につき1ヵ月以上6ヵ月以内の期間につき，開始の日および終了の日を明らかにして，開始の1ヵ月前までにしなければならない（育介19条2項）。請求の回数に制限はないため，労働者は何回でも拒否権を行使できる。

　深夜業の制限の期間は，①子の死亡など，子を養育しないこととなった場合，②子が小学校修学の始期に達した場合，③介護を要しなくなった場合，④労働者が産前産後休業，育児休業または介護休業が始まった場合には，当然に満了する（育介19条4項）。

3　時間外労働の制限

　小学校就学前の子を養育する労働者，あるいは家族介護をする労働者が請求した場合，使用者は，事業の正常な運営を妨げる場合に該当しないかぎり，労基法36条の協定による時間外労働の場合であっても，1ヵ月24時

---

　(4)　この場合の親族とは，深夜に就業していないこと（深夜の就業日数が1ヵ月に3日以内である場合を含む），負傷・疾病または心身の故障により保育が困難でないこと，産前産後休暇取得中であることのすべての条件を充足する者である。

　(5)　平16・12・28職発1228001号など

間，1年150時間を超えた時間外労働を命じることはできない（育介17条・18条）。

時間外労働の制限を請求できないのは，①日々雇用される者，②勤続1年未満の者，③1週の所定労働日数が2日以下の者，④配偶者もしくは配偶者でない親が子を養育できる状態にある者（育児休業のみ）である（育介17条1項1～3号）。

4 労働者の配置に関する配慮

育児や介護を行っている労働者が住居の移転などを伴う配置転換を命じられると，育児・介護と仕事との両立が困難となるばかりか，雇用の継続が困難となる場合も考えられる。そこで，育介法は，事業主が就業場所の変更を伴う配置転換を行う場合，その就業の場所の変更により，就業しつつ，子の養育または家族介護を行うことが困難となる労働者につき，育児や介護の状況に配慮しなければならないと規定している（育介26条）。具体的には，①当該労働者の育児または家族介護の状況を把握すること，②労働者本人の意向を斟酌すること，③育児あるいは家族介護の代替手段の有無の確認などが考えられる。

しかし，配転に際しての配慮義務のみならず，家族的責任を果たせるような配転後の配慮措置が不可欠であろう。裁判例でも，育児に従事する労働者の配転にあたって，金銭的配慮をしたものの，内示した段階で，転勤命令を所与のものとして，労働者に応じることのみを強く求めた使用者の行為が同条の趣旨に反するとされている[6]。

5 職業家庭両立推進者の選任

事業主は，事業主が講ずる措置および子の養育または家族介護を行う労働者などが，職業生活と家庭生活との両立が図られるようにするために講ずべきその他の措置の適切かつ有効な実施を図るための業務を担当する者（職業家庭両立推進者）を選任する努力義務を課されている（育介29条，平成14年4月施行）。推進者の業務は，①育介法21条から27条までに定める措

---

[6] 明治図書出版事件・東京地決平14・12・27労判861号69頁

置の適切かつ有効な実施を図るための業務，②労働者の職業生活と家庭生活との両立が図られるようするための措置を適切かつ有効に実施するための業務である。

6 再雇用特別措置

事業主は，妊娠・出産・育児あるいは介護を理由として退職した者に対して，必要に応じ，再雇用の特別措置をとる努力義務を課されている（育介27条）。再雇用特別措置とは，退職時に，将来の就業が可能となったときに事業主に再び雇用されることの希望を有する旨の申出をしていた者について，事業主が，労働者の募集または採用にあたって特別の配慮をすることをいう。これは，女性労働者のみならず，男性労働者も対象とされる。

第5節　次世代育成支援対策推進法

急速な少子化の推進と家庭・地域を取り巻く環境の変化に対応するため，2003年に，次世代育成支援対策法が制定された。同法は，次代の社会を担う子どもを育成し，また育成しようとする家庭に対する支援などを目的とし（同法2条），国や地方公共団体による支援対策の責務とともに，一般事業主（国，地方公共団体以外の事業主）の「行動計画策定指針」を定めることを求めている。すなわち，常時雇用する労働者が300人を超える事業（大企業）は，①計画期間，②次世代育成支援対策の実施により達成しようとする目標，③実施しようとする次世代育成支援対策の内容およびその実施時期に関する一般時業種行動計画を策定し，厚生労働大臣に届けなければならない（これを変更する場合も同様である，同法12条1項・2項）。ただし，常時雇用する労働者が300人以下の事業（中小企業）には，行動計画の策定・届出の努力義務にとどまっている（同法12条3項）。

厚生労働大臣は，一般事業主が届出をしないときは，相当の期間を定めて勧告することができる（同法12条4項）が，届出をした一般事業主からの申請に基づき，厚生労働省令で定める基準に適合する旨の認定を行うことができ（同法13条），この認定を受けた一般事業主（認定一般事業主）は，

商品または役務，その広告に用いる書類もしくは通信などに表示することができる。

第10章　労働安全体制・労働災害

第1節　労働安全衛生体制

1　労働安全衛生法の目的

　従来,労働安全衛生については,労働基準法に1章がおかれていたが,これでは労働安全体制の確立には不十分であるため,1972年に労働安全衛生法(以下,労安法)が単行法として制定され,包括的な労働安全衛生体制が採用されることとなった。労安法は,労働災害を防止するための最低基準を設定することを主たる目的とするものであるが,あわせて快適な作業環境の実現と,労働条件の改善をとおして職場における労働者の安全と健康を確保することを企図している(労安1条)。このように労安法は,単に労働災害の発生を防止するという消極的な意義のみならず,労働者にとって快適な労働環境を形成するという,より積極的な役割を担っていることが重要であろう。

　この他,労安法と同様の目的で制定されたものとして,じん肺法(1960年)や労働者災害防止団体法(1964年)などがある。

　なお,2005年の業種別死亡災害発生状況をみると,①建設業594人(36.7%),②製造業293人(18.1%),③陸上貨物運送業243人(15.0%)と,この3業種で全体の約7割を占めている。また業務上疾病者数については,1979年には2万人を超えていたが,2005年には8,226人に減少している[1]。

---

(1)　平成18年版「厚生労働白書」493頁

2 事業者および関係者の責務

(1) 事業者の意義

前述したように、労安法は、労働災害を防止しかつ快適な作業環境を形成するために、「事業者」に対してさまざまな義務ないし責任を課している。ここでいう「事業者」とは、「事業を行う者で、労働者を使用するもの」と定義される（2条3号）。個人企業であれば事業主個人、法人企業であれば法人そのものが、これに該当することになる。

なお、2人以上の事業主が1つの建設工事を共同連帯して請負うジョイント・ベンチャーにおいては、そのうちの1人を代表者として選出し、その代表者を事業者とみなす（5条）という方法が採用されている。また、代表者が決定されるまでは、ジョイント・ベンチャーを構成する各々の企業が同法上の事業者としての責任を負担する。

(2) 事業者・関係者の責務

労安法は、事業者のみならず、その他の関係者や労働者に対しても、一定の義務・責務を課している。

まず、事業者は、労働災害防止のために法所定の最低基準を順守する義務だけでなく、快適な作業環境の実現と労働条件の改善を通じて職場における労働者の安全と健康とを確保し、また国が実施する労働災害の防止に関する施策に協力しなければならない（3条1項）。

また、機械・器具その他の設備を設計・製造もしくは輸入する者、建設物を建設・設計する者は、これらの物の設計・製造・輸入もしくは建設に際して、これらの物が使用されることにより労働災害が発生しないように努めなければならないし（同条2項）、建設工事の注文者など、他人に仕事を請け負わせる者は、施工方法、工期などについて、安全で衛生的な作業の遂行を損なうおそれのある条件をつけないような配慮義務を負う（同条3項）。

以上が、事業者およびその取引業者などに関する義務であるが、労安法は、労働者に対しても、一定の義務を課している。すなわち、労働者は、労働災害を防止するために必要な事項を守る義務のほか、事業者その他の関係者が実施する労働災害の防止に関する措置に協力するように努めなければならない（4条）。労働災害防止の責任が第一義的には事業者にある

としても，実際に労働に従事する労働者の協力がなければ，その目的を達成することは困難だからである。

(3) 安全衛生管理体制

事業者には，労働災害の発生を防止し，かつ快適な作業環境を形成する法的義務があることは前述したとおりであるが，この目的を達成するためには，積極的・体系的な安全衛生に対する管理体制が事業所内で確立されることが不可欠となる，このため，労基法の旧規定も安全管理者・衛生管理者の選任や，安全衛生委員会などの設置などを規定していたが，必ずしも十分な成果をあげることができなかった。そこで労安法は，事業者を頂点とする体系的な安全衛生管理体制の確立を事業者に求めている。

労安法の定める安全衛生管理体制には，①管理者・責任者による体制，②産業医による体制，③労働者が参加する委員会方式による体制，④下請企業に係わる体制の4つがある。

(a) 管理者・責任者による安全衛生管理体制　この方式は，①総括安全衛生管理者（10条），②安全管理者（11条），③衛生管理者（12条），④安全衛生推進者等（12条の2），⑤作業責任者（14条）に分類される。

① 総括安全衛生管理者　総括安全衛生管理者とは，文字どおり，安全衛生管理体制を管轄する地位にある者である。その職務内容は，(i)労働者の危険または健康障害を防止する措置，(ii)労働者の安全衛生教育の実施，(iii)健康診断の実施その他健康の保持促進のための措置，(iv)労働災害の原因の調査および再発防止対策，(v)その他労働災害を防止するために必要な事務の総括，(vi)安全管理者・衛生管理者などの指揮にあたることである。このような重要な職務内容のため，総括安全衛生管理者には，工場長，作業所長のように当該事業場において実質的に統括管理する権限と責任とを有する者が選任される必要がある[2]。なお，総括安全衛生管理者は，政令で定める規模の事業場ごとに選任されることになっている。政令で定める規模とは，①林業，鉱業，建設業，運送業および清掃業で100人，②製造加工業，電気業，ガス業，熱供給業，水道業，通信業，各種商品卸売業，家具・建具・じゅう器など卸売業，各種商品小売業，燃料小売業，旅館業，

---

(2) 昭47・9・18基発602号など

ゴルフ場業，自動車整備業および機械修理業で300人，③その他の事業で1,000人である（労安施行令2条）。

② 安全管理者　安全管理者の業務は，安全衛生のうちの安全に関する事項を管理することであり，安全管理者は，常時50人以上の労働者を使用する一定の事業におかれなければならない（労安施行令3条）。なお，安全管理者となるためには，厚生労働省令で定める資格が要求される。

③ 衛生管理者　衛生管理者の業務は，安全衛生業務のうちの衛生に関する事項を管理することである。衛生管理者は，常時50人以上の労働者を使用するすべての事業場におかれなければならない（労安施行令4条）。なお，衛生管理者となるためには，都道府県労働局長の免許を受けた者，その他労働省令で定める資格を有しなければならない。

④ 安全衛生推進者　安全衛生推進者は，安全管理者・衛生管理者がおかれない一定規模以上の事業場に配置される。安全管理者や衛生管理者が安全衛生業務の技術的事項を管理する者であるのに対し，安全衛生推進者は，安全衛生業務につき権限と責任とを有する者の指揮を受けて当該業務を担当する点で，両者は区別される。

⑤ 作業主任者　労働者が危険・有害な業務に安全に従事するためには，その危険・有害性に精通する有資格者による管理が不可欠である。この任務にあたるのが作業主任者であり，高圧室内作業，ボイラー取扱いなどによる労働災害を防止するための管理を必要とする作業場に配置される。作業主任者は，一定の技能講習を修了する必要がある。

(b) 産業医　労働災害の防止にとって，労働者に対する健康診断や病状の発見など，医学的立場からのアプローチが不可欠となる。労基法の旧規定では，「医師である衛生管理者」がおかれていたが，これは医師としての立場よりも，むしろ衛生管理員の一員という意味合いが強かった。そこで労安法は，産業医制度を設け，医師のなかから産業医を選任し，その者に労働者の健康管理などの事項を担当させることとした（13条）。これは，医学専門的立場から労働安全衛生を遂行させることを明確にするものである。なお，産業医が配置されなければならない事業場は衛生管理者と同一である（労安施行令5条）である。労働や人間関係によるストレス問題が重要となっており，またHIV感染者に対する企業の配慮義務が問題となっ

ている現在では，産業医の役割が重大である。

(c) **労働者参加による安全衛生管理体制**　職場における安全衛生を達成するためには，労働者の協力・参加が不可欠であることは，すでに指摘したとおりである。労働者の参加により，現実の労働に従事する労働者の安全衛生への関心が高まるからである。このような労働者参加型のものには，安全委員会，衛生委員会および安全衛生委員会がある。

まず，安全委員会は，建設業や製造業などで，常時労働者を50人，その他の業種では100人以上を使用する事業場において設置することが義務づけられており（労安17条，労安施行令8条），また衛生委員会は，常時50人以上の労働者を使用するすべての事業場に設置されなければならない（労安18条，労安施行令9条）。なお，これらの委員会の委員の半数は，過半数組合もしくは過半数従業員代表者の推薦によって指名される。

(d) **危害防止措置**　労安法は，事業者に対し，以下のような危害防止措置を義務づけている。

(i) **防止措置**　事業者は，機械・器具，爆発物および電気・エネルギーによる危害防止措置（20条），掘削・採石あるいは墜落，土砂崩れのおそれのある場所での危険防止措置（21条）を施す必要があるほか，原材料，ガス，放射線，高温・振動，計器監視，精密工作作業，排気・廃液などによる健康障害防止措置（22条），労働者の健康・風紀および生命の維持のために必要な措置を講じなければならない（23条）。

(ii) **機械および有害物に関する規制**　ボイラーその他，とくに危険な作業を必要とする機械などを製造する者は，あらかじめ都道府県労働局長の許可が必要であり（37条），また黄リンマッチ，ベンジンその他労働者に重度の健康障害を生じる物を製造・輸入・譲渡・提供・使用することは，原則的に禁止される（55条本文）。

(iii) **労働者の就業にあたっての措置**　事業者は，労働者の雇入れにあたって，業務に関する安全・衛生教育をおこなう（59条）ほか，労働者を指揮・監督する職長などに対し，安全教育を実施しなければならない（60条）。さらに事業者は，クレーンの運転その他の業務について，一定の資格がない者を就業させてはならない（61条）。

(4) 健康管理

以上の危害防止措置は主に安全衛生の物質的側面に関するものであるが、人的側面に着目したのが、労働者に対する健康管理である。ここでは、予防的意味の大きい健康診断が重要である。事業主は、労働者の健康に配慮して、健康管理をなす義務を課されている（66条）が、これを具体化したのが、事業者の健康診断措置である。

まず、事業者は、労働者に対し、定期的に医師による健康診断を実施しなければならない（労安66条1項）。定期健康診断は、1年ごとに1回実施される必要がある（労安則44条）。また、一定の有害業務に従事する労働者に対しては、特別項目に関する健康診断や、歯科医師による診断がなされなければならない（労安66条2項・3項）。なお、健康診断の費用は、当然、事業主が負担すべきであるが、健康診断時間の賃金については、労使協議で決定されるが、有給が望ましいとされている[3]。さらに、労働者の医療健康情報は労働者の重要な個人情報であるから、事業者は、その収集・管理につき、プライバシー保護の義務を負っている[4]。

なお、近年における過労死・過労自殺の増加に伴い、2006年4月1日より、過重労働・メンタルヘルス対策の充実が図られた。その内容は、①事業者は、1ヵ月の所定外労働が100時間を超え、疲労の蓄積が認められ、かつ労働者の請求がある場合、時間外労働を行った労働者を対象とした医師による面接指導等を行わなければならないこと、②労働者は、①の面接指導を受けなければならないこと（ただし、事業者の指定した医師以外の医師による面接指導を受け、その結果を事業者に提出したときは、この限りではない）、③事業者は、面接指導の結果の記録、面接指導の結果に基づく必要な措置についての医師の意見の聴取、その必要があると認める場合の作業等の変更を安全衛生委員会等へ報告する等の措置を講ずることである（労安66条の8、労安則52条の2以下）。

---

[3] 昭47・9・18基発602号
[4] HIV感染者解雇事件（東京地判平7・3・30労判667号14頁）では、従業員がHIVに感染している事実を本人に無断で使用者に伝えた派遣先使用者と、本人に告知した使用者の行為が労働者の医療情報プライバシー侵害に該当するとして、損害賠償の支払いが命じられている。

第2節　労働災害補償

1　労働災害補償制度
(1)　労働災害への補償
　業務上の負傷・疾病あるいは死亡といった労働災害が発生した場合，被災労働者やその遺族は，使用者に対して，民法上の一般的不法行為責任（709条）や，営造物設置瑕疵責任（717条）を追及することができるが，被害者である労働者または遺族は，労働災害につき加害者たる使用者の過失が存したことを立証しなければならない（過失責任主義）。しかし，高度化・専門化した現代技術について使用者の過失を素人である被害者が立証することは，極めて困難であろう。また，たとえ立証面が克服されたとしても，労働者自身に過失があれば（そういう場合も，少なくないであろう），過失相殺（同722条）として処理されることとなるし，民事訴訟では，莫大な時間とコストがかかってしまう。
　そこで，使用者の無過失責任に基づく労災補償責任が，労基法および労働者災害補償保険法（以下，労災保険法）により定められている。労災補償の特質としては，使用者の無過失責任主義が採用されていることのほか，迅速な救済という観点から，給付内容が定型化されていること（平均賃金もしくは標準報酬日額の何日分，あるいはその何％）をあげることができる。
(2)　労基法上の労災補償制度
　労基法は，労災補償制度（75～88条）を設け，これにより，使用者は，労働災害につき過失がない場合であっても，それが「業務上災害」に該当する場合には，法所定の補償責任を負う（無過失責任主義）こととした。このような無過失責任主義が採用されたのは，労働災害が企業活動から必然的に生じるものであるから，その活動により利益を受ける企業が責任を負うべきとする報償責任主義，あるいは企業活動が労働災害を発生させるような危険な業務を本来的に内包しているから，その危険が現実化した労働災害につき企業が責任を負担すべきとする危険責任主義などの考え方に

基づくものである。

　なお，労基法上の補償内容は，①療養補償（75条），②休業補償（76条），③障害補償（77条），④遺族補償（79条）および⑤葬祭料（80条）の5種類の給付である。

　ⓐ　療養補償　　使用者は，その費用で業務上の負傷・疾病のために療養を要する労働者に支給しなければならない（75条1項）。その内容は，①診療，②薬剤または治療材料の支給，③処置・手術その他の治療，④居宅における療養管理・看護，⑤病院または診療所への入院・看護，⑥移送である（労基75条2項，労基則36条）。業務外傷病に対する療養補償である健康保険の給付が，社会生活への復帰を目的とする平均的治療を目的とするものであるのに対し，労災保険の療養補償は，職場復帰を目的とするより高度な療養内容となっているのが特徴である。

　使用者は，療養が継続する限り療養補償を負担しなければならないが，被災労働者の療養が長期化することもあり得るので，療養開始後3年たっても治癒しない場合，使用者は，平均賃金の1,200日分の打切補償を支払えば，以降の療養補償をしなくともよい（労基81条）。また，1,200日分の平均賃金額である打切補償を支払った場合には，労基法上の解雇禁止が解除される（19条1項但書）。

　なお，業務上の疾病（職業病）については，その範囲が具体的に定められている（労基則35条，同別表第1の2）が，上記の疾病以外のものであっても，業務に起因することが明らかな疾病であれば，業務上の疾病として取り扱われる（例示列挙）。

　ⓑ　休業補償　　使用者は，労働者が業務上の傷病により休業し，賃金が支払われない場合，平均賃金の60％を休業期間中支払わなければならない。休業補償は，毎月1回以上支払われなければならない（労基則39条）が，これは休業期間中支払われるものであるから，出勤日でない土日などの休日にも支給される。ただし，労働者が重大な過失によって業務上負傷しまたは疾病にかかった場合には，行政官庁（労働基準監督署長）の認定を受ければ，使用者は休業補償の支払いを免れることができる（労基78条）。また，療養が長期化した場合，災害発生当時の平均賃金を基礎として算定することは不当な結果をもたらすことから，4半期ごとに算定し，

100分の20を超える上下の賃金水準の変動が生じたときには，次々期の4半期から，休業補償の額をその額に変動させて改訂し，その改訂した4半期に属する最初の日から，改訂された額が支給される（労基76条2項・3項，労基則38条の2～10）。

(c) 障害補償　使用者は，労働者の業務上の傷病もしくは疾病が治癒した後に，障害が残った場合，障害の程度に応じて障害補償をしなければならない。支給額は，障害1級（両目失明，言語機能喪失あるいは両手足の全廃などのケース）で平均賃金の1,340日分，最低の14級（指の骨折など）で同50日分が支給される（労基77条・別表第2）。障害補償は，労働者の傷病または疾病が治癒し，身体障害の等級が決定された日から7日以内に支給されなければならない（労基則47条1項）。なお，労働者に重大な過失がある場合の取扱いについては，休業補償と同一である。

障害補償は高額となることから，使用者が支払不能となることを回避するため，使用者は，支払能力があることを証明し，かつ被災労働者の同意を得た場合には，6年にわたり，毎年分割して支払うことができる（労基82条）。これは，分割補償と呼ばれる。

(d) 遺族補償　使用者は，労働者が業務上死亡した場合，遺族に対し，平均賃金の1,000日分を支給しなければならない（労基79条）。遺族補償は，労働者の死亡後に受給権者が確定してから，7日以内に支給されなければならない（労基則47条2項）。また，遺族補償は，障害補償と同様に，分割補償とすることができる（労基82条）。

遺族補償を受給できる順位は，①配偶者（内縁を含む。労基則42条1項），②労働者の死亡時にその収入によって生計を維持していた子，父母，孫および祖父母（労基則42条2項），③生計を維持していない子，父母，孫，祖父母，兄弟姉妹である（労基則43条1項）。

なお，第2順位以下で同順位者がいる場合には，その人数によって等分支給される（労基則44条）。

(e) 葬祭料　使用者は，労働者が業務上死亡した場合，その遺族に対し，平均賃金の60日分の葬祭料を支払わなければならない（労基80条）。葬祭料は，労働者の死亡後，受給者が決定されてから7日以内に支給されなければならない（労基則47条2項）。

2　労災保険法上の労災補償

(1)　制度の概観

以上のように，労基法上の労災補償責任は，個別使用者の責任を追及するものである。例えば，労働者が業務上死亡した場合に遺族に支給される1,000日分の平均賃金という額は十分なものではないが，これさえ支払えない資力のない使用者も存在するから，個別使用者の責任追及という手法にも限界がある。

そこで，労基法と同時期に制定された労災保険法は，個別使用者の危険を分散するという保険の手法により，労災補償制度を設けている。これは国を保険者とするもので，使用者が被保険者となり，保険料は使用者が単独負担し，労働者には保険料負担がない。

労災保険は，独自の制度を有する国家公務員・地方公務員あるいは船員には適用されない（労災3条2項）が，その他の事業については，常時労働者が4人以下の農林水産業の個人事業を除き，すべての事業に適用される。

労災保険法は，労災補償を受ける「労働者」の定義を有していないが，労基法9条の「労働者」と同一のものと解されている。したがって，アルバイトやパートタイマーにも，労災保険の適用がある。このように，労災保険の対象は「労働者」であるため，個人事業者や，大工などの一人親方などは，労災補償が適用されないことになる。しかし，このような者は，災害を被ることが少なくなく，災害により生活が困窮するという点で，労働者と変わるところはない。そこで，労災保険法は，これらの中小事業主などの「特別加入」制度を用意しており（33～37条），これにより，①中小事業主[5]，②自動車運送の個人事業主，③一人親方，④危険作業に従事する家内労働者は，労災保険に加入することができる[6]。ただし，自動車運送業者や家内労働者については，その就労形態から，通勤災害に対する

---

[5]　金融・保険・不動産・小売・サービス業では50人以下，卸売業では100人以下，その他の事業では300人以下の労働者を使用する事業主がこれに該当する（労災則46条の16）。

[6]　このほか，海外派遣労働者は，任意加入制度に加入することができる（36条）。

保険適用はない[7]。

(2) 労基法上の労災補償との差異

労基法上の労災補償と労災保険法上の労災補償とは，同じ内容を有する，いわば「双子」として，いずれも1947年に成立した。しかし，1960年には，長期傷病補償給付制度（現在の傷病補償年金）が創設されたのをはじめとして，遺族補償給付や，障害補償給付の一部（障害等級１〜３級）における年金化，物価スライド制の導入，リハビリテーションなどの施設拡大など，労災保険の給付対象は拡大されることとなった。そして，何といっても，労基法と異なるのは，労災保険が通勤災害も補償対象とすることとなった（1973年）のが重要である。

このような，対象労働者（特別加入制度）や対象災害の拡大（通勤災害），給付内容の拡大のような「労災保険のひとり歩き」現象により，労基法上の労災補償制度にかわって，労災保険が労災補償制度の中心となっている[8]。

このほか，労災保険では，義肢などの舗装具の支給，温泉療養，リハビリテーション施設などの傷病労働者の職場復帰支援や，遺児などの保育・就学援助などの遺族への援護策など，を目的とする労働者福祉事業が採用されている。

(3) 費用負担

労災保険では，保険給付費や事務費の財源は，国庫補助（労災32条）のほか，使用者の拠出による保険料で構成されている（同30条）。保険料の徴収方法あるいは保険料率については，「労働保険の保険料の徴収等に関する法律」（労働保険徴収法）により規定されているが，その名が示すように，雇用保険の保険料と合算して徴収される。保険料は使用者のみが負担する。

保険料額は，全労働者に支払われる賃金総額に所定の保険料率（事業の種類に応じ賃金総額の0.45％〜11.8％）を乗じた額であるが，保険料率は，過去の災害率などを考慮して，事業ごとに決定される。また，中規模以上

---

[7] 昭52・3・30基発192号

[8] このため，休業補償が４日目から支給されることと，通勤災害の療養給付につき，200円の初診料がかかること以外は，すべて労災保険法の給付が上回っている。

の事業については，災害防止の観点から，過去3年間の災害発生率・保険給付額に応じて，保険料率を設定するメリット制度が採用されている。これに対して，通勤災害に関する保険料率は，事業の種類を問わず，同一率とするフラット制が採られている。

　このほか，2007年4月1日より石綿健康被害者救済法に基づく石綿（アスベスト）健康被害救済のための「一般拠出金」（一律賃金総額の1,000分の0.05）の納付が使用者に義務付けられた。

(4) 保険給付

　労災保険法が対象とする保険事故は，業務上災害，通勤災害および二次健康診断等給付である（7条）。二次健康診断等給付とは，一次健康診断（定期健康診断など）の結果，脳・心臓の疾患に関する項目について異常の所見が見られる場合に労働者が受診できるもので，具体的には，食事，運動，生活状態についての指導（特定指導）が行われる（26条）。なお，業務上災害に対する給付（12条の8以下）は療養補償給付などと呼ばれるが，通勤災害に対する給付（21条以下）については，使用者による補償責任という意味合いを欠くため，補償の文字が除かれ，療養給付などと呼ばれる。給付の種類は基本的には労基法と同じであるが，介護（補償）給付のように，労災保険独自の給付がある。以下，業務上災害，通勤災害に対する給付につき，あわせて説明する。

　(a) 療養（補償）給付（13条・22条）　療養（補償）給付は，業務上災害あるいは通勤災害による傷病に対する給付であり，これには，指定病院における現物給付としての療養の給付と，非指定病院における療養費用の現金支給である療養費とがある。療養の範囲は，入院，看護，移送などのほか，医学的リハビリテーションや温泉治療などが含まれる。

　(b) 休業（補償）給付（14条・22条の2）　休業（補償）給付は，業務上災害あるいは通勤災害により傷病となり，賃金が支給されない場合に給付されるものであるが，給付は休業の4日目から支給される（3日間は待機期間であり，この期間については労基法の休業補償の給付を受けることができる）のが特徴である。給付内容は，給付基礎日額（労基法12条の平均賃金と同一の算定方法に基づく額）の60％であるが，労働福祉事業から，給付基礎日額の20％が加算され，合計80％が支給される。もっとも，労働者が療

養期間中に一部就業した場合には，給付基礎日額から，支払われた賃金を控除した額が支給される（14条1項但書・22条の2）。しかし，休業（補償）給付は，監獄・労役場または少年院その他これに準じる施設に拘禁もしくは収容されている場合には，支給されない（14条の2）。

なお，休業（補償）給付の性質上，休日などのように労働契約上，労働者に賃金請求権が発生しない期間についても給付される[9]。

(c) 障害（補償）給付（15条・22条の3） 障害（補償）給付は，労働者が業務上災害あるいは通勤災害により傷病となり，療養が終了したにもかかわらず，身体に障害が残った場合に，障害の程度に基づき支給される。

給付内容は，障害1級から7級までが年金としての障害（補償）年金が，障害8級から14級までが障害（補償）一時金が支給される。障害（補償）年金については，年金受給者が所定の年金を受給する以前に死亡した場合，遺族の請求により，その差額が支給される障害年金差額一時金制度（61条），被災労働者の生活上の必要を充足するため，労働者の請求により，年金の一定額をまとめて先払いする障害年金前払一時金制度（60条）がある。

このほか，労働者福祉事業から，障害特別支給金（一時金）が支給され，その額は，障害1級で342万円，14級で8万円となっている。

(d) 遺族（補償）給付（16条・22条の4） 遺族（補償）給付は，労働者が労働者が業務上あるいは通勤災害により死亡した場合に，その遺族に支給される。遺族（補償）給付には，遺族（補償）年金と，遺族（補償）一時金とがある。

遺族（補償）年金は，死亡した労働者により生計を維持されていた遺族に支給されるもので，支給額は，遺族の人数により決定され，1人で給付基礎日額の153日分か175日分，2人で201日分，3人で223日分，4人以上で245日分である。遺族（補償）一時金は，労働者の死亡当時，生計を維持されていなかった遺族に支給されるもので，遺族が1人であれば，給付基礎日額の1,000日分となっている。

このほか，労働者福祉事業から，遺族特別支給金（一時金）として，

---

[9] 浜松労基署長事件・最一小判昭58・10・13民集37巻8号1108頁

300万円が支給される。

(e) 葬祭料（葬祭給付）（17条・22条の5）　労働者が業務上災害で死亡した場合に葬祭料，通勤災害で死亡した場合に葬祭給付がなされる。支給額は，ともに31万5,000円（定額部分）プラス給付基礎日額30日分であるが，その額が給付基礎日額の60日分に達しないときは，給付基礎日額の60日分が支給される。

(f) 傷病（補償）年金（18条・23条）　労働者が業務上災害あるいは通勤災害による傷病のために療養を開始した後，1年6ヵ月を経過しても治癒しないか，1級ないし3級の障害等級にある場合に支給される。

傷病（補償）年金は休業（補償）給付を年金化したものであるから，傷病（補償）年金の受給者には，休業（補償）給付は打切りとなる（18条2項・22条の6）が，療養（補償）給付は継続される。

傷病（補償）年金の支給額は，傷病等級1級で給付基礎日額の313日分，2級で277日分，3級で245日分であるが，傷病特別給付金として同一額が付加される。さらに，労働福祉事業から，傷病特別支給金として，障害等級1級で114万円，2級で107万円，3級で100万円が一時金として支給される。

(g) 介護（補償）給付（19条の2・24条）　介護（補償）給付は，従来，労働福祉事業として行われてきたものを保険給付にしたものである。介護（補償）給付は，障害（補償）年金または傷病（補償）年金の受給者で，常時または随時介護を受けているときに，介護を受けている期間，請求により月単位で支給される。しかし，身体障害者施設あるいは病院もしくは診療所に入所・入院している場合には，介護（補償）給付は支給されない。

支給額は，通常介護に要する費用を考慮して，厚生労働大臣が決定する（常時介護で104,590円～56,700円，随時）。

(5) 支給制限

労働者が故意に負傷，疾病，障害もしくは死亡またはその直接の原因となった事故を生じさせたときは，政府は，保険給付を行わない（12条の2の2第1項）。また，労働者が故意の犯罪行為もしくは重大な過失により，または正当な理由なしに，療養に関する指示に従わないことにより，負傷，疾病，障害もしくは死亡もしくはこれらの原因となった事故を生じさせ，

または負傷，疾病もしくは障害の程度を増進させ，もしくはその回復を防げたときは，政府は，保険給付の全部または一部を行わないことができる（12条の2の2第2項）。

3　業務上災害・通勤災害の認定基準

(1)　労災認定の手続

労災申請がなされると，所轄の労働基準監督署長が保険給付の可否（処分）を決定する。労働基準監督署長から業務外あるいは通勤災害に該当しないとの処分を受けた場合，その決定に不服のある者は，労働者補償保険審査官に対して審査請求をし，さらに労働保険審査会に対し，再審査請求をすることができる（38条）。

労働保険審査会の決定に異議のある労働者または遺族は，裁判所に対し，例えば休業（補償）給付不支給決定処分の取消しを求めて行政訴訟を提起することができる。行政訴訟が提起された場合，前述した行政不服審査との関係が問題となるが，行政訴訟の前に，労働保険審査官・審査会の裁決を先決とする裁決前置主義が採用されている（40条）。

なお，労災補償の受給権の消滅時効は，療養（補償）給付，休業（補償）給付，葬祭料（葬祭給付），介護（補償）給付，二次健康診断等給付については2年，障害（補償）給付，遺族（補償）給付については5年である（42条）。

(2)　業務上災害の認定

(a)　認定基準　　労働基準法あるいは労災保険法の労災補償制度では，労働者の負傷・疾病・障害ないし死亡などの災害が「業務上」であることが要件とされている。

業務上災害の認定基準として，行政解釈によれば，業務遂行性と業務起因性という2要件主義が採用されている。すなわち，業務上災害とは，業務と災害との間に客観的な相当因果関係が存在する「業務起因性」が存在することを意味し，その前提として，労働者が使用者の支配下にあることを意味する業務遂行性が問題とされる。従って，業務遂行性がなければ，業務起因性も否定されるが，業務遂行性があっても，業務起因性は，別個に検討される必要があることになる。このため，業務上の判断にあたって

は，業務起因性のみを要件とすればよいものと考えられる。

(b) 具体的基準　① 就業時間中　就業時間中は業務遂行性があり，一般に業務起因性も肯定される。この場合の業務には，清掃や後片付けのような作業準備行為，ジュースを飲んだり，トイレに行くなどの生理的行為などの作業中断行為についても，業務災害性が認められる[10]。ただし，喧嘩のような恣意的行為や，純然たる私的行為については，業務遂行性が認められない。

② 休憩時間　休憩時間は使用者の指揮命令から解放されて，自由に利用することができる時間である（労基34条3項）。したがって，使用者から対外試合のために練習を命じられたというような事情が存しないかぎり，休憩時間中のスポーツなどによる負傷は業務外と判断される。しかし，従業員のスポーツなどを観賞していた労働者が，座っていたベンチの故障で負傷した場合など，企業施設の設置もしくは管理による瑕疵が原因である場合には，業務上災害と判断されることになる。

③ 出張中　出張中の災害については，自宅を出て，自宅に戻るというような出張方法が一般に是認されていれば，自宅と出張先との往復は，通勤災害ではなく，業務上と判断される。このため，新幹線などの交通機関での事故，出張先のホテルでの食中毒や火事による傷病も業務上災害であるが，出張中の私的行為などは業務外と判断される。

④ 通勤中　通勤中の災害には業務遂行性がなく，一般に通勤災害の問題として処理される。しかし，使用者が専用バス等の通勤手段を供しているときの事故，突発事故のために休日出勤する途上での事故は業務上災害とされる[11]。

⑤ 社外行事中　会社主催の運動会，宴会，慰安旅行などの社外行事についての業務上災害の基準については，以下のように考えられている。まず，事業場外での運動会については，労務管理上など，業務上の必要性があり，使用者の積極的な命令が出されていれば，業務上とされる[12]。ま

---

(10) 昭24・11・12基収3759号

(11) 昭25・5・9基収32号など

(12) 昭32・6・3基発465号など

た，宴会・社員旅行などについては，幹事・世話役として参加した場合に業務上とされる。

⑥　天災事変　　天災事変については，不可抗力によるものとして，原則的には業務起因性が否定される。しかし，台風に遭遇した漁船などのように，天災により災害を被りやすい業務に従事する場合には，災害が天災事変に基づく危険が顕在化したものとして，業務起因性が肯定される[13]。1995年の阪神淡路大震災についても，以上の基準によりながら，危険環境下にあることにより被災したものであるかという基準により，個別的な判断が採用され，業務上とされている。

⑦　第三者による災害　　第三者による災害については，業務に関連して顧客らから暴行を受けた場合のように，災害と業務との間に相当因果関係がある場合には，業務起因性が肯定される。

(c)　疾病の業務上認定　　災害性の事故については，目に見えるものであるだけに，その認定は比較的容易であるが，疾病については，本人が自覚症状すらないことがあり，その認定が困難である。そこで，業務上の疾病として，①業務上の負傷に起因する疾病，②物理的因子による疾病，③身体に過度の負担がかかる作業態様に起因する疾病，④化学物質等による疾病，⑤粉塵の飛散する場所における業務によるじん肺に関する疾病，⑥細菌・ウィルスなどの病原体による疾病，⑦がん原性物質もしくはがん原性因子またはがん原性工程における業務による疾病を具体的に規定しているほか，⑧厚生労働大臣の指定する疾病，⑨その他業務に起因することの明らかな疾病も業務上疾病としてあげられている（労基則35条・同別表第1の2）。

(d)　過労死・過労自殺の業務上認定　　中高年労働者の過労死や，若い労働者の過労自殺が増加している。過労死や過労自殺は，長期間にわたる過重労働やストレスの蓄積により生じるものであるが，労働者の個人的な基礎疾患や，生活習慣が共働原因となることもあり，その業務上認定は困難である。

過労死は，正式には，「脳血管疾患および虚血性心疾患等」と呼ばれ，

---

[13]　昭62・10・26基発620号

1961年の行政解釈によれば，業務上疾病の基準として，いわゆる「アクシデント主義」(災害主義)との考え方が採用されていた。すなわち，発症の直前または発症当日に，質的・量的に特に過重な肉体的もしくは精神的な負担が存在し，かつ，その負担に強度の医学的原因が認められることが必要であり，単なる疲労の蓄積は該当しないこと，また被災労働者に基礎疾患がある場合には，とくに当該災害が疾病の自然的発症もしくは増悪に比して，著しく早期に発症させたことが医学的に証明されることという，きわめて厳格な要件が課されていた。

そこで，1987年通達では，従来のアクシデント主義に加えて，過重負荷主義が採用されることとなった。すなわち，異常な出来事(精神的・肉体的な負荷を引き起こす突発的または予測困難な異常事態)に遭遇したか，または日常の所定業務と比較して，とくに過重な業務に就労するなどの過重負担を発症1週間前以内に受けたこと，そして発症1週間以前の業務はあくまで付加的要素にとどまることとされた。これにより，特別のアクシデントの発生および発症1週間前の業務が通常の業務に比較して，とくに過重であれば，過労死も業務上災害とされることとなった。

さらに，1995年通達[14]では，過重負荷主義の原則を維持しながら，①過重負荷の判断にあたり，発症1週間前以前の業務が日常業務を相当程度超えた場合には，その業務も含めて「総合的に判断すること」，②過重業務の判断に当たって，同僚・同種の労働者を基準とすることに変わりないものの，そこに「同程度の年齢・経験」を加味して判断すること，③業務による継続的な心理的負荷による長期間のストレスについては，個人差が大きいことから，(旧)労働省が専門的に検討するものとされていた。

以上のような行政解釈の変遷は前進ではあるが，発症1週間以前の業務は「総合的な判断」の対象にとどまっており，疲労の長期的蓄積という過労死の性質からすれば，いぜんとして問題は残されているし，なによりも，この基準では，日常的に過重な労働に従事している労働者は救済されないという欠陥を否定できないものであった。

そこで，2001年に認定基準が改訂され，「異常な出来事」や，「短期間の

---

[14] 平7・2・1基発38号

過重業務」との要件に加えて,「長期間にわたる過重業務」,すなわち,発症前の長期間にわたって,著しい疲労の蓄積をもたらす特に過重な業務に就労した場合についても,業務による明らかな過重業務と判断されることとなった[15]。具体的な負荷要因として,①労働時間(発症日を起点とした1ヵ月単位の連続した期間をみて,(i)発症前1ヵ月間ないし6ヵ月間にわたって,1ヵ月あたりおおむね45時間を超えて時間外労働時間が長くなるほど,業務と発症との関連性が徐々に強まると評価できること,(ii)発症前1ヵ月間におおむね100時間または発症前2ヵ月間ないし6ヵ月間にわたって,1ヵ月あたりおおむね80時間を超える時間外労働が認められ場合は,業務との関連性が強いと評価できること),②不規則な勤務,③拘束時間の長い勤務,④出張の多い業務,⑤交代制勤務・深夜勤務,⑥作業環境(温度環境,騒音,時差),⑦精神的緊張を伴う業務があげられている。

(3) 通勤災害の認定

(a) 通勤災害の定義　　通勤途上の災害は,業務とは無関係であるから,使用者に労基法上の労災補償責任を追及することは困難である。しかし,労働者からすれば,通勤は業務遂行にとって不可欠な面をも有しているし,近年における交通事情や社会環境は,通勤時の災害に巻き込まれる危険性を増大させている。そこで,労災保険法は,1973年,業務災害とならんで通勤災害も補償対象とすることとした。

通勤災害と認定されるためには,通勤と災害との間に相当因果関係があること,換言すれば,通勤に伴う通常の危険が現実化したことが必要である。典型的な例としては,通勤時の交通事故,駅階段での転落事故,ビルからの落下物による負傷などがあげられる。また,1995年の地下鉄サリン事件では,負傷した乗客を救助しようとして被災した通勤客も多かったが,首都圏におけるこのような犯罪の危険性が内在しているとして,約5,000人の労働者が通勤災害の認定を受けている。これに対し,宗教団体から公安のスパイと誤信され,通勤途上でＶＸガスを噴射されて死亡した事件では,通勤が殺害の機会として選択されたものにすぎないとして,通

---

[15] 平13・12・12基発1063号「脳血管疾患及び虚血性心疾患等(負傷に起因するものを除く)の認定基準について」

勤災害性が否定されている⒃。さらに，駅ホームからの転落者を救助しようとした行為につき，通勤災害性が肯定されていることも注目されよう。

「通勤」とは，労働者が就業に関し，①住居と就業場所との間の往復（7条2項1号），②厚生労働省令で定める就業の場所から他の就業場所への移動（7条2項2号），③住居と就業場所との間の往復に先行し，または後続する住居間の移動（7条2項3号）を，合理的な経路および方法により往復することである。②は，複数就業者の事業場間の移動であり，③は，家族介護や子の養育のため単身赴任となった労働者が単身赴任先住居・帰省先住居間の移動などが該当する。

「就業に関し」とは，往復行為が業務と密接な関連をもって行われることであるから，休日に会社の運動会に参加するために会場に向かう途中での事故については，全員参加が義務付けられていたり，参加者が出勤扱いされているなどの事情がない限り，「就業に関し」とはいえない。ただし，寝坊による遅刻，通勤ラッシュを回避するための早出・遅刻などの場合にも，就業関連性が否定されない。

「住居」とは，労働者が居住して，日常生活の用に供している家屋などで，当該労働者の就業のための根拠となる場所を指し，複数あってもよい。ただし，別荘などについては，特段の事情がないかぎり，「住居」とはされない。なお，単身赴任者が，家族の居住する家屋との間を反復・継続して往復する場合（1ヵ月に1回以上），家族の居住する家屋も「住居」と認められる。

「就業場所」とは，業務を開始または終了する場所を意味するが，物品などを得意先に届け，そこから直接帰宅する場合にも，当該得意先は「就業先」とされる。

また，通勤災害といえるためには，通勤が「合理的な経路・方法」でなされなければならない。したがって，出社を急ぎ，踏切の降りた状態で横断して電車にはねられた場合には，合理的な通勤方法とはいえない。通勤方法は，徒歩・自転車・自動車かを問わないし，道路が工事中なので迂回し

⒃　大阪南労基署長（オウム通勤災害）事件・最一小判平12・12・22労判798号5頁

た場合も，合理的な経路といえる。

　(b)　逸脱・中断　　労働者が，通勤途上で，通勤と無関係の目的で経路をそれたり（逸脱），通勤と無関係な行為をしている（中断）場合には，通勤災害とは認められない（労災7条3項本文）。もっとも，通勤途上でトイレに入ったり，ジュースを買ったりするような些細な行為は逸脱・中断とはされない。

　以上のように，通勤に逸脱あるいは中断があると，逸脱・中断中のみならず，その後も通勤として扱われない。ただし，①日用品の購入，②治療，③選挙権行使，④教育といった「日常生活上必要な行為であってやむを得ない事由により行うための最小限度のもの」のために逸脱・中断する場合には，逸脱・中断が終わり，通勤経路に復すれば通勤と認められる（労災7条3項但書，労災則8条）。

(4)　心理的負荷による精神障害

　近年，業務による心理的負担の負荷によるうつ病などを発病し，自殺に至るケースが増加している。

　まず，精神障害に関しては，①うつ病等気分（感情）障害，ＩＣＤ（国際疾病分類第10回修正）に定められている疾病（対象疾病）を発病していること，②発症前おおむね6ヵ月の間に，客観的に当該精神障害を発病させるおそれのある業務による強度の心理的負荷が認められること，③業務以外の心理的負荷および個体的要因により当該精神障害を発病したとは認められないとの3点の基準が定められている。

　これによれば，「業務による強度の心理的負荷」とは，「判断指針」[17]に定められる「職場における心理的負荷評価表」において，出来事自体の心理的負荷の評価，出来事に伴う変化等（仕事の量，質，責任の変化）についての評価を行い，それを総合評価した結果，その強度が「強」と判断されるような心理的負荷を意味する。

(5)　自殺と業務起因性

　労災保険は，故意による死傷病については，故意が介在することにより

---

[17]　「心理的負荷による精神障害等にかかる業務上外の判断指針」平11・9・14基発544号

業務との因果関係が中断されるため，保険給付はされない（労災12条の2の2）。

しかし，うつ病や重度ストレス障害などの場合には，その病態として，自殺念慮が現れる蓋然性が高いと医学的に認められるため，業務による心理的負荷によってこれらの精神障害が発病したと認められる者が自殺したときは，「精神障害によって，正常な認識，行為選択能力が著しく阻害されている状態に陥ったもの」と推定され，原則として，業務起因性が肯定される。

なお，入社後9ヵ月でインドに出張し，当地でのビジネス慣行や仕事上のトラブルから自殺した事案につき，本件海外勤務による業務に関連して，反応性うつ病を発症したものとして，業務上災害と認定された加古川労基署長（神戸製鋼所）事件がある[18]。

第3節　労災民事訴訟

1　労災保険と損害賠償

業務上災害により負傷し，疾病に罹患し，あるいは死亡した場合，当該労働者もしくはその遺族は，使用者に対する労基法上の災害補償責任を追及し，または国に対する労災保険法上の給付を請求できることは前述したとおりである。しかし，これらの給付は，迅速かつ定型的な救済を目的としているため，慰謝料を含んでおらず，また被扶養者の人数や年齢，あるいは個人の生活状況を配慮するものではない。さらに，労災保険は他の社会保険給付より高い給付とはいえ，それでも交通事故による損害賠償額に比べても，無過失責任という点を考慮しても高いものではない。

そこで，業務上災害について，使用者の過失が認定されるときには，労働者や遺族は，使用者に対する損害賠償を請求することになる。これが，労災民事訴訟と呼ばれるものである。わが国では，労災保険による給付と

---

[18]　神戸地判平8・4・26労判695号31頁

は別個に，労災民事訴訟が可能と解されている（労基84条2項，労災64条参照）。労災民事訴訟の法的根拠としては，不法行為（民709条）に基づくものと，安全配慮義務（債務不履行。同415条）に基づくものとがある。

2 労災民事訴訟の内容

(1) 不法行為責任

労働者またはその遺族は，労働災害に関して，使用者に過失があることを証明すれば，不法行為に基づく損害賠償を請求することができる。この他，労働災害が使用者の土地・工作物の設置や管理に瑕疵があることを証明できる場合には，やはり不法行為に基づく損害賠償を請求することができる。この場合，占有者は過失責任主義が採用されているが，所有者については無過失責任が採用されている（民717条）。

(2) 債務不履行責任（安全配慮義務違反）

被災労働者またはその遺族は，使用者の安全配慮義務違反を理由として，損害賠償を請求することができる。労働契約上の使用者の主たる義務は賃金支払義務（給付義務）であるが，さらに信義則上の義務として，労働者の業務遂行過程において，その生命・身体の安全が確保できるような措置をとるべき安全配慮義務を負っているものと解される（付随義務）。

最高裁も，国家公務員（自衛隊員）の事案につき，使用者としての国は，給与支払義務（国公26条）の他に，「公務員に対し，国が公務遂行のために設置すべき場所，施設もしくは器具等の設置管理又は公務員が国もしくは上司の指示のもとに遂行するにあたって，公務員の生命および健康等を危険から保護するように配慮すべき義務を負っているものと解すべきである」として，はじめて安全配慮義務の存在を肯定した。また，同判決は，「安全配慮義務は，ある法律関係に基づいて特別な社会的接触の関係に入った当事者間において，当該法律関係の付随義務として当事者の一方又は双方が相手方に対して信義則上負う義務として一般的に認められるもの」として，必ずしも契約関係にない当事者間においても生じる義務であるとした[19]。このように，当該事案が労働契約関係とは理解されない国と

---

[19] 陸上自衛隊八戸車両整備工場事件・最三小判昭50・2・25民集29巻2号

公務員とに関するものであつたこともあり，安全配慮義務の法的根拠を労働契約に限定することなく，「ある法律関係に基づいて特別な社会的接触の関係に入った当事者間」における信義則に求めたことは注目されよう。このため，その後の最高裁判決でも，「雇用契約ないしこれに準ずる法律関係の当事者である」元受企業も，その事業場で就労する下請企業の従業員に対して安全配慮義務を負うものとされている[20]。

また，民間企業の事案において，宿直中の反物販売会社の従業員が侵入した強盗に刺殺された事案[21]において，労働契約における付随義務としての安全配慮義務が肯定されている。

以上のように，事業内の施設・機械・器具などの欠陥，従業員に対する安全教育の不足，安全確認のための事前調整の不備などによって労働災害が発生した場合には，使用者に安全配慮義務違反が成立することとなろう。また，安全配慮義務は健康配慮義務を含むものと解されるところ，社会通念上許容される範囲をはるかに超える長時間労働によりうつ病に罹患して自殺した事案につき，当該従業員の健康状態の悪化を知りながら，労働時間の軽減や休暇付与などの措置をとらなかった点につき，使用者の安全配慮義務違反を認めた電通事件[22]がある。

(3) 不法行為的構成と債務不履行的構成との関係

わが国では，各々の要件を充足するかぎり，不法行為に基づく損害賠償と，債務不履行に基づく損害賠償のいずれも主張できるものとされている（請求権の競合）。では，労災民事訴訟が提起された場合，両者にはどのような差異があるのだろうか。

(a) 時効　不法行為に基づく損害賠償請求権の消滅時効は，被害の事

143頁

[20] 大石塗装・鹿島建設事件・最一小判昭55・12・18民集34巻7号888頁
[21] 川義事件・最一小判昭59・4・10民集38巻6号557頁
[22] 最二小判平12・3・24労判779号13頁。なお，最高裁判決は，被害者の性格が自殺に寄与していること，本人が精神科に行くなり，会社を休むなどの措置をとらなかったこと，両親も具体的な措置をとらなかったことにつき，3割の過失を認定した東京高裁判決（平9・9・26労判724号13頁）の判断を取り消している。

実および加害者を知ってから3年，不法行為の時点から20年である（民724条）。もっとも労働災害については，被害の事実や加害者を知らないということは通常あり得ないから，時効は3年となろう。これに対し，債務不履行に基づく損害賠償請求権の消滅時効は10年であり（同167条），この点で，安全配慮義務違反を援用するほうが有利である。

なお，最高裁は，消滅時効の起算点につき，長期間経過後に発症する点に特色を有するじん肺による職業病に関して，損害賠償請求権の行使が可能となった時点を時効の起算点としており[23]，時効の起算点のとりかたによっては，両者に差異はないことになろう。

(b) 慰謝料　不法行為については慰謝料請求が可能である（民711条）が，債務不履行については，慰謝料請求ができないものと解されている[24]。

(c) 過失相殺　被害者である労働者に過失が存在する場合，債務不履行に基づく損害賠償請求については，裁判所は必ず賠償額を減額しなければならない（民418条）のに対し，不法行為については，被害者救済の観点から，裁判所は損害賠償額を減額できるにとどまる。しかし，実際には，両者に差異はないものと取り扱われている。

(d) 立証責任　不法行為においては，被害者である労働者またはその遺族が，使用者の過失を証明しなければならない。これに対し，債務不履行においては，被害者は債務者に債務（安全配慮義務）が存することを証明すれば，使用者が不可抗力などの事情があったこと，あるいは債務を履行したにもかかわらず労災が発生したことを証明できないかぎり，債務不履行が成立するという考え方もあり得る。安全配慮義務の構成のメリットは，時効とならんで，この立証責任の範囲にあるとされてきた。

しかし，最高裁は，安全配慮義務に関して，「同義務違反の内容を特定し，かつ義務違反に該当する事由を主張・立証する責任」は，原告である労働者あるいはその遺族であると判断しており[25]，この見解によれば，安全配慮義務のメリットはないことになる。

---

[23] 日鉄鉱業事件・最三小判平6・2・22民集48巻2号441頁

[24] 前掲・大石塗装・鹿島建設事件・最高裁判決

[25] 航空自衛隊芦屋分遣隊事件・最二小判昭56・2・16民集35巻1号56頁

なお、最高裁は、安全配慮義務の具体的内容を、業務遂行に用いられる物的施設・設備および人的組織の管理を十分に行うべき義務と限定的に解している[26]ほか、履行補助者が交通法規のような法令に基づいて負う通常の注意義務は、使用者の安全配慮義務の内容には含まれないと判断している[27]。

3 損害賠償と労災補償との調整
(1) 労基法上の労災補償との調整

労基法は、使用者が労災保険法上の労災補償が給付されるべき場合には、労基法の補償責任を免れるとしている（84条1項）。被災労働者は両方の給付を受けることができないのであるから、この規定は当然であろう。また、労基法上の補償が使用者によりなされた場合には、政府はその限度において、労災保険法上の責任を免れることとなろう。

次に、損害賠償との関係では、使用者は、労基法上の補償を行った場合には、「同一の事由」について、その価額の限度において、民法による損害賠償の責任を免れるとされている（労基84条2項）。このように、補てんされる範囲は、あくまで「同一事由」に限定されるから、労基法上の補償に含まれない物的損害や慰謝料までも否定されるものではない。

次に、労働災害が使用者以外の第三者によりなされた場合、被災労働者は、当該第三者に対する損害賠償請求権を取得するとともに、使用者に対しても災害補償請求権を有することになる。このような事例につき、労基法は規定をおいていないが、保険給付が先行した場合には、政府がその給付額の限度で、労働者・遺族の有する損害賠償請求権を代位取得し、また第三者による損害賠償が先払いされたときは、その額の限度において、保険給付がなされないとする労災保険法の規定（12条の4第1項・2項）が類推適用されることとなろう。

(2) 労災保険法上の保険給付と損害賠償との調整

労災保険給付と損害賠償の双方を受給することはできない。まず、遺族

---

[26] 陸上自衛隊331会計隊事件・最二小判昭58・5・27民集37巻4号477頁
[27] 陸上自衛隊第7通信大隊事件・最三小昭58・12・6労経速1172号5頁

補償年金および障害補償年金を受給できる場合であって同一の事由について使用者から損害賠償を受けるときは，当該補償給付の前払一時金の額までを控除することができる（労災64条1項）。また，労働者が労災保険法による保険給付を受ける前に，使用者から先に損害賠償を支払われた場合には，政府は一定限度で保険給付をしないことができる（同64条2項）。

4 労災上積補償制度

現行の労災補償制度の内容が被災労働者やその遺族の生活を維持するのに必ずしも十分ではないという労使の認識を反映して，大企業の大半では，労働協約や就業規則において，労災上積補償制度が設けられている。この場合，被災労働者やその遺族は，これらの規定の効力（労組16条，労基法93条）を通じて，上積みの労災補償請求権を取得するものと解される。

しかし，この上積制度はあくまで労災保険法などの法定給付を前提とするものであるから，これは使用者の労災補償責任に影響するものではない。

第11章 労働契約の終了

第1節 労働契約の終了形式

　労働契約を終了させる法形式としては，使用者が労働契約を一方的に終了させる解雇，労働者が労働契約を終了させる退職，そして，使用者・労働者の合意により労働契約を終了させる合意解約がある。また，一定の定年年齢の到達を理由として，労働契約を終了させる定年制，期間の定めのある労働契約の終了である雇止めの効力などが問題となる。

　このほか，一定年齢に達したことを理由とする定年制についても，年功的な人事処遇が衰退するのにともない，それが年齢差別に該当しないかなどの主張が現れており，高齢社会における高齢者処遇のありかたともかかわって，新しい問題を投げかけている。

第2節 解　雇

1　解雇自由の原則

　解雇とは，使用者による一方的な労働契約の解約，すなわち解約告知を意味する。

　労働者に退職の自由があるのと同様に，民法では，使用者も労働者を自由に解雇することができ，雇用契約の当事者は期間を定めていない場合には，2週間前に解約を申し入れればよいことになっている（民627条1項）。ここでは，使用者・労働者が対等な法人格，平等な経済的地位に立っているという前提に立脚している。しかし，使用者と労働者は，法的には対等

であっても，経済的には対等ではない。このことは，使用者が自由に解雇権を行使できれば，労働者の生存は，その日から困難になることからも明らかである。そこで，労基法をはじめとする法令は，使用者の解雇権に制限を加えている。

2 解雇の制限

まず，法令に違反する解雇は無効とされるが，現在では，以下のような法規制が存在する。また，解雇そのものを禁止するものではないが，即時解雇を原則的に禁止する解雇予告制度が設けられている。

(1) 法令違反の解雇

(a) 不当労働行為に該当する解雇　不当労働行為とは，使用者による労働組合・労働者の団結を侵害する行為である（労組7条）。その1類型として，使用者が，労働者が労働組合に加入し，労働組合を結成し，あるいは正当な組合活動をしたことの故をもって，労働者を解雇その他の不利益な扱いをすることは，不当労働行為における不利益取扱いとして禁止される（同条1号）。不当労働行為の救済は，行政委員会である労働委員会による原状回復主義に基づく復職命令であるが，不当労働行為たる解雇は私法上も無効となる[1]。

また使用者は，労働者が労働委員会あるいは中央労働委員会に対し，使用者の不当労働行為の申立てもしくは再審査申立てをしたこと，労働委員会による調査・審問・調整において証拠を提示し，発言をしたことを理由として，当該労働者を解雇することも禁止される（同条4号）。

(b) 差別的解雇　憲法14条1項は，法の下の平等原則を定め，人種・信条・性別・社会的身分・門地を理由として，政治的・経済的・社会的関係において差別することを禁止している。これを受けて，雇用の場における均等待遇原則を達成するために，労基法3条は，労働者の国籍・信条および社会的身分を理由とする賃金その他の労働条件に関する差別を禁止している。この労働条件に解雇が含まれると解することができる[2]から，こ

---

[1] 医療法人新光会事件・最三小判昭43・4・9民集22巻4号845頁

[2] 労基法3条の「労働条件」には，賃金，労働時間のほか，解雇，災害

れらの理由に基づく解雇は，他に解雇を合理化する事由が存在しないかぎり，同条違反として無効となろう。

　国籍とは国民たる資格であるが，これには人種を含めることができよう。また，信条とは，特定の宗教または政治的信念を意味する[3]。社会的身分とは，生来的な地位に限定する見解[4]もあるが，生来のものか否かを問わず，自己の意思によって免れることができない地位・身分と解すべきであろう[5]。いずれにせよ，職歴やパートなどの地位は社会的身分に該当しないと解されている。

　(c) 禁止される解雇事由　　(i) 労基法による解雇禁止　　使用者は，労働者が業務上負傷し，または疾病にかかり，療養のために休業する期間およびその後30日間，ならび産前産後の女性が休業する期間（労基65条）およびその後30日間は解雇を禁止される（同19条1項本文）。これは，業務上の災害で休業中の労働者や妊産婦を解雇することは，再就職の困難さなどを考慮すれば，社会的に不当な結果をもたらすことを配慮した規定である。このため，労働者に他の解雇事由があっても，19条1項但書の事由に該当しないかぎり，解雇は許されないことになる[6]し，この解雇禁止規定は，普通解雇のみならず，懲戒解雇にも適用される[7]が，解雇禁止期間中に定年による退職時が到来した場合には，労働契約が定年の到達によって当然に終了することを理由として，解雇禁止規定の適用がないとされている[8]。また，業務上の傷病により療養していた労働者が，労働可能な状態に治癒したとして出勤して就労していた場合には，解雇禁止規定は適用とならない[9]。

　　補償，安全衛生，寄宿舎に関する条件も含まれる（昭23・6・16基収1365
　　号，昭63・3・14基発150号）。
(3)　昭22・9・13発基17号
(4)　昭22・9・13発基17号
(5)　丸子警報器事件・長野地上田支判平8・3・15労判690号32頁
(6)　小倉炭鉱事件・福岡地小倉支判昭31・9・13労民集7巻6号1048頁
(7)　三栄化工機事件・横浜地川崎支判昭51・7・19労判259号34頁
(8)　朝日製鋼所事件・大阪地岸和田支判昭36・9・11労民集12巻5号824頁
(9)　昭24・4・12基収1134号

本条に違反する解雇は無効となるが、解雇禁止規定が適用されない例外が2つある。

第1の例外が、天災事変その他やむを得ない事由により事業の継続が不可能となった場合である（労基19条1項但書後段）。天災事変などの事情により、使用者の営業継続が困難であるのに、労働者への賃金支払いを義務づけることは、使用者にとって酷であるからである。この除外規定は、業務上災害による休業と産前産後休暇の両方にかかるが、この場合、行政官庁（労働基準監督署長）の認定を受けなければならない（同条2項）。「事業の継続が不可能となった場合」とは、事業の全部または大部分の継続が不可能となった場合を意味し、「やむを得ない事由」とは、天災事変に準ずる程度に不可抗力に基づく突発的な事由であり、事業の経営者として、社会通念上の努力をしてもどうしようもない場合であることを要し、事業経営上の見通しを誤ったというような事業主の危険負担に属すべき事由は、本条の「やむを得ない事由」には該当しない[10]。

第2の例外は、業務上災害による休業に関する例外であるが、使用者が労災補償としての打切補償を支払った場合である（労基19条1項但書前段）。打切補償とは、療養開始後3年を経過しても、被災労働者が治癒しない場合に、使用者が1,200日分の平均賃金を支払うものである（労基81条）。なお、労災保険法による傷病補償年金が支払われると、打切補償を支払ったものとみなされる（労災19条）。

(ii) 男女雇用機会均等法による解雇禁止　　男女雇用機会均等法は、まず、事業主が労働者の性別を理由として、退職勧奨、定年、解雇ならびに労働契約更新につき差別することを禁止する（雇均6条4号）。これにより、たとえば整理解雇における指名解雇基準として、「女性であること」を掲げることは、本条に違反することになろう。

また事業主は、女性労働者が婚姻・妊娠または出産したことを退職理由として予定する定めをしてはならない（雇均9条1項）ほか、事業主は女性労働者が婚姻したことを理由として、解雇してはならない（同9条2項）。さらに、事業主は、女性労働者の妊娠、出産、産前産後休業を取得

---

[10] 昭63・3・14基発150号

したこと，その他の婚姻，出産に関する事由であって，厚生労働省令で定めるものを理由として，女性労働者に対し，解雇その他の不利益をしてはならない（同9条3項）。

ところで，労基法19条の解雇禁止規定は，産前産後期間プラス30日間の期間のみに関する解雇禁止規定であり，この期間を満了すれば，労働者を解雇しても，同条違反ではない。これに対して，均等法9条3項の規定は，婚姻・妊娠・出産あるいは産前産後休暇の取得を「理由として」解雇することを禁止するものであるから，労基法19条のような期間に限定されないことになる。

さらに，妊産婦（妊娠中および産後1年を経過しない女性）に対しなされた解雇については，事業主が当該解雇が妊娠，出産，産前産後休業取得を理由とするものでないことを証明しない限り，無効とされる（9条4項）。

(iii) 育児・介護休業法による解雇禁止　育児・介護休業法は，労働者が育児休業を申し出，または育児休業をしたことを理由とする解雇その他の不利益取扱いを禁止する（育介10条）が，この規定は，介護休業の請求・取得にも準用される（同16条）。

(iv) その他の法令　その他，監督官庁への申告を理由とする解雇の禁止（労基104条2項，労安97条2項，賃確14条2項）や，企業の不正行為の告発を理由とする解雇も禁止されていることは先に述べたとおりである（133頁）。

(v) 公序良俗違反　以上の制定法上の明文規定に抵触しないものであっても，公序良俗に反する解雇は，無効と判断される（民90条）。労基法3条が性別という文言を含んでいないため，男女雇用機会均等法が施行されるまで，男女間の賃金以外の労働条件差別に関して，この規定が果たした役割は大きい。

(2) 解雇予告制度

(a) 原則　使用者による即時解雇がなされれば，労働者はその日から生活の維持が困難となる可能性が大きい。このため労基法は，「使用者は，労働者を解雇しようとする場合においては，少くとも30日前にその予告をしなければならない。30日前に予告をしない使用者は，30日分以上の平均賃金を支払わなければならない」と規定し，解雇予告あるいは解雇予告手

当の支払いを使用者に義務づけている（労基20条1項本文）。なお，解雇予告の日数は，1日について平均賃金を支払った場合には，その日数を短縮することができる（同条2項）から，結局，使用者が労働者を解雇する場合には，解雇予告期間と解雇予告手当の支払期間とをあわせて，30日以上あればよいことになる。予告期間の計算については，民法の一般原則（民140条）により，解雇予告日は算入されない。この解雇には，労働者の労務不提供などによる普通解雇，企業秩序違反を理由とする懲戒解雇，企業業績が悪化した場合の整理解雇に適用される。解雇通知は，文書のほか，口頭でも可能である。

使用者の解雇予告期間につき，民法627条1項は2週間としているが，労基法20条は30日以上としている。この場合，民法が一般法，労基法が特別法であるから，労基法が優先して適用されることになる。また，解雇予告手当は解雇申渡しと同時に支払わなければならない[11]が，現実に労働者が受領可能な状態に置かれていればよく，解雇の申渡しと同時に解雇予告手当を提供し，労働者が受領を拒絶した場合には，使用者はこれを法務局に供託することができる[12]。

このように，解雇予告制度は，使用者の解雇権そのものを制限するものではなく，即時解雇による労働者の生活困窮を回避するために，解雇手続を定めるものである。このため，解雇予告期間の満了をもって，労働契約は終了することとなる。また，労基法19条の解雇禁止期間内であっても，使用者は，本条の解雇予告をなすことができる。例えば，業務上負傷による休業中の解雇予告の効力を肯定した裁判例[13]がある。なお，解雇予告期間中に業務上負傷した場合には，当該予告の効力は，その休業期間中停止される[14]。

このほか，形式的には雇用期間に定めがある場合であっても，実質的には期間の定めのない契約となっていると認められる場合には，やはり解雇予告が必要である[15]。

(11) 昭23・3・17基発464号
(12) 昭63・3・14基発150号
(13) 東洋特殊土木事件・水戸地龍ヶ崎支判昭55・1・18労民集31巻1号14頁
(14) 昭26・6・25基収2609号

(b) 予告義務違反の解雇の効力　労基法19条の解雇禁止規定に違反する解雇は無効とされるが，解雇予告を欠いた解雇は，当然に無効となるであろうか。

まず，労基法20条を取締規定と解し，私法上の効力を有するものではないことを理由として，解雇予告を欠いても解雇の効力に影響しないという解雇有効論がある[16]。しかし，有効論をとる立場は少数であり，予告を欠く解雇は無効と解するのが多数の立場である。もっとも，無効説においても，使用者による解雇の意思表示において予告を欠けば，解雇の効力発生要件を欠き，当該解雇は絶対に無効とする絶対的無効論[17]と，予告あるいは予告手当の支払いを欠く解雇は，即時解雇として効力を有しないが，使用者が即時解雇に固執する趣旨でないかぎり，予告期間の経過または解雇予告手当の支払いがあれば，そのいずれかの時から解雇の効力が発生するとする相対的無効論[18]とが対立している。しかし，この相対的無効論については，使用者が即時解雇に固執するという主観的要件が不明であること，なによりも無効行為の転換が使用者の一方的意思にかかっているとの批判がなされている。

このため，解雇された労働者は，解雇無効を主張してもよいし，あるいは解雇を有効と認めたうえで，予告手当の支払いを請求することもできるという選択権説が近年では有力である。この説によれば，労働者が相当の期間内に解雇無効の主張をしないかぎり，解雇予告手当の支払請求に特定されることになる。

なお，使用者が解雇予告手当を支払わなかった場合，労働者は，解雇予告手当に該当する金額とともに，同一額の付加金の支払いを裁判所に請求することができる（労基114条）。

(c) 解雇予告制度の例外　労基法20条の解雇予告制度には，2つの例外がある。これには，所定の除外事由に該当するもの（20条1項但書）と，短期的・定期的契約の性格から除外されるもの（21条本文）とがある。

[15] 昭24・9・21基収2751号
[16] 北国銀行事件・金沢地判昭25・3・6労民集1巻1号65頁
[17] 日本曹達事件・東京高判昭26・5・18労民集2巻3号381頁
[18] 細谷服装事件・最二小判昭35・3・11民集14巻3号403頁

まず,「天災事変その他やむを得ない事由のために事業の継続が不可能となつた場合」には,解雇予告は不要である(20条1項但書前段)。この要件は,労基法19条の解雇禁止規定が除外される要件と同一である。

次の例外が,「労働者の責に帰すべき事由」(20条1項但書後段)により解雇される場合である。具体的には,故意・過失またはこれと同視すべき事由であって,勤務年限・勤務状況,労働者の地位職責などを考慮のうえ,解雇予告の保護を与える必要のない程度に重大または悪質なものであり,このため使用者に30日前に解雇の予告をさせることが,当該事由と比較して均衡を失するようなものであるか否かによって決定されることとなろう[19]。したがって,懲戒解雇であっても,当然に解雇予告が不要とされるわけではなく,解雇予告または解雇予告手当の支払いを受けずに即時解雇されてもやむを得ない程度に重大な義務違反ないし背信行為があった場合でなければ,予告の除外事由とはならない[20]。なお,この除外にあたっては,行政官庁の認定が必要である(20条3項による19条2項の準用)が,解雇予告の除外認定にあたっては,解雇予告除外認定申請書だけについて審査することなく,かならず使用者・労働組合・労働者その他の関係者につき,申請事由を実地に調査すべきとされる[21]。解雇除外認定が慎重になされるために,これは不可欠な手続であろう。

次に,契約期間の短期的・定期的性格から,労基法は,以下の者については解雇予告を不要とする(21条)。

① 日日雇い入れられる者
② 2ヵ月以内の期間を定めて使用される者
③ 季節的業務に4ヵ月以内の期間を定めて使用される者
④ 試用期間中の者

しかし,①については,日々雇い入れられる者が1ヵ月を超えて使用されるに至った場合,②および③については,当該期間を超えて引き続き使用されるに至った場合,④については,14日を超えて引き続き使用される

---

[19] 昭23・11・11基発1637号,昭31・3・1基発111号
[20] 日本経済新聞社事件・東京地判昭45・6・23労判105号39頁
[21] 昭63・3・14基発150号

に至った場合には，解雇予告が必要とされる（21条但書）。解雇予告除外の理由である短期的ないし定期的性格が否定されるからである。

本来，解雇とは，期間の定めのない契約において問題となるものであり，本条のように一定の期間を定めた労働契約に関しては，解雇が問題とされる余地はないはずである。しかし，本条は，期間の定めのある契約につき，所定の期間を超えて引き続き労働者が使用されている場合には，解雇の予告を義務付けている。これは，どのように考えればよいのであろうか。

第1の考え方は，一定の期間を定めた労働契約であっても，それが所定の期間を超えて労働者が使用される実態があれば，当該契約は期間の定めのない労働契約に転化したものとして，その労働契約を使用者が終了させる場合には，解雇に該当するものとして，労基法が予告を要求したとみることである。しかし，期間の定めのある労働契約が期間を超えても当然に期間の定めのない契約に転化したとみることは，困難であろう。

第2の考え方は，解雇に該当しない場合にも，解雇予告を求めていることから，民法上の解雇（解約告知）よりも，労基法の解雇概念は広く把握されているとみることである。

さらに，期間の定めのある労働契約を締結するパートタイマーの使用者による契約更新拒否（雇止め）などについても，それが，反復更新されて実質的に期間の定めのないものとみられる場合には，解雇予告が必要となる[22]。

(3) 労働協約・就業規則による制限

以上みてきたように，制定法の定める解雇禁止事由に該当する解雇は無効とされるが，それ以外にも，使用者の解雇権への自主的制限と見られる場合にも，その解雇権は制限される。これが，労働協約や就業規則のような労使間の自主的とりきめに違反する場合である。

(a) 労働協約による制限　　使用者と労働組合とが締結する労働協約中に，「組合員を解雇する場合には，組合の同意を必要とする」とか，「組合

---

[22] 「有期労働契約の締結，更新及び雇止めに関する基準」（平15・10・22厚労告357号）2条は，1年を超えて有期労働契約を更新しない場合には，少なくとも30日前までに予告をしなければならないと定めている。

員を解雇する場合には，組合と協議する」という条項が置かれることがある。前者が解雇同意条項，後者が解雇協議条項と呼ばれるものである。

これらの条項は，労働者の待遇に関する基準，すなわち規範的部分に該当するとして，同意もしくは協議を欠く解雇は無効であるとする見解や，これらの条項は労働協約の制度的部分を形成するとして，同様の効力を認める見解，あるいはこれらの条項に違反する解雇は，後述する解雇権の濫用にあたり無効とする見解などがあるが，一般に解雇同意・協議条項に違反する解雇は無効と解されている。

(b) 就業規則による制限　労基法は，就業規則の必要的記載事項として，「退職」に関する事項を使用者が記載することを要求している（89条1項3号）。この「退職」には，文字どおりの退職のほか，解雇あるいは定年制に関する記載も含まれる。したがって，使用者は，就業規則において，労働者を解雇する事由や，解雇手続に関する記載をしなければならない。

では，使用者が就業規則に記載していない事由で労働者を解雇した場合，その効力は否定されることになるであろうか。すなわち，就業規則記載の解雇事由は限定列挙と解されるのか，それとも例示列挙と解されるのであろうか。この点に関し，前者の立場に依拠して，使用者が就業規則に解雇事由を列挙した場合には，特別の事情がない限り限定的列挙と解すべきであり，使用者は所定事由以外の解雇をすることは許されないとするもの[23]がある。これに対し，1ヵ条に抽象的な解雇事由が定められているにすぎない場合には，例示列挙と解すべきとするもの[24]があるが，原則的には，限定列挙と考えるべきである。もっとも，多くの就業規則が「その他やむを得ない事由に該当する」場合といった包括的事由を解雇事由として定めており，それを限定的に解釈したとしても，例示列挙と大差ない結果となろう。

また，就業規則において懲戒手続が定められている場合，その手続が履

---

[23] ローヤルカラー事件・東京地判昭49・3・28労経速846号18頁，寿建築研究所事件・東京高判昭53・6・20労判309号50頁

[24] 大阪フィルハーモニー交響楽団事件・大阪地判平1・6・29労判544号44頁

践されていなければ，手続違反として無効となる[25]。

(4) 解雇権濫用の法理（労基18条の2）

判例法として確立された現在では労基法18条の2に明文化されているものとして，解雇権濫用法理という考え方がある。これは，使用者の解雇権ないし解雇の自由を原則的に肯定しながら，それが権利濫用（民1条3項）に該当すると評価される場合には，その効力を否定するものである。

最高裁は，使用者の解雇権行使も，それが客観的に合理的な理由を欠き，社会通念上相当として是認することができない場合には，権利濫用として無効となるとの判断を示している[26]。解雇権濫用の基準としては，労働者の非違行為の性質・頻度，会社の受けた被害の程度，行為後の労働者の反省の有無，会社の防止措置の有無，過去の処分慣行などがあげられている[27]。これに対し，労働契約の継続的性格から，使用者が解雇をするには正当な事由を必要とすると説く正当事由説も存在する。

以上の状況を受けて，2004年の改正において，労基法18条の2は，「解雇は，客観的に合理的な理由を欠き，社会通念上相当であると認められない場合は，その権利を濫用したものとして，無効とする」との規定が明文化された。これにより，使用者が労働者を解雇する場合には，それが客観的に合理的な理由を有すること，および社会通念上相当であることという要件を充足しなければならない。なお同条につき，衆参両議院の厚生労働委員会における付帯決議において，「解雇権濫用の評価の前提となる事実のうち圧倒的に多くのものについて使用者側に主張立証責任を負わせている現在の裁判上の実務を変更するものではない」ことが確認されている。

(5) 解雇の種類とその制限

解雇には，(a)普通解雇，(b)懲戒解雇，そして(c)整理解雇の3種類がある。

(a) 普通解雇　普通解雇とは，労働者の労働能力の欠如を理由とする解雇であり，一般に解雇という場合には，普通解雇を意味する。普通解雇は，労働能力の欠如を理由として，これ以上雇用できないという意味であ

---

[25] 日鉄鉱業事件・福岡地判昭28・8・5労民集5巻6号671頁
[26] 日本食塩製造事件・最二小判昭50・4・25民集29巻4号456頁
[27] 高知放送事件・最二小判昭52・1・31労判268号17頁

るから，労働契約の解約告知であり，退職金も支給される。

　(b) 懲戒解雇　　懲戒解雇とは，譴責・減給・降職・出勤停止などとともに，労働者の企業秩序違反行為に課される制裁としての制裁罰であり[28]，この点で普通解雇とは異なる。また，懲戒解雇では，退職金の没収ないし減額をともなうことが多く，いわば企業における極刑としての意味を有している。この点は，使用者の懲戒権の問題として論じられるが，労働者の過去の貢献を一挙に奪ってもやむを得ない重大な企業秩序違反に限って，懲戒解雇が認められるべきである。

　なお，懲戒解雇であれば，当然に労基法20条の解雇予告が不要とされるわけではない。懲戒解雇と即時解雇では，その根拠および法律効果が異なり，使用者が同条の解雇予告を免れるためには，あくまで労基署長の除外認定が必要である。

　次に，懲戒解雇を普通解雇に転換することが認められるであろうか。もちろん，懲戒解雇に該当する事由が存しない場合，これを普通解雇に転換することは，労働者の地位を不安定にし，また就業規則に懲戒事由を定める意味がないことから許容されない[29]が，労働者に懲戒解雇事由に該当する行為があった場合には，普通解雇に転換することは労働者に不利益をもたらさないから許されるものと解されている[30]。

　(c) 整理解雇　　普通解雇も懲戒解雇も，労働者の責に帰すべき事由による解雇であるが，整理解雇は，不況あるいは経営上の失敗による企業業績の悪化という，主に使用者側の事情によりなされる解雇である。このため，整理解雇の効力を認めるためには，より厳格な要件を要求するのが一般的である。

　判例も，整理解雇が有効とされるためには，①企業が厳しい経営危機に陥っていて，人員整理の必要性が存すること（必要性の要件），②解雇を回避するために相当な措置が講じられていること（解雇回避措置履践の要件），③被解雇者の選定基準が客観的かつ合理的なものであること（解雇基準の

---

　[28]　十和田観光電鉄事件・最二小判昭38・6・21民集17巻5号754頁
　[29]　三菱重工相模原製作所事件・東京地決昭62・7・31労判501号6頁
　[30]　高知放送事件・高松高判昭44・9・4労判90号35頁

合理性要件)，および④解雇に至る経過において，労働者または労働組合と十分な協議を尽くすこと（協議要件）という4要件を課している[31]。

まず，①の要件としては，経営上の必要性とは，整理解雇を実施しなければ企業倒産が避けられない程度に差し迫った状況にあることを必要とする[32]か，それとも客観的に高度の経営上の必要性が肯定されれば，整理解雇が可能であるか[33]については論議のあるところである。後者では，倒産必至の状態まで整理解雇ができなければ，企業の経営再建に悪影響を与えること，また，裁判所は企業の財政・経理内容を詳細に検討することが要求されるが，これは司法判断としては不適切なものであることなどが主張されている。

②に関しては，整理解雇の必要性が肯定される場合であっても，解雇は最後の手段であるとの考え方が採用されている。このため，まず希望退職募集，レイ・オフ，配転あるいは出向の措置，新規採用停止などの措置をとることが求められるが，使用者は以上の措置のすべての履行を求められるわけではなく，企業の状況において選択されることになる。希望退職募集などの措置をとらずに解雇した場合には，整理解雇は無効とされるべきであろう[34]。しかし，企業との結びつきの弱い臨時工については，希望退職の措置をとらずに整理解雇しても有効とするもの[35]があるが，職務の性質を問わず，身分のみの基準で差異を設けることには疑問の余地があろう。

③の要件に関しては，公平な解雇基準を設定・運用することが要求され，組合役員や活動家を狙い打ちにするような解雇基準は，不当労働行為として，整理解雇じたいが無効となる。また，女性を優先的に解雇するという基準も無効である。ただ，裁判例において，有夫の女子・35歳以上の女子という指名解雇基準が，一家の大黒柱である男性を解雇するよりも，生活に支障が少ないことを理由として合理性があるとする裁判例[36]がある。し

---

[31] 大阪造船事件・大阪地決平1・6・29労判545号15頁

[32] 大村野上事件・長崎地大村支判昭50・12・24労判242号14頁

[33] 東洋酸素事件・東京高判昭54・10・29労判330号71頁

[34] あさひ保育園事件・最一小判昭58・10・27労判427号63頁

[35] 日立メディコ事件・最一小判昭61・12・4判時1221号134頁

[36] 古河鉱業事件・最一小判昭52・12・15労経速968号9頁

かし，夫のいる女性でも，家庭事情により生活は困窮することもあるのであるから，生活に困難をきたすか否かは，個別的・実質的な判断により決定されるべきであり，有夫の女子を優先的に解雇するという基準は合理性を欠くものである[37]。

④の基準は，整理解雇が労働者の責任に基づくものでない以上，使用者は，労働組合に対して，労働組合が存しない場合には従業員代表に対して，整理解雇に至った経緯・状況，時期・方法などについて，誠実に説明する信義則上の義務を負うとするものである。この要件を欠く整理解雇はやはり無効とされる。

(6) 期間の定めのある労働契約の雇止め

前述したように，解雇とは，労働契約を使用者が一方的に終了させる意思表示である（民627条1項）。したがって期間の定めのある労働契約は，所定の期間満了をもって当然に終了するものであり，解雇と評価されることはあり得ない。もっとも，期間の定めのある労働契約においても，「やむを得ない」場合には，一方当事者は解約できる（同628条本文）が，雇用期間満了後，労働者が引き続き労務に服しており，使用者が異議を述べないときは，労働契約は以前の雇用と同一の条件でさらに雇用されたものと推定される（黙示の更新。同629条1項前段）。この場合，労働契約の当事者は，期間の定めのない労働契約の解約に関する民法627条1項の規定により解約をなすことが要求される（同項後段）。

ところで，労基法は，労働契約に期間を定める場合には，原則として，3年を超えることができないと定めている（14条）。しかし，この規定によって，より短期間の有期雇用契約が否定されるわけではないことから，臨時工やパートタイマーの短期の労働契約が反復更新を繰り返し，突然，使用者から契約を更新しないという雇止めの意思表示がなされることがある。このことは，解雇権濫用の脱法として行われる可能性があることを意味している。欧米諸国では，期間の定めのある労働契約を締結するには，

---

[37] 既婚女子および25歳以上の女子という整理解雇基準が，憲法14条1項および労基法3条・4条の精神に反して無効とする米沢製作所事件・山形地米沢支判昭51・9・24労判264号57頁がある。

相当の理由が必要とされることが多い。わが国でも，業務の臨時性，労働者側の必要性などの場合にのみ合理性を肯定する見解もあるが，労基法14条は，これより短い期間の定めのある契約の締結を禁じるものではないと解されている。

このため，学説には，合理的理由が存しないかぎり，①期間の定めのない契約に転化するとする説，②期間の定めのある契約が反復更新されることにより，期間の定めのない契約に転化するとする説，③期間の定めにつき使用者の脱法の意図が認定できる場合には，期間の定めじたいが無効となり，期間の定めのない契約に転化するとする主観的脱法行為説，④使用者にそのような意図が存在しなくとも，客観的な事情から脱法の意図が推認できる場合には，同様の効果が生じるとする客観的脱法行為説などがある。これに対し，裁判例は，2ヵ月から6ヵ月の短期契約が数回から20数回にわたり，反復更新されてきた事案につき，労使のいずれから格別の意思表示がなければ，当然更新されるべき契約が締結されたもので，あたかも期間の定めのない契約と実質的に異ならない状態で存在していたとして，解雇権濫用の法理を類推適用した東芝柳町工場事件(38)がある。しかし，この事件では，使用者のほうから，なるべく長期に勤続して欲しい，成績が良ければ，本工に採用すると言われており，また，従来，使用者が雇止めをしたことがなかったという事実認定がなされており，このことが期間の定めに関する意思解釈として大きな意味を有していたのである。このため，以降の多くの判例では，このような事情が存しない場合には，期間の定めのある契約が反復更新されても，期間の定めのない契約と実質的に異ならない状態で存続したとはいえないとされてきたのである。

その後，最高裁判例は，5回の更新後の雇止めの効力が争われた前掲日立メディコ事件において，臨時工は臨時作業のために雇用されたものではなく，その雇用関係はある程度の継続が期待されていたものであるとして，解雇法理が類推適用されるという判断を示した。これにより，判例の動向は，労働者の業務の種類・内容，勤務形態，採用に際しての契約期間に関する使用者の説明，契約更新時の新契約締結の形式的手続の有無，契約更

---

(38) 最一小判昭49・7・22民集28巻5号927頁

新の回数，同様の地位にある労働者の継続雇用の有無などを基準として，「労働者が期間満了後の雇用の継続を期待することに合理性が認められる場合」には，解雇法理が類推適用される[39]として，雇用実態から，雇用継続の期待性を判断するという基準にかわりつつある。

第3節　定　年　制

1　定年制の意義

定年制とは，労働者が一定の年齢到達を理由として，労働契約を終了させる制度である。1981年には，国家公務員・地方公務員の一般職についても，60歳定年制が法定されている（国公81条の2第2項，地公28条の2）。

定年制には，定年年齢到達により自動的に労働契約が終了する定年退職制と，定年年齢の到達によりあらためて解雇の意思表示をする定年解雇制に二分されることが多い。しかし，一定の年齢到達を当然の退職事由とすることには疑問があり，定年制は解雇事由のひとつと解されるべきである。

次に，労働者が業務上の傷病により休業する期間プラス30日間は解雇を禁止される（労基19条）が，この解雇禁止期間中に労働者が定年年齢に到達した場合，同条は適用されるであろうか。判例は，労災療養期間中に定年に達したケースにおいて，定年退職が年齢到達により自動的に適用されているケースにおいては，解雇禁止規定は適用されないとしている[40]。しかし，定年解雇制が採用されている場合には，解雇予告（同20条）の適用を除外することはできないであろう。

2　定年制の合理性

従来，定年制は，一般的に合理的なものとされてきた。最高裁も，秋北バス事件[41]において，定年制は，企業合理化・人事の刷新・高年齢化によ

---

[39]　進学ゼミナール予備校事件・大阪高判平成2・11・15労判590号10頁
[40]　朝日製鋼所事件・大阪地岸和田支判昭36・9・11労民集12巻5号824頁

る労働能力の低下と賃金の高騰化の防止などから合理的としている（もっとも，同事件は，役職者には無かった55歳定年制を，就業規則の一方的不利益変更によりあらたに導入することが「合理的」かが争われたものである）。しかし，定年制に限らず，労働法上のある制度が使用者にとって必要である，あるいは労働者側に有利であることを理由として合理性が肯定されるわけではない。ある制度が合理的といえるためには，使用者・労働者の双方にとって合理性が肯定できるもの，換言すれば，使用者の業務上の必要性と，労働者が被る利益ないし不利益の調整関係の視点からみて合理的なものでなければならない。秋北バス事件・最高裁判決が列挙する事由はすべて企業側の必要性に基づくもので，労働者の利益がまったく考慮されておらず，一方の者にとって合理的であれば，制度の合理性が肯定されるとする点で支持できない。

　定年制により労働者が受ける利益は，1つには後進に道を譲るという点と，定年に伴って退職金が支給されるという点に求められよう。しかし，前者の点は絶対的な基準ではないことから，後者が実質的な理由となろう。もっとも，現在の退職金額が定年後の生活をおくるのに十分なものでないことは，周知の事実である。したがって，定年制が当然に合理性があるということはできない。また，定年制は終身雇用の下で身分保障機能を有するとの見解があるが，終身雇用が定年までの雇用を法的な意味で完全に保障するものではない以上，定年制の合理性根拠として簡単に肯定することはできないであろう。

　ところで，定年制を法的に考察するにあたっては，それがアメリカの年齢差別禁止法のように，年齢差別を構成するかがまず問題となろう。アメリカでは，上層の企業管理者などの一定の者を除き，強制的な定年退職制は禁止されている（1967年年齢差別禁止法）。ここでは，高齢者は病気がちとか，体力が劣るという一般的通念で差別してはならないという考え方が採用されているのである（ＩＬＯ162号条約および166号勧告も，定年制を年齢差別と把握している）。

　この点に関し，55歳定年制が公序良俗違反となるかが争点となったアー

---

(41)　最大判昭43・12・25民集22巻13号3459頁

ル・エフ・ラジオ日本事件[42]では，人事の刷新，経営の改善，企業の組織および運営の適正化という企業側のメリット，定年制が終身雇用の下で雇用保障機能を果たしているとの労働者側のメリットが存することから，公序良俗違反の成立が否定されている。しかし，同判決は，雇用関係における年齢差別が憲法14条1項の法の下の平等に違反する可能性があること，60歳定年制が普遍化した段階にあっては，「60歳定年制は事業主の負う基本的な社会的責務であり」，「産業社会においてこれが普及して普遍化した段階にあっては，特段の事情のない」限り，「これを達成しないことは社会通念上違法・無効である」としており，注目される。さらに，労基法3条が列挙する差別禁止事由を例示列挙と解し，同条が合理性を欠く年齢差別を禁止するとの見解[43]も登場している。

3　高年齢者雇用安定法と高年齢者雇用確保措置

　少子高齢化の進展や，厚生年金の65歳支給への引き上げなどの状況をうけ，高年齢者が社会の担い手として活躍できるための労働市場の整備が不可欠との観点から，2004年の高年齢者雇用安定法の改正により，事業主に対し，高年齢者雇用確保措置が義務付けられることとなった。

　すなわち，定年年齢を定める場合には，その年齢は60歳を下回ってはならない（同法8条）という原則[44]を維持しつつ，あらたに，65歳未満の定年制を定めている事業主は，①定年制の廃止（同法9条1項3号），②65歳までの定年年齢の引き上げ（同条1項1号・付則4条），③65歳までの継続雇用制度（同条1項2号）のいずれかの措置を採用することが義務付けられることとなった。

　65歳定年制は直ちに実施される必要がなく，厚生年金の定額部分の支給開始年齢の引き上げに合わせて，2013年4月1日までに，以下のスケジュールにより，段階的に引き上げることとなる（付則4条）。

---

[42]　東京地判平6・9・29判時1509号3頁

[43]　日本貨物鉄道事件・名古屋地判平11・12・27労判780号45頁

[44]　58歳を定年年齢と定める就業規則は無効であり，無定年となるとされたものとして，牛根漁業協同組合事件・鹿児島地判平16・10・21労判814号30頁がある。

2006年4月1日〜2007年3月31日　　62歳まで
　　2007年4月1日〜2010年3月31日　　63歳まで
　　2010年4月1日〜2013年3月31日　　64歳まで
　　2013年4月1日〜　　　　　　　　　65歳まで

　定年制の廃止または年齢引上げのいずれの措置も採用しない事業主は，これと同様のスケジュールで，65歳までの継続雇用制度を導入しなければならない。この制度は，希望者全員を継続雇用することになるが，それが不可能である場合には，過半数組合，なければ過半数従業員代表との書面協定において，継続制度の対象者選定の基準を設定するものである（同条2項）。しかし，労使の合意に向けて努力したにもかかわらず，協議が整わなかった場合には，使用者が就業規則などで基準を設定する例外が認められている。ただし，この例外は，常時使用される労働者が300人を超える事業では，2006年4月から3年間，それ以外の事業では5年間に限定される。

　継続雇用対象者の選定基準の具体的内容については，各企業の実情に即したものとして，労使が自由に設定できるのは当然である。しかし，高年齢者がその意欲と能力に応じて働き続けることを可能とするという立法趣旨から，①労働者自ら，基準に適合するか否かを一定程度予測することができ，到達していない労働者に対して，能力開発等を促すことができるような具体的なものであること（具体性），②必要とされる能力等が客観的に示されており，基準に該当するか否かを労働者が客観的に予測可能で，該当の有無について紛争を招くことのないよう配慮されたものであること（客観性）が要求されている。

第4節　退　職

1　退職の法律問題

　退職とは，労働者による労働契約の終了事由である。退職も意思表示であるから，心裡留保・虚偽表示・錯誤・詐欺あるいは強迫の規定（民93〜

96条）が適用となる。これらが問題となるのは，退職願の撤回や退職勧奨の場合である。

　退職勧奨とは，労働者の退職の意思表示をうながす使用者の勧奨行為であり，事実行為に属するものである（公務員の事件であるが，下関商業高校事件[45]は，退職勧奨を，任命権者が人事権にもとづき，雇用関係にある者に対し，自発的な退職意思の形成を慫慂するためになす説得などの行為であって，単なる事実行為であるとする）。

　退職勧奨は，公務員に定年制が存在しなかった時代に，定年制にかわるものとして機能してきたものであるが，定年制とは別個に，定年前の退職を促すものとして，現在でも利用されている。しかし，退職勧奨に応じるか否かは，あくまで労働者の自由意思に委ねられるものであるから，用いられる手段・方法が社会通念上相当と認められる範囲を逸脱すれば，不法行為を構成する[46]。しかし，退職勧奨の手段・方法がたとえ相当であっても，男女差別の意図の下におこなわれる退職勧奨自体，不法行為性を有することとなろう[47]。

　また，退職勧奨行為に付随して，錯誤・詐欺あるいは強迫などの事由が存する場合には，労働者は，退職の意思表示の無効または取消しを主張することができよう。さらに，勧奨については，退職金上乗せなど優遇措置が不可欠であろうし，労働者が勧奨に応じるつもりがまったくないことを明確に示しているにもかかわらず，退職勧奨を執拗に繰り返すことも違法性が強いものであろう。

2　合意解約

　退職が労働者の一方的意思表示による労働契約の解約であるのに対し，使用者・労働者の合意にもとづく労働契約の解消が合意解約である。これには，使用者の側から退職するよう求め，労働者がこれに同意する場合と，反対に，労働者が退職の申出をなし，これを使用者が承諾するケースとが

---

[45]　最一小判昭55・7・10労判345号20頁
[46]　前掲下関商業高校事件判決
[47]　鳥取県教育委員会事件・鳥取地判昭61・12・4労判486号53頁

ある。前者は，退職勧奨と重複するものである。

　合意解約の当事者は，労働者と使用者であるのは当然であるが，人事部長に退職願の受領権限があるとされている[48]。

　労働者が退職の意思表示をしたのち，使用者による承諾がなされる前に，労働者の退職の意思表示の撤回ができるか否かについては，「雇用契約の合意解約の申入れは，使用者が承諾の意思表示をし，雇用契約終了の効果が発生するまでは，使用者に不測の損害を与える等信義に反すると認められるような特段の事情が存しない限り，被用者は自由にこれを撤回することができる」[49]とされている。

3　退職申入れの時期

　民法は，期間の定めのない雇用の解約申入れの時期について，報酬が期間をもって定められていないときは，解約申入れの後，2週間をもって終了すると規定している（627条）。これに対し，月給のように，報酬が期間をもって定められている場合には，解約の申入れは次期以降に対してなすことができるが，その申入れは当期の前半になされなければならない（同条2項）。例えば，解約申入れが1日から15日までになされれば，月末で雇用契約が終了し，16日から月末までになされれば，次の月末に終了することになる。

　ところで，労働者は，退職の1ヵ月前までに予告をすべしとの就業規則等規定の効力はどのように考えられるであろうか。使用者の解雇予告を少なくとも30日前にと定める労基法20条は強行規定であるから，例えば解雇予告は2週間とする規定は，労基法13条により無効となり，解雇予告期間が30日となることは明らかである。これに対し，民法627条は任意規定と解される場合には，退職の予告を1ヵ月前とすることは許容されるとも考えられるが，民法627条の予告期間は使用者の都合のために延長できないものと解することができよう[50]。

---

　[48]　大隅鉄工所事件・最三小判昭62・9・18労判504号6頁
　[49]　大隅鉄工所事件・名古屋高判昭56・11・30判タ459号113頁
　[50]　高野メリヤス事件・東京地判昭51・10・25労判264号35頁

4　退職時の証明

退職した労働者は新しい職を探すのが通例であるから，労働者が，使用期間，業務の種類，地位，賃金もしくは退職または解雇の事由に関する証明書を退職時に請求した場合には，使用者は，これを遅滞なく交付しなければならない（労基22条1項）。しかし，使用者は，退職証明書に労働者の請求しない事項を記入してはならず，また，あらかじめ第三者と謀り，労働者の就業を妨げることを目的として，労働者の国籍，信条，社会的身分もしくは労働組合活動に関する通信をしたり，退職証明書に秘密の記号を記入することは禁止される（同条3項・4項）。

第5節　雇用終了と雇用保険

1　雇用保険制度の概観

現代社会において，失業は必然的現象である。失業の原因を労働者のみに求めることができない以上，失業の防止と，失業者への生活保障は，国家の基本的役割である（憲27条）。

失業者に対する失業保険制度は，1947年の失業保険法によって実現した。ここでは，保険加入期間が6ヵ月以上あることを要件として，1年間一律180日分の失業保険金が給付されていた。1974年には雇用保険法に改正され，年齢に応じた給付日数方式を採用するとともに，雇用安定事業・能力開発事業・雇用福祉事業の雇用3事業を導入した（なお，2007年4月23日をもって，雇用福祉事業は廃止された）。

雇用保険の保険者は政府である（雇保2条1項）が，政令に定めるところよりその事務の一部を都道府県知事に行わせることができる（同条2項）。

雇用保険法は，事業の種類・規模を問わず，労働者を使用するすべての事業所に適用される（5条1項）。ただし，当分の間，5人未満の労働者を使用する個人事業の農林水産牧畜業は，任意適用事業となっている（付則2条1項，雇保令付則2条）。

被保険者には，①一般被保険者，②高年齢継続被保険者，③日雇労働被保険者，④短期雇用特例被保険者の4種類がある。なお，週所定労働時間20時間以上30時間未満の短時間労働被保険者の被保険者区分は廃止され，一般被保険者と一本化される（2007年10月1日から）。

2 失業等給付

雇用保険の中心事業が失業者への生活保障である失業給付であるのは，当然である。現在の制度は，①求職者給付，②就職促進給付，③教育訓練給付，④雇用継続給付の4種に分類される。①および②は失業者に対する給付であるが，③は1994年に導入されたもので，就労中の高齢者や育児休業取得者のように休職状態にある者に対する給付として注目される。このように，失業者に対する給付以外への給付を含むため，失業等給付と命名されている。

(1) 求職者給付

求職者給付は，かつて失業給付と呼ばれたもので，失業者の生活の安定をはかるとともに，求職活動を容易にするものである。これには，①被保険者であった期間・年齢などにより90〜360日分が支給される「一般求職者給付」，②65歳以上の失業者に対し，被保険者であった期間により一時金として30〜50日分が支給される「高年齢者求職者給付」，③季節労働者一時金として50日分が支給される「短期雇用特例求職者給付」，④失業の都度，1日単位で支給される「日雇労働求職者給付」がある。なお，①には，基本手当，技能習得手当，寄宿手当，傷病手当および高年齢休職者給付金がある。

なお，失業者に対する基本的な給付である基本手当につき，2001年の雇用保険法改正により，通常の離職者とは別に，「倒産・解雇により離職した者」という類型が新設され，より長期の給付期間が保障されることとなった。これは，倒産や，いわゆるリストラなどにより離職した者（特定離職者）であるが，いじめやセクシュアル・ハラスメントなどにより離職した者も含まれる（同法23条）。基本手当の受給資格要件は，離職の日以前の2年間に被保険者期間が通算して12ヵ月以上あることであるが，特定離職者については，離職の日以前の1年間に被保険者期間が6ヵ月以上

基本手当の所定給付日数

年齢等	被保険者期間	6月以上1年未満	1年以上5年未満	5年以上10年未満	10年以上20年未満	20年以上
一般の離職者			90日		120日	150日
特定資格受給	30歳未満	90日	90日	120日	180日	—
	30歳以上35歳未満		90日	180日	210日	240日
	35歳以上45歳未満		90日	180日	240日	270日
	45歳以上60歳未満		180日	240日	270日	330日
	60歳以上65歳未満		150日	180日	210日	240日
就職困難者	45歳未満	150日	300日			
	45歳以上65歳未満		360日			

あればよい（2007年改正法13条）。

基本手当の所定給付日数は上の表のようになっている。なお、「就職困難者」とは、①身体障害者、②知的障害者、③精神障害者、④保護観察に付された者、⑤社会的事情により就職が著しく阻害されている者である。

(2) 就職促進給付（雇保56条の2以下）

これには、基本手当の支給残日数が、所定給付日数の3分の1以上かつ45日以上ある受給資格者が安定した職業に就いたときに支給される「再就職手当」（基本手当日額に支給残日数の3割を乗じた額が支給される）。このほか「常用就職支度金等」、移転費および広域求職活動費がある。

(3) 教育訓練給付（雇保60条の2）

これは、被保険者期間が通算3年以上ある被保険者が、厚生労働大臣が指定する職業に関する教育訓練を受講し、修了した場合に支給される。給付額は、被保険者期間が3年以上5年未満であれば、支払った費用の2割額（8,000円超10万円以下）、同期間が5年以上であれば、4割額（8,000円超20万円以下）である（2007年10月1日から当分の間、初回に限り、被保険者期間が1年以上であればよい）。

(4) 雇用継続給付（雇保61条以下）

これには、60歳以降の賃金額の15％相当額が支給される「高年齢雇用継続給付」と、育児休業取得前の賃金額の一定相当額を支給する「育児休業給付」と「介護休業給付」がある。

「高年齢雇用継続給付」は、①60歳以上65歳未満の被保険者であること、

②被保険者期間が5年以上あること，③60歳時点の賃金額の75％未満となったことの3要件を充足すれば，原則として，各月の賃金の15％を支給される。これには，基本手当を受給せずに，雇用を継続する者に支給される「高年齢雇用継続基本給付金」と，基本手当を受給した後に，再就職した者に支給される「高年齢再就職給付金」とがある。

「育児休業給付」は，①満1歳未満の子を養育するために育児休業を取得した被保険者であること，②休業前2年間に，賃金支払基礎日数が11日以上ある月が12ヵ月以上あることを要件として支給される。これには，育児休業中に休業前の賃金の30％を各月に分割支給する「育児休業基本給付金」と，職場復帰後6ヵ月間雇用継続している場合に，休業前の賃金の10％（2007年10月1日からは20％）に休業月数を乗じた額を一時金で支給される「育児休業者職場復帰給付金」とがある。このほか，「介護休業給付金」があり，介護休業前の40％が支給される。

3 保険料

失業等給付の保険料率は，2007年4月から一般の事業所（農林水産，清酒製造，建設以外の事業）では19.5/1000であり，事業主の負担分が11.5/1000，被保険者（労働者）の負担分が8/1000である。また，求職者給付の4分の1，雇用継続給付の8分の1は国庫負担となっている。事業主の負担分が大きいのは，能力開発，雇用安定の2事業の負担分が事業主に上乗せされているからである。

4 失業の要件

基本手当が給付される要件は，もちろん被保険者が「失業」状態にあることである。「失業」とは，離職し，労働の意思と能力がありながら，職業に就くことができない状態を意味する（雇保4条3項）。

「労働の意思」とは，就業する積極的な意思と解されている。このため，妊娠・出産・育児あるいは老親の看護のために退職することや，特別の事情がないにもかかわらず，職安が不適当と認める労働条件や求職条件に固執することなどは，「労働の意思」がないと判断されることになる。また，「労働の能力」とは，雇用労働に従事できる精神的・身体的・環境的な能

力と解されている。このため，老齢，傷病，障害，出産・育児・看護などの事情は，「労働能力」を欠くものと判断される。

5 給付制限

失業給付等基本手当の受給権は，以下の3つの場合に制限を受ける。

① 被保険者が，職安の紹介する就職または指示する職業訓練の受講を，正当の理由がないのに拒否する場合には，その日から1ヵ月を超えない期間，支給停止となる（雇保32条）。

② 被保険者が自己の責に帰すべき重大な事由によって解雇され，または正当な理由がないのに自己都合によって退職した場合には，待機期間満了後1ヵ月以上3ヵ月以内の期間で，職安所長が判断する期間は，基本手当の受給は停止される（同33条）。

③ 偽りその他不正行為により，求職者給付または就職促進給付を受け，あるいはこれを受けようとした者は，当該不正行為のあった日から，これらの給付の支給がなされないが，やむを得ない事由が存する場合には，基本手当の全部もしくは一部が支給される（同34条1項）。さらに，政府は，不正受給者に対して，不正受給した基本手当の全部もしくは一部の返還を命じることができる（同35条1項）。

Pause 21 「解雇」とはなにか

(1) 本文中で述べたように，解雇と退職とはまったく区別されるものである。前者は，使用者が一方的に労働契約を終了させる形成的な意思表示（解約告知）であり，後者は，労働者による労働契約終了の意思表示である。このように，わが国では，解雇と退職とが明確に峻別されることになる。これは普遍的な理解と思われるが，必ずしもそうではない。コモン・ローの法体系を採用する英米では，これと趣きを異にしており，退職が解雇と理解される場合がある。これが，「擬制解雇」あるいは「みなし解雇」（constructive dismissal）と呼ばれるものである。

(2) イギリスでは，解雇には，使用者による雇用契約の一方的終了という，わが国の解雇概念だけでなく，期間の定めのある雇用契約を使用者が

雇止めする場合や，労働者の退職でさえ解雇と扱われることがある。ここでは，解雇とは，使用者のイニシャティブによって雇用契約を終了させることと理解されているのである。

では，なぜこのような取扱いがなされるのであろうか。例えば，使用者が労働者に継続的にいやがらせをする場合——セクシュアル・ハラスメントにあたる行為が継続的に行われる等——，労働者がそれに耐えられずに退職した場合，これは，あくまで労働者の自発的な退職という選択であると法的に評価されよう。このため，使用者による退職の強要が執拗であり，労働者の心身に対する違法な圧力と評価される場合でない限り，労働者に対する救済は困難である。したがって，法的アドバイスとしては，使用者が解雇するまで我慢できなかった労働者が悪いということになるのであろうか。解雇されれば，解雇の無効あるいは解雇予告手当の支払いの請求が可能であるし，また解雇が不法行為に該当する場合には，労働者は使用者に対し，損害賠償を請求することも可能だからである。しかし，労働者に対し，使用者が解雇するまでいやがらせを我慢せよというのは，あまりに酷であろう。一般の労働者は，解雇と退職との明確な区別を認識している訳ではないであろう。

(3)　イギリスでは，このような場合に労働者が退職すれば，解雇として法律上扱われるとされている（厳密にいうと，これは，不公正解雇などの場合に限定される）。この場合，退職した労働者は，使用者に対して，原職復帰・再雇用ないし補償金の支払いを請求できる（しかし，実際の救済の大半は，補償金の支払いである）。

例えば，同僚男性によるセクシュアル・ハラスメントの防止を使用者が怠った場合や，強盗が多い地域の店舗に勤務する女性労働者の安全を確保する措置を使用者が履行しない場合に，労働者が退職したケースがこれに該当する。このように，労働者が退職した場合に擬制解雇が成立するためには，使用者の重大な労働（雇用）契約違反が存在することが前提条件とされている。

(4)　イギリスで擬制解雇が成立する第2のケースは，期間の定めのある労働（雇用）契約を，使用者が雇止めする場合である。本文で見たように，わが国でも，使用者が，何回も反復更新された期間の定めのある労働契約の更新を拒否した場合，これに対し解雇法理が類推適用されるか否かがひとつの争点であった。この問題を，イギリスでは，使用者のイニシャティブにより労働（雇用）契約を終了させることを解雇とみなす（擬制解雇

(5) わが国では、解雇とは、前述したように、使用者による労働契約の一方的終了の意思表示、すなわち民法上の解約告知を意味するものと解している。しかし、民法上の解約告知と、労働法上の解雇とは同義であろうか。たとえば、労働基準法は、使用者に対し、解雇予告を義務づける（20条）と同時に、期間の定めのある労働契約などについても、解雇予告を使用者に義務づけている（21条）。この意味で、わが国でも、解雇概念の再検討が迫られていると指摘できよう。

Pause 22　変更解約告知

(1) スカンジナビア航空事件・東京地裁決定（平成7・4・13労判675号13頁）は、「変更解約告知」という概念を裁判上において明言したため、きわめて注目されることとなった。この概念は、すでにドイツやフランスでは認知されていたものであるが、東京地裁により、わが国で初めて変更解約告知という概念を承認したものである。

(2) では、同事件において、変更解約告知はどのようなかたちで争点となったのであろうか。

同事件では、企業業績の悪化によるいわゆるリストラの一環として、会社は従業員に対して、新しい労働条件（期間の定めのない契約から、1年の有期契約に変更すること、年俸制の採用により、賞与を除いても年間収入は30％の減収となること）を提示し、早期退職と再雇用を申し入れ、これに応じなかった労働者を解雇したものである。同決定は、これを、「雇用契約で特定された職種などの労働条件を変更するための解約、換言すれば、新契約締結の申込みをともなった従来の雇用契約の解約であって、いわゆる変更解約告知といわれるもの」と述べている。

(3) つまり、使用者が労働条件の変更（一般に労働条件の低下の場合がほとんどのケースであろう）を要求し、労働者がそれに応じない場合に解雇するというものである。従来、わが国におけるこの種の事案の処理は、就業規則の不利益変更という手法が一般的であった。つまり、終身雇用制を前提とするわが国では、業績不振となった場合でも、解雇は極力回避されるべきことが前提とされていたため、解雇しないかわりに、使用者が就

業規則により，労働条件を集合的に不利益変更することを許容しようとしていた。これが，最高裁による「就業規則の一方的不利益変更の合理性論」であった（第4章参照）。また，労働者の解雇がやむを得ない状況であっても，整理解雇の4要件の充足が要求されるものと理解されていたのは，本文でみたとおりである。

これに対して，本件では外資系企業の紛争であったためか，労働条件の低下に応じない労働者を解雇するという，きわめてドラスティックな手段が問題となっている。労働者からすれば，労働条件の低下を受け入れるか，それとも解雇されるかの二者択一しかないことになるのであるから，これは，わが国の労働法理に一つの衝撃的な影響をもたらしたのである。

(4) もちろん，東京地裁決定も，無条件に変更解約告知の効力を肯定したわけではなく，以下の3条件を提示している。すなわち，①労働者の職務，勤務場所，賃金および労働時間などの労働条件の変更が，会社業務の運営にとって必要不可欠であること，②前記必要性が労働条件の変更によって労働者が受ける不利益を上回っていて，労働条件の変更をともなう新契約締結の申込みに応じない場合の解雇を正当化するに足るやむを得ないものと認められること，③解雇を回避するための努力が十分に尽くされていることをあげ，結論的に，新契約の申込みに応じない労働者を解雇することが有効と判断している。

同決定のあげる基準のうち，①ないし②は，就業規則の不利益変更の基準，③は整理解雇の基準と類似していると指摘できるし，また，②の「新契約の締結の申込に応じない場合の解雇を正当化する」という部分は，解雇権濫用論にひとつのあたらしい基準を持ち込んだにすぎないと理解することも可能である。とすれば，「変更解約告知」という新概念は，大騒ぎするほどの新概念ではないのではないかという疑問も生じるところである。現に，大阪労働センター第一病院事件（大阪高判平11・9・1労判862号94頁）では，変更解約告知との概念を認めれば，使用者は新たな労働条件変更の手段を得る一方で，労働者は新条件に応じない限り，解雇を余儀なくされ，しかも再雇用の申出が伴うことで，解雇の要件が緩やかに判断されれば，労働者は非常に不利な立場に置かれるとして，明文規定のないわが国では，変更解約告知という独立の類型を設けることは相当でないとされている。

(5) 本件は，仮処分決定における会社側の勝訴という結果にかかわらず，本訴の過程において，会社側が全面的に新労働条件の申入れを撤回すると

いうかたちで和解が成立した。しかし，今後も，日本的労使関係の変容ないし崩壊という条件の下で，ふたたび裁判の上で再登場することは，十分に予測されるのである。

事項索引

〈あ 行〉

安全委員会 …………………………256
安全衛生管理体制 …………………254
安全衛生推進者 ……………………255
安全管理者 …………………………255
安全配慮義務違反 …………………274
育児・介護休業法による解雇禁止 …283
育児休業 ………………………243, 247
　　――勤務時間短縮等の措置 ……244
育児休業基本給付金 ………………244
育児休業の期間 ……………………243
育児時間 ……………………………217
1年単位の変形労働時間制 ………187
1ヵ月単位の変形労働時間制 ……186
1週間単位の非定型的労働時間 …188
一斉付与の原則 ……………………199
一般労働者派遣事業 …………………90
衛生委員会 …………………………256
衛生管理者 …………………………255

〈か 行〉

解　雇 ………………………………279
介護休業 ………………………245, 247
介護休業期間 ………………………246
解雇権濫用の法理 …………………289
解雇予告制度 ………………………283
　　――の例外 ……………………285
会社分割と労働契約の継承 ………113
過重労働・メンタルヘルス対策 …257
家族手当 ……………………………227
合併・事業譲渡と労働契約の継承 …112
過払賃金の調整的相殺 ……………163
過労死・過労自殺の業務上認定 …268
環境型ハラスメント ………………236
間接差別 …………………………31, 240
危害防止措置 ………………………256
企業組織の再編 ……………………111
企業秩序遵守義務 …………………127
期限付き雇用 …………………………73
　　――の雇止め …………………292
擬制解雇 ……………………………304
規制緩和政策 …………………………27
偽装請負 ………………………………95
起訴休職 ……………………………131
技能実習制度 …………………………95
休業手当 ……………………………172
休憩時間 ……………………………198
休憩時間自由利用の原則 …………199
休日の振替えと代休 ………………202
求職者給付 …………………………301
求人票 …………………………………75
教育訓練給付 ………………………302
競業避止義務違反と退職金の減額 …172
強制労働の禁止 ………………………64
業務上災害の認定 …………………266
業務処理請負業 ………………………90
銀行口座への振込み ………………160
計画年休制度 ………………………208
経済的従属性 …………………………36
経歴詐称 ……………………………129
欠勤と賞与の不支給 ………………170
健康管理 ……………………………257
研修費用の返還 ………………………75
コアタイム …………………………190
合意解約 ……………………………298
合意にもとづく労働契約の解消 …298
合意による相殺 ……………………164
公益通報者の保護 …………………132
公益通報者保護法 ……………………30
降　格 ………………………………231

工場法	17
公序良俗に反する解雇	283
高度成長期の労働法制	21
坑内労働の禁止	216
高年齢者雇用安定法の改正	296
公民権行使の保障	65
公務の必要による時間外労働	190
「国籍」を理由とする差別	61
コース別雇用管理	31, 225
子の看護休暇	245
個別労働紛争解決制度	32
個別労働紛争解決促進法	57
雇用継続給付	302
雇用形態の変更	231
雇用における柔軟性	29, 79
雇用保険法	300
雇用保障法	8
婚姻・妊娠・出産等を理由とする不利益取扱いの禁止	233

〈さ 行〉

在籍出向	109
最低賃金法	156
採用とプライバシー	69
採用内定の法的性質	71
裁量労働制	183
──企画業務型裁量労働制	184
──専門業務型裁量労働制	184
差額賃金の請求	227
作業主任者	255
三六協定の当事者	191
差別的解雇	280
産業医	255
産前・産後休暇	213
時間外労働の制限	248
事業場	41
事業場外労働	182
事業場間の通算	182

自殺と業務起因性	272
私生活上の非行	129
次世代育成支援対策法	250
失業給付等基本手当の受給権	304
失業等給付	301
実作業時間	181
疾病の業務上認定	268
実労働時間	181
児童労働の禁止	219
社会的身分	63
社内預金	77
従業員の職務発明	30
就業規則と労働契約	121
就業規則による解雇制限	288
就業規則による職場管理	115
就業規則の一方的不利益変更	122
──判例の合理的基準	122
就業規則の作成と届出義務	116
就業規則の内容	117
就業規則の包括的な義務付け規定	121
就業規則の法的性質	119
就業規則を上回る契約	121
就職促進給付	302
集団的労働法	12
宿日直	197
出入国管理および難民認定法	95
紹介予定派遣	92
試用期間の法的性質	77
使用者の時季変更権	206
使用者の懲戒権	126
使用者の配転命令権	106
使用者の破産と賃金	177
使用者の付随義務	102
使用者の有する損害賠償債権との相殺	162
使用従属性	46
賞与・退職金の権利性	169
賞与の支給日在籍条項	169

職場いじめ……………………………67
職場環境配慮義務…………………238
所持品検査…………………………129
女性であることを理由とする賃金差
　別…………………………………224
信条を理由とする差別………………62
人的従属性……………………………36
じん肺法……………………………252
深夜業の制限………………………247
心理的負荷による精神障害………272
ストックオプション………………155
生存権の理念……………………7, 39
整理解雇……………………………290
生理休暇……………………………216
セクシュアル・ハラスメント……236
全額払いの原則……………………161
全国転勤経験要件…………………240
戦後民主化……………………………20
前借金相殺の禁止……………………76
総括安全衛生管理者………………254
争議行為と賃金請求権……………165
総合職………………………………240
相対的記載事項……………………117
組織的従属性…………………………36
損害賠償と労災補償との調整……277

〈た　行〉

対価（報復）型ハラスメント……236
第三者による労働災害…………268, 277
退職勧奨……………………………298
退職証明書…………………………300
退職の意思表示の無効または取消し
　……………………………………298
退職申入れ…………………………299
男女雇用機会均等法………………228
　――教育訓練差別………………231
　――雇用形態の変更……………231
　――採用差別……………………230
　――昇格差別……………………231
　――昇進差別……………………231
　――職種の変更…………………231
　――退職勧奨……………………231
　――定年差別……………………231
　――統計的差別…………………230
　――による解雇禁止……………282
　――配置差別……………………231
　――福利厚生差別………………231
チェック・オフと全額払いの原則…165
中間搾取の禁止………………………64
中途退職と賞与……………………171
懲戒解雇……………………………290
懲戒解雇と退職金の没収………130, 171
懲戒処分の手段……………………130
懲戒処分の対象……………………128
懲戒処分の手続……………………130
直接払いの原則……………………160
賃金債権の時効……………………168
賃金債権の放棄……………………164
賃金の先取特権……………………177
賃金の差押え………………………177
賃金の支払の確保等に関する法律…175
賃金の定義…………………………154
通貨払いの原則……………………159
通勤経路からの逸脱・中断………272
通勤災害の認定……………………270
定期日払いの原則…………………167
定年制の合理性……………………294
出来高払いの保障…………………167
手待時間……………………………181
転　籍………………………………110
同一価値労働同一賃金原則………224
同一労働同一賃金原則……………224
特定労働者派遣事業…………………90

〈な　行〉

内部告発……………………………131

妊産婦の保護 …………………………214
年休権の法的性格 ……………………206
年休の買上げ …………………………210
年休の繰越し …………………………210
年休の付与日数 ………………………205
年休の利用目的 ………………………208
年休付与の要件 ………………………204
年次有給休暇 …………………………202
年少者に対する危険有害業務の就業
　制限 …………………………………221
年少者の深夜業禁止 …………………221
年少者の労働時間 ……………………220
年齢差別禁止法 ………………………295

〈は　行〉

賠償予定の禁止 ………………………75
配置転換（配転） ……………………105
配転命令の権利濫用 …………………107
派遣先の直接雇用義務 ………………93
派遣労働者 ……………………………88
派遣労働のネガティブリスト方式 …91
派遣労働のポジティブリスト方式 …91
パートタイマーの賃金格差 …………84
パートタイム労働指針 ………………85
パート労働法 …………………………82
非常災害による時間外労働 …………190
非常時払いの原則 ……………………167
必要的記載事項 ………………………117
普通解雇 ………………………………289
不当労働行為に該当する解雇 ………280
不法行為的構成と債務不履行的構成
　との関係 ……………………………275
フレキシビルタイム …………………190
フレックスタイム制 …………………189
平均賃金 ………………………………155
変形休日制 ……………………………201
変形労働時間制 ………………………185
　——適用者に対する配慮 …………188

変更解約告知 …………………124, 306
法定労働時間 …………………………180
法令違反の解雇 ………………………280
保護法と雇用関係法 …………………11
ポジティブ・アクション ……………235
本採用拒否 ……………………………78

〈ま　行〉

毎週1休日の原則 ……………………201
未成年者の労働契約 …………………219

〈や　行〉

雇入通知書 ……………………………85
友愛会宣言 ……………………………18
予告義務違反の解雇の効力 …………285

〈ら　行〉

労基法上の労災補償制度 ……………258
　——遺族補償 ………………………260
　——休業補償 ………………………259
　——障害補償 ………………………260
　——療養補償 ………………………259
労基法による解雇禁止 ………………281
労基法を補完する衛星立法 …………52
労災上積補償制度 ……………………278
労災保険法上の労災補償 ……………261
労災保険法の保険給付 ………………263
労災民事訴訟の法的根拠 ……………274
労使協定による時間外・休日労働 …191
労働安全衛生法 ………………………252
労働基準監督官 ………………………49
労働基準法における使用者 …………48
労働基準法の実効性 …………………47
労働基本権の保障 ……………………13
労働協約による解雇制限 ……………287
労働契約上の付随義務 ………………101
労働契約の更新 ………………………231
労働契約の終了 ………………………279

労働契約の特質……………………98	労働者の時間外労働義務 …………193
労働契約法…………………………59	労働者の時季指定権 ………………206
労働憲章規定………………………60	労働者の職務発明 …………………103
労働権の保障 ………………………8	労働者の損害賠償責任……………76
労働時間の延長の限度等に関する基準 ……………………………192	労働者の配置に関する配慮 ………249
労働時間の算定 ……………………182	労働者の付随義務 …………………101
労働時間の弾力化 …………………185	労働者派遣契約……………………88
労働時間の適用除外 ………………195	労働受領義務 ………………………102
——監視・断続労働者 ……………196	労働条件の明示義務………………74
——管理監督者 ……………………196	労働審判制度………………………58
——農水産牧畜業 …………………196	労働の従属性 ………………………36
労働時間の特例措置 ………………195	労働保護法の理念…………………10
労働者供給事業……………………65	労務指揮権…………………………99
労働者災害防止団体法 ……………252	労務統制法…………………………19
労働者人格権………………………66	
労働者人格の保障…………………60	〈わ 行〉
	割増賃金 ……………………………194

事項索引 313

判例索引

<最高裁判所>

最二小判昭31・11・2 民集10巻11号1413頁（関西精機事件）……………………162
最二小判昭35・3・11民集14巻3号403頁（細谷服装事件）………………………285
最一小判昭35・7・14刑集14巻9号1139頁（小島撚糸事件）………………………195
最一小判昭36・5・25民集15巻5号1322頁（山崎証券事件）…………………………46
最大判昭36・5・31民集15巻5号1482頁（日本勧業経済会事件）…………………162
最二小判昭38・6・21民集17巻5号754頁（十和田観光電鉄事件）……………65, 290
最二小判昭40・2・5民集19巻1号52頁（明治生命事件）…………………………166
最三小判昭43・3・12民集22巻3号562頁（小倉電話局事件）……………………161
最三小判昭43・4・9民集22巻4号845頁（医療法人新光会事件）…………………280
最三小判昭43・5・28労判176号63頁（伊予相互金融事件）………………………155
最二小判昭43・8・2民集22巻8号1603頁（西日本鉄道事件）……………………130
最三小判昭43・12・24民集22巻13号3050頁（全電通千代田丸事件）……………100
最大判昭43・12・25民集22巻13号3459頁（秋北バス事件）…………………122, 295
最一小判昭44・12・18民集23巻12号2495頁（福島県教組事件）…………………163
最三小判昭45・7・28民集24巻7号1220頁（横浜ゴム事件）…………………129, 130
最二小判昭45・10・30民集24巻11号1693頁（群馬県教組事件）…………………163
最二小判昭48・1・19民集27巻1号27頁（シンガー・ソーイング・メシーン事件）
　　　　　　　　……………………………………………………………………………164
最二小判昭48・3・2民集27巻2号191頁（白石営林署長事件）…………………206
最二小判昭48・3・2民集27巻2号210頁（国鉄郡山工場事件）…………………206
最二小判昭48・10・19労判189号53頁（日東タイヤ事件）…………………………109
最大判昭48・12・12民集27巻11号1536頁（三菱樹脂事件）…………………………70
最二小判昭49・3・15労判198号23頁（日本鋼管砂川事件）……………………129, 130
最一小判昭49・7・22民集28巻5号927頁（東芝柳町工場事件）…………………293
最三小判昭50・2・25労判222号13頁（自衛隊八戸駐屯隊事件）…………………102
最三小判昭50・2・25民集29巻2号143頁（陸上自衛隊八戸車両整備工場事件）…274
最一小判昭50・3・6集民114号299頁（福岡県教組事件）………………………164
最二小判昭50・4・25民集29巻4号456頁（日本食塩製造事件）…………………289
最一小判昭51・7・8集民30巻7号689頁（茨城石炭商事事件）……………………76
最二小判昭52・1・31労判268号17頁（高知放送事件）……………………………289
最二小判昭52・8・9労旬939号51頁（三晃社事件）………………………………172
最三小判昭52・12・13労判287号7頁（富士重工業事件）……………………127, 128
最三小判昭52・12・13労判287号26頁（目黒電報電話局事件）……………………128
最三小判昭52・12・13労民集31巻7号974頁（目黒電報電話局事件）……………200

最一小判昭52・12・15労経速968号9頁（古河鉱業事件）……………………234, 291
最二小判昭54・7・20民集33巻5号582頁（大日本印刷事件）…………………71, 72
最三小判昭54・11・13判タ402号64頁（住友化学工業事件）………………………198
最二小判昭55・5・30労判342号16頁（電電公社近畿電通局事件）…………………71
最一小判昭55・7・10労判345号20頁（下関商業高校事件）………………………298
最一小判昭55・12・18民集34巻7号888頁（大石塗装・鹿島建設事件）…275, 276
最二小判昭56・2・16民集35巻1号56頁（航空自衛隊芦屋分遣隊事件）……………276
最一小判昭56・3・24民集35巻2号300頁（日産自動車事件）………………………234
最二小判昭56・9・18民集35巻6号1028頁（三菱重工長崎造船所事件）……………166
最一小判昭57・3・18民集36巻3号366頁（電電公社此花電話局事件）……………207
最一小判昭57・10・7労判399号11頁（大和銀行事件）………………………………170
最二小判昭58・5・27民集37巻4号477頁（陸上自衛隊331会計隊事件）……………277
最一小判昭58・10・13民集37巻8号1108頁（浜松労基署長事件）……………………264
最一小判昭58・10・27労判427号63頁（あさひ保育園事件）………………………291
最三小判昭58・11・1労判417号21頁（明治乳業事件）………………………200, 201
最二小判昭58・11・25労判418号21頁（タケダシステム事件）……………………123
最三小判昭58・12・6労経速1172号5頁（陸上自衛隊第7通信大隊事件）…………277
最一小判昭59・4・10民集38巻6号557頁（川義事件）………………………………275
最一小判昭59・7・5労判カード434号11頁（沖縄米軍基地事件）…………………205
最一小判昭60・3・7労判449号49頁（水道機工事件）………………………………165
最三小判昭60・3・12労判カード449号17頁（ニプロ医工事件）……………………170
最二小判昭60・4・5労判450号48頁（古河電工原子燃料工業事件）………………109
最三小判昭60・7・16民集39巻5号1023頁（エヌビーシー工業事件）………………217
最一小判昭61・3・13労判470号6頁（電電公社帯広事件）……………………56, 121
最二小判昭61・7・14労判477号6頁（東亜ペイント事件）…………………………108
最一小判昭61・12・4判時1221号134頁（日立メディコ事件）……………………291
最二小判昭62・7・10民集41巻5号1229頁（弘前電報電話局事件）…………206, 208
最二小判昭62・7・17民集41巻5号1283頁（ノースウェスト航空事件）……………166
最二小判昭62・7・17民集41巻5号1350頁………………………………………………173
最三小判昭62・9・18労判504号6頁（大隈鉄工所事件）……………………………299
最三小判昭62・9・22労判503号6頁（横手統制電話中継所事件）…………………206
最二小判昭63・2・5労判512号12頁（東京電力塩山営業所事件）……………………62
最三小判昭63・2・16労判512号7頁（大曲農協事件）…………………………112, 124
最一小判昭63・7・14労判523号6頁（小里機材事件）………………………………195
最二小判平1・12・11民集43巻12号1786頁（済生会中央病院事件）………………165
最一小判平1・12・14民集43巻12号1895頁（日本シェーリング事件）……………170
最三小判平2・6・5労判564号7頁（神戸弘陵学園事件）……………………………78
最二小判平2・11・26民集44巻8号1085頁（日新製鋼事件）………………………164

最一小判平3・11・25民集45巻8号1270頁（日立製作所武蔵工場事件）……………193
最三小判平4・2・18労判609号13頁（エス・ウント・エー事件）……………204, 211
最三小判平4・6・23民集46巻4号306頁（時事通信社事件）……………………208
最一小判平5・3・25労判650号6頁（エッソ石油事件）……………………………165
最二小判平5・6・25労判636号11頁（沼津交通事件）………………………………211
最三小判平6・2・22民集48巻2号441頁（日鉄鉱業事件）…………………………276
最二小判平6・6・13労判653号12頁（高知県観光事件）……………………………195
最三小判平7・2・28労判668号11頁（朝日放送事件）………………………………93
最三小判平7・9・5労判680号28頁（関西電力事件）………………………………67
最二小判平8・2・23労判690号12頁（JR東日本事件）………………………67, 101
最一小判平8・11・28労判714号14頁（横浜南労基署事件）………………46, 47
最三小判平9・1・28労判708号23頁（改進社事件）…………………………………96
最二小判平9・2・28労判710号12頁（第四銀行事件）………………………………124
最三小判平12・1・28労判774号7頁（ケンウッド事件）…………………………108
最一小判平12・3・9労判778号8頁（三菱重工長崎造船所事件）………………181
最二小判平12・3・24労判770号58頁（電通過労死事件）…………………………32
最二小判平12・3・24労判779号13頁（電通事件）…………………………………275
最一小判平12・9・7労判787号6頁（みちのく銀行事件）………………………124
最二小判平12・10・13労判791号61頁（システム・コンサルタント事件）……185
最一小判平12・12・22労判798号5頁（大阪南労基署長（オウム通勤災害）事件）
……………………………………………………………………………………………271
最二小判平13・6・22労判1808号11頁（トーコロ事件）…………………………191
最一小判平14・2・28民集56巻2号361頁（大星ビル管理事件）………………181
最二小判平15・4・11労判849号23頁（エーシーシープロダクション製作スタジオ事件）……………………………………………………………………………105
最三小判平15・4・22労判846号5頁（オリンパス光学事件）……………………104
最二小判平15・10・10労判861号5頁（フジ興産事件）……………………………128
最三小判平15・12・4労判862号14頁（東朋学園事件）……………………………171
最三小判平17・1・25労判885号5頁（荒川税務署長（日本アプライト・ストックオプション）事件）……………………………………………………………155
最二小判平17・6・3労判893号14頁（関西大学研修医事件）……………………47

＜高等裁判所＞
東京高判昭26・5・18労民集2巻3号381頁（日本曹達事件）……………………285
東京高判昭44・3・3労判715号9頁（日本ナショナル金銭登録機事件）…………200
高松高判昭44・9・4労判90号35頁…………………………………………………290
東京高判昭49・10・28労民集25巻4・5号429頁（東洋鋼鈑事件）………………218
東京高判昭50・12・22労判243号43頁（慶応大学付属病院事件）…………63, 64, 70

福岡高判昭51・4・12労判253号73頁（アール・ケー・ビー毎日放送事件）………131
高松高判昭51・11・10労民集27巻6号587頁（高知県ハイヤータクシー事件）……166
東京高判昭53・6・20労判309号50頁（寿建築研究所事件）………………………288
東京高判昭54・9・25労民集30巻5号929頁（水道機工事件）……………………163
東京高判昭54・10・29労判330号71頁（東洋酸素事件）……………………………291
東京高判昭56・3・20労判399号12頁（大和銀行事件）……………………………170
東京高判昭56・11・25労判377号30頁（日本鋼管鶴見造船所事件）………………129
名古屋高判昭56・11・30判タ459号113頁（大隈鉄工所事件）……………………299
東京高判昭57・7・19労判390号36頁（ノースウェスト航空事件）………………174
東京高判昭57・11・30労民集33巻6号1111頁（清瀬市水道施設職員事件）………197
大阪高判昭58・8・31労判417号35頁（日本シェーリング事件）…………………211
東京高判昭58・12・19労判421号33頁（八洲測量事件）……………………………75
名古屋高判平2・8・31労民集41巻4号656頁（中部日本広告社事件）……………172
大阪高判平2・11・15労判590号10頁（進学ゼミナール予備校事件）……………294
仙台高判平4・1・10労民集43巻1号1頁（岩手銀行事件）………………………227
福岡高判平6・3・24労判819号78頁（三菱重工長崎造船所事件）………………209
名古屋高金沢支判平8・10・30労判707号37頁（金沢セクシャル・ハラスメント事件）………………………………………………………………………………238
東京高判平9・9・26労判724号13頁（電通事件）…………………………………275
大阪高判平10・5・29労判745号42頁（日本コンベンションサービス事件）………130
大阪高判平11・9・1労判862号94頁（大阪労働センター第一病院事件）…………307
東京高判平12・12・22労判796号5頁（芝信用金庫事件）……………………………232
東京高判平14・2・27労判824号17頁（中労委（青山会）事件）……………………113
東京高判平14・7・11労判832号13頁（新宿労基署長事件）…………………………47
福岡高決平14・9・18労判840号52頁（安川電機八幡工場事件）……………………74
東京高判平14・11・26労判843号20頁（日本ヒルトン事件）………………………126
東京高判平17・7・20労判899号19頁（東京日新学園事件）…………………………113

＜地方裁判所＞

東京地決昭24・10・26労資7号325頁（日本油脂事件）……………………………172
金沢地判昭25・3・6労民集1巻1号65頁（北国銀行事件）………………………285
東京地判昭25・8・10労民集1巻4号666頁（国際産業事件）………………………174
大阪地判昭28・6・12労民集4巻4号374頁（波部製作所事件）……………………174
福岡地判昭28・8・5労民集5巻6号671頁（日鉄鉱業事件）………………………289
福岡地小倉支判昭31・9・13労民集7巻6号1048頁（小倉炭鉱事件）………………281
大阪地判昭33・4・10労民集9巻2号207頁（東亜紡績事件）………………………207
金沢地判昭36・7・14判時274号30頁（第三慈久丸事件）……………………………168
大阪地岸和田支判昭36・9・11労民集12巻5号824頁（朝日製綱所事件）……281,294

熊本地判昭36・11・25下刑集3巻11号1096頁（国鉄荒尾駅事件）…………………196
熊本地八代支決昭37・11・27労民集13巻6号1126頁（扇興運輸水俣支店事件）……174
名古屋地判昭38・4・26労民集14巻2号668頁（宇部コンクリート事件）…………101
東京地判昭40・5・17労民集15巻3号411頁（財団法人日本国際連合会事件）……159
東京地判昭41・12・20労民集17巻6号1407頁（住友セメント事件）…………23, 24, 234
東京地判昭42・3・31労民集17巻2号368頁（日立電子事件）………………………109
名古屋地判昭42・4・21労判36号2頁（東洋工機製作所事件）………………………200
東京地判昭42・6・16労民集18巻3号648頁（日野自動車事件）………………107, 121
東京地判昭43・1・19労民集19巻1号1頁（三宝商事事件）…………………………168
東京地判昭43・10・25労民集19巻5号1335頁（東京12チャンネル事件）……………47
東京地判昭44・1・28労民集20巻1号18頁（日本軽金属事件）………………………78
東京地判昭44・5・31労民集20巻3号477頁（明治乳業事件）………………………193
東京地判昭44・7・1労民集20巻4号715頁（東急機関工業事件）…………………234
大阪地判昭44・12・26労民集20巻6号1806頁（日中旅行社事件）……………………63
東京地判昭45・6・23労判105号39頁（日本経済新聞社事件）………………………286
名古屋地判昭45・9・7労経速731号7頁（レストランスイス事件）………………103
奈良地判昭45・10・23労時624号78頁（フォセコジャパン事件）……………………102
京都地峰山支判昭46・3・10労民集22巻2号187頁（日本計算器事件）……………133
松江地判昭46・4・10労判127号35頁（島根県職員事件）……………………………201
大阪地判昭46・12・10労民集22巻6号1163頁（三井造船事件）………………………234
横浜地川崎支判昭47・8・9労判170号59頁（東洋ガラス事件）……………………200
大阪地判昭47・10・13労判162号39頁（日通大阪支店事件）…………………………174
津地上野支決昭47・11・10労判165号36頁（高北農機事件）…………………………103
静岡地判昭48・3・23労民集24巻1・2号96頁（国鉄浜松機関区事件）……………210
東京地判昭49・3・28労経速846号18頁（ローヤルカラー事件）……………………288
名古屋地判昭49・5・31労経速857号19頁（中島商事事件）…………………………171
横浜地判昭49・6・19労民集25巻3号277頁（日立製作所事件）………………………62
横浜地横須賀支判昭49・11・26労判225号47頁（富士電機製造事件）………………62
東京地判昭50・3・11労旬880号74頁（ホテルオークラ事件）………………………100
秋田地判昭50・4・10労民集26巻2号388頁（秋田相互銀行事件）…………225, 227
長崎地大村支判昭50・12・24労判242号14頁（大村野上事件）………………………291
横浜地川崎支判昭51・7・19労判259号34頁（三栄化工機事件）……………………281
山形地米沢支判昭51・9・24労判264号57頁（米沢製作所事件）…………………234, 292
東京地判昭51・10・25労判264号35頁（高野メリヤス事件）…………………………299
東京地判昭51・12・14判時845号112頁（東洋ホーム事件）…………………………174
新潟地判昭52・5・17判時280号37頁（新潟鉄道郵便局事件）………………………207
東京地判昭52・12・21判時887号14頁（東花園事件）…………………………………171
東京地判昭53・2・23労判293号52頁（ジャード事件）………………………………159

静岡地判昭53・3・28労判297号39頁（静岡銀行事件） ……………………… 196
福岡地那覇支判昭53・4・13労民集29巻2号253頁（米軍沖縄駐労事件）……166
東京地判昭53・11・16労判308号65頁（府中自動車教習所事件）…………… 166
水戸地龍ヶ崎支判昭55・1・18労民集31巻1号14頁（東洋特殊土木事件）…284
浦和地判昭55・3・7労判337号34頁（社会保険新報社事件）………………… 66
名古屋地判昭55・3・26労判342号61頁（興和事件）…………………………… 109
大阪地判昭56・3・24労経速1091号3頁（すし処「杉」事件）……………… 181
東京地判昭59・5・29労判431号57頁（ケー・アンド・エル事件）………… 196
新潟地判昭59・9・3労判445号50頁（三和運送事件）………………… 210, 211
盛岡地判昭60・3・28労民集36巻2号173頁（岩手銀行事件）……………… 227
東京地判昭60・4・17労判451号13頁（坂崎彫刻工業事件）………………… 163
横浜地判昭60・7・25労判473号84頁（横浜市立学校管理員事件）………… 197
大阪地判昭61・7・30労判481号51頁（レストラン・ビュッフェ事件）…… 196
徳島地判昭61・11・17労判488号46頁（広沢自動車事件）……………………… 67
東京地判昭61・12・4判時1215号3頁（日本鉄鋼連盟事件）………………… 225
東京地判昭61・12・4労民集37巻6号512頁（日本鉄鋼連盟事件）………… 230
鳥取地判昭61・12・4労判486号53頁（鳥取県教育委員会事件）……… 234, 298
東京地決昭62・1・27労判493号70頁（読売日本交響楽団事件）……………… 47
鳥取地判昭62・6・15労判498号6頁（放射線影響研究所事件）…………… 234
名古屋地判昭62・7・27労判505号66頁（大隈鉄工所事件）…………………… 76
東京地決昭62・7・31労判501号6頁（三菱重工相模原製作所事件）……… 290
新潟地決昭63・1・11労判519号103頁（西村書店事件）……………………… 121
東京地判平1・1・26労民集40巻1号1頁（日産自動車事件）……………… 227
神戸地判平1・3・27労判553号89頁（神戸タクシー事件）………………… 170
大阪地判平1・6・29労判544号44頁（大阪フィルハーモニー交響楽団事件）…… 288
大阪地決平1・6・29労判545号15頁（大阪造船事件）……………………… 291
東京地判平2・4・17労判581号70頁（東京学習協力会事件）……………… 102
東京地判平2・7・4労民集41巻4号63頁（社会保険診療報酬支払基金事件）
　………………………………………………………………………… 223, 224, 232
静岡地沼津支判平2・12・20労判580号17頁（ニューフジヤホテル事件）………238
大阪地判平3・10・22労判595号91頁（三洋電機事件）………………………… 84
福岡地判平4・4・16労判607号6頁（福岡セクシャルハラスメント事件）……… 102
東京地判平4・8・27労判611号10頁（日ソ図書事件）………………… 226, 227
東京地判平6・6・16労判651号15頁（三陽物産事件）………………… 226, 227
大阪地決平6・8・5労判668号48頁（新関西通信システム事件）…………… 113
東京地判平6・9・29判時1509号3頁（アール・エフ・ラジオ事件）……… 296
東京地判平7・3・30労判667号14頁（HIV感染者解雇事件）………… 60, 67, 257
東京地決平7・4・13労判675号13頁（スカンジナビア航空事件）……… 125, 306

東京地判平7・10・16判時894号73頁（東京リーガルマインド事件）……………102
東京地判平7・12・4労判685号17頁（バンク・オブ・アメリカ・イリノイ事件）…67
東京地判平7・12・26労判689号26頁（武谷病院事件）……………………………75
長野地上田支判平8・3・15労判690号32頁（丸子警報機事件）…………29, 84, 281
神戸地判平8・4・26労判695号31頁（加古川労基署長（神戸製鋼所）事件）……273
東京地判平8・6・28労判696号17頁（ベネッセ・コーポレーション事件）………171
東京地判平9・5・26労判717号14頁（長谷工コーポレーション事件）……………76
神戸地判平9・7・29労判726号100頁（兵庫（国立A病院）事件）…………………238
津地判平9・11・5労判729号54頁（三重（厚生農協連合会）事件）………………238
大阪地判平10・8・31労判751号38頁（大阪労働衛生センター第一病院事件）……125
名古屋地判平11・12・27労判780号45頁（日本貨物鉄道事件）……………………296
東京地判平12・4・27労判782号6頁（JR東日本（横浜土木技術センター）事件）
　……………………………………………………………………………………………187
大阪地判平12・7・31労判792号48頁（住友電工事件）………………………………230
仙台地判平13・3・26労判808号13頁（仙台（自動車販売会社）セクシュアル・ハ
　ラスメント事件）………………………………………………………………………238
東京地判平13・8・31労判825号13頁（日本ヒルトン事件）…………………………126
京都地判平13・9・20労判813号87頁（京ガス事件）…………………………………226
東京地判平13・12・3労判826号76頁（F社Z事業部事件）……………………………67
東京地判平14・2・20労判822号13頁（野村證券事件）………………………………231
東京地決平14・12・27労判861号69頁（明治図書出版事件）……………………108, 249
東京地判平15・5・28労判852号11頁（東京都（警察学校）事件）…………………69, 70
東京地判平16・1・30労判870号10頁（日亜化学事件）………………………………104
鹿児島地判平16・10・21労判814号30頁（牛根漁業協同組合事件）………………296
さいたま地判平16・12・22労判888号12頁（東京日新学園事件）…………………113
東京地判平17・1・28労判890号5頁（宣伝会議事件）………………………………71
富山地判平17・2・23労判891号12頁（トナミ運輸事件）……………………………132

角田 邦重（すみだ・くにしげ）
　1941年生まれ
　1965年　　中央大学法学部卒業
　1967年　　司法修習修了，中央大学法学部助手，助教授を経て，
　1978年　　中央大学法学部教授

〔主要著作〕
『労働法講義(2)労働団体法』（共著，1985年，有斐閣），「西ドイツにおける労働者人格の保障」横井芳弘編『現代労使関係と法の変容』（1988年，勁草書房），『労働法解体新書』（共編著，2004年，法律文化社），『新現代労働法入門』（共編著，2005年，法律文化社）

山田 省三（やまだ・しょうぞう）
　1948年生まれ
　1974年　　中央大学法学部卒業
　1981年　　中央大学大学院博士課程満期退学
　1996年　　中央大学法学部教授
　2004年　　中央大学大学院法務研究科教授

〔主要著作〕
『労働法解体新書』（共編著，2004年，法律文化社），『セクシュアルハラスメントと男女雇用平等』（2001年，旬報社），『男女同一賃金』（共著，1994年，有斐閣），『規制緩和とワークルール』（1998年，労働大学調査所），『リーディングス社会保障法』（共編著，2000年，八千代出版），『社会保障解体新書』（共編著，2005年，法律文化社）

現代雇用法

2007年5月20日　初版第1刷発行

著　者　　角田　邦重
　　　　　山田　省三
発行者　　今井　　貴
　　　　　渡辺　左近
発行所　　信山社出版
　　　　　（113-0033）東京都文京区本郷6-2-9-102
　　　　　TEL 03-3818-1019
　　　　　FAX 03-3818-0344

印刷　松澤印刷株式会社
製本　大三製本

©2007，角田邦重・山田省三，Printed in Japan
落丁・乱丁本はお取替えいたします。

ISBN978-4-7972-2227-2　C3332